Tous les légumes
AU BARBECUE

À Nancy Loseke,
assistante inspirée et véritable amie

ÉDITION ORIGINALE

Publié pour la première fois aux États-Unis sous le titre *How To Grill Vegetables: The New Bible for Barbecuing Vegetables over Live Fire.*

La présente traduction est publiée en accord avec Workman Publishing Co., Inc., New York.

Conception et réalisation graphiques : Becky Terhune
Photographies : Randazzo & Blau
Stylisme culinaire : Nora Singley
Stylisme des accessoires : Bette Blau

ÉDITION FRANÇAISE

6-8 rue du docteur Maunoury
28000 Chartres
www.editionsdugerfaut.com

Photographie de l'auteur : Roger Proulx
Réalisation et adaptation : Belle Page

ISBN : 978-2-35191-277-5
Dépôt légal : mai 2022
Imprimé par DZS en Slovénie

Les éditions du Gerfaut bénéficient du soutien de la Région Centre-Val de Loire,
de l'État (DRAC Centre-Val de Loire) et de Ciclic Centre-Val de Loire.

Tous les légumes
AU BARBECUE

STEVEN RAICHLEN

La nouvelle bible pour cuire parfaitement les légumes sur le gril

GERFAUT

À PROPOS DE L'AUTEUR

Steven Raichlen est journaliste, conférencier, animateur télé et auteur de livres à succès, dont les incontournables *La bible du barbecue*, *Planète barbecue* et *Les pros du fumoir*. Lauréat à cinq reprises du prix James Beard, il est également l'animateur des émissions populaires *Project Fire* et *Project Smoke* diffusées à la télévision publique américaine et participe à quelques émissions diffusées en français et en italien. Il a écrit pour le *New York Times*, le *Wall Street Journal*, *Esquire*, *GQ* et pour les principaux magazines culinaires américains, et a reçu plusieurs prix dans ce domaine. En 2015, il a été introduit au panthéon du barbecue.

Titulaire d'un diplôme en littérature française du Reed College de Portland, Oregon, Steven Raichlen a ensuite étudié la cuisine médiévale en Europe grâce à une bourse de la fondation Thomas J. Watson (il a également obtenu une bourse Fulbright). Avec sa femme, Barbara, il partage sa vie entre Miami et Martha's Vineyard.

AUTRES OUVRAGES DE STEVEN RAICHLEN

Aux éditions Gerfaut

Les pros du fumoir – Viandes, poissons, légumes, fruits

Les pros du barbecue

Aux éditions de l'Homme (Québec)

La bible du barbecue

Barbecue végétarien

Planète barbecue

Guide de survie en cuisine

Côtes, côtelettes, côtes levées – 99 recettes

Poulet sur canette de bière et 74 autres recettes

Barbecue d'intérieur

Barbecue – Toutes les techniques pour cuisiner sur le gril

Remerciements

Seul mon nom apparaît sur la couverture de ce livre, mais je n'aurais jamais pu l'écrire sans l'aide des membres de ma famille étendue.

Nancy Loseke, mon assistante de longue date, est la marraine (la gardienne de l'antre ?) de cette famille. C'est elle qui met les points sur les *i* et les barres sur les *t*, elle dont les efforts incessants me permettent de rester concentré sur mon travail malgré tout ce que je dois mener de front, c'est un tour de force. Je n'y arriverais tout simplement pas sans elle.

Workman Publishing me publie depuis vingt-sept ans. C'est Kylie Foxx McDonald, une brillante éditrice, qui me guide actuellement. Anne Kerman est la directrice photo, Becky Terhune, la directrice artistique, Rebecca Carlisle, la directrice du marketing et de la publicité, et Chloe Puton, la publicitaire en chef. Molly Kay Upton, Moira Kerrigan et Cialina Temena-Husemann veillent à ce que notre site Web et nos médias sociaux tournent rondement, tandis que Carolan Workman, Susan Bolotin, Suzanne Rafer, Dan Reynolds, Page Edmunds, Sarah Curley, Kate Karol, Barbara Peragine, Doug Wolff et de nombreuses autres personnes s'assurent que mes besoins sont comblés. Tous, nous travaillons selon les normes inspirantes jadis établies par feu Peter Workman, éditeur fondateur, mentor et ami.

Si vous admirez les photos de ce livre autant que moi, vous souhaiterez certainement vous joindre à moi pour remercier la styliste culinaire Nora Singley et ses assistantes stylistes Alyssa Kondracki et Sami Ginsberg, la styliste accessoiriste Betty Blau, le photographe Steven Randazzo et l'assistant photographe Nick Mehedin.

De plus, si vous aimez mon émission de télé, *Project Fire* saison 3, qui se fonde essentiellement sur ce livre, vous saluerez avec moi le travail de Matt Cohen, Ryan Kollmorgan et Gwenn Williams de Resolution Pictures, ainsi que celui de Steven Schupak, Anna Trapani, Stuart Kazanow, Frank Batavick, Mike English, Donna Hunt, et bien d'autres amis de la télévision publique du Maryland. J'aimerais également remercier notre dompteur de flammes Steve Nestor, le chef Chris Lynch (j'aime son cidre de feu), ainsi que Craig Reed, tout simplement pour ce qu'il est.

J'ai eu la chance de disposer d'une petite armée de goûteurs hautement qualifiés, soit Evan Atkinson, Steven Carne, Nick Clark, Gerald Dlubala, Todd Evans, Timothy Hibbard, Rob Kettenring, Jake Klein, JP Lavoie, Max Lavoie, Freddy Leong, Steve Nestor, Derick Thielbar et Glenn Tiede.

Les équipements et le matériel nécessaires aux séances photo ont été fournis par Big Green Egg, The Companion Group, Fire Magic, Kai USA, Kudu, Lodge Cast Iron, Southbay Forgeworks, Staub, Weber et YETI.

Enfin, et surtout, mes remerciements à ma famille proche, Ella, Mia, Julian, Betsy et Jake, ces amoureux des légumes grillés qui ne cessent de me stimuler. Et, par-dessus tout, mes remerciements à Barbara, mon épouse, conseillère, collaboratrice, partenaire et meilleure amie de longue date. Bon anniversaire, chérie ! Je n'aurais pas pu réussir sans toi.

Steven Raichlen
Miami, Floride

SOMMAIRE

Introduction

À un moment donné entre le jour où j'ai savouré pour la première fois des canapés aux tomates grillées sur feu de bois dans un restaurant de Yotam Ottolenghi à Londres et celui où le chef végane visionnaire Rich Landau a créé le faux bacon de shiitakés, les légumes grillés ont pris les cuisines d'assaut! D'abord ceux que nous aimons cuire sur les flammes, les poivrons, maïs et courgettes de ce monde, mais aussi ceux que nous n'aurions jamais cru pouvoir griller un jour, comme l'okra et les choux de Bruxelles sur tige. Des techniques branchées ont été adoptées, telles que la cuisson sur braise, sur pierre de sel ou au foin, techniques que l'on réservait jusqu'alors aux protéines animales. Et, désormais, des protéines végétales, le tofu par exemple, se prennent pour du jambon et des «biftecks» sont composés de seitan grillé et de fauxmage (fromage végétal) de rutabaga! Vraiment. Autant de légumes destinés aux carnivores convaincus qui comprennent l'importance d'accroître leur consommation d'aliments d'origine végétale pour préserver leur santé et celle de la planète, ou qui souhaitent tout simplement accompagner avec panache leurs viandes grillées. Des légumes pour tous, omnivores, flexitariens, pescétariens, végétariens, véganes, qui apprécient la saveur fumée et la douceur surnaturelle que les flammes confèrent aux végétaux.

Il y a de quoi envier nos amis végétariens et véganes, qui connaissent depuis longtemps ce que certains carnivores viennent tout juste de découvrir, à savoir le bonheur gustatif de faire griller légumes, fruits, pain, fromage, œufs et protéines végétales. Jamais les pros du gril et les chefs ne se sont montrés aussi créatifs concernant tout ce qui, durant des décennies, n'a été que simple accompagnement.

Et jamais celui qui a commis *Les pros du barbecue* et *Les pros du fumoir* n'a été aussi emballé qu'aujourd'hui d'écrire un livre consacré à la cuisson des végétaux au barbecue, sans la moindre côtelette ou le moindre bifteck d'aloyau en vue!

Bienvenue, donc, dans *Tous les légumes au barbecue*.

La cuisson au barbecue a beaucoup évolué depuis que j'ai écrit *La bible du barbecue* il y a quelques décennies. *Tous les légumes au barbecue* reprend bien sûr les méthodes de base, mais propose également de nouvelles techniques de cuisson au barbecue et de fumage auxquelles ont recours d'illustres chefs de toute la planète dans le but d'amener les légumes au cœur de l'assiette. De fait, les légumes sont riches en couleurs, textures et saveurs, particulièrement quand ils sont grillés ou fumés. Que vous soyez un carnivore ou un omnivore en quête de nouvelles saveurs galvanisantes, ou un végétarien ou végane désireux de diversifier ses plats grillés, ce livre répondra à vos besoins, grâce à des recettes aussi improbables que la laitue fumée au foin, la courge ou le pain plat cuits sur la braise, la paella de légumes grillés sur le feu (voir page 202) ou la salade de maïs grillé inspirée de l'*elote* mexicain (voir page 77).

Si vous avez lu mes livres, vous savez que les légumes ont toujours fait partie de mon univers «barbecuesque», depuis *La bible du barbecue*. Cependant, c'est la première fois que je rassemble toutes mes recettes de légumes dans un seul ouvrage et les mets ainsi en vedette. Sans compter que ce dernier présente également de nouvelles méthodes de cuisson au barbecue ou au fumoir pour la cuisson des légumes et des produits laitiers.

J'ai écrit ce livre dans le but de célébrer les incroyables saveurs que ces aliments ont à offrir à quiconque aime griller et fumer. La plupart des recettes sont exemptes de viande (ce qui fera le bonheur des végétariens). Il y a toutefois un certain nombre de plats qui contiennent un peu de viande, de poisson ou de fruits de mer, histoire d'en rehausser la saveur, par exemple la salade de pommes de terre rôties et fumées à la mode allemande (voir page 96), les asperges grillées à la sauce *bagna cauda* (voir page 36) et la roulade de courgette (voir page 199). Ce livre n'a rien à voir avec une idéologie quelconque, mais concerne plutôt le plaisir de bien manger et de savourer.

CHAPITRE 1

GRILLER LES LÉGUMES COMME UN PRO EN NEUF ÉTAPES SIMPLES

La cuisson des végétaux et des produits laitiers au barbecue exige les mêmes compétences que pour les viandes, le poisson et les fruits de mer (pour n'importe quel aliment, finalement). Il s'agit de bien choisir son barbecue, son combustible et ses ustensiles, puis de cuire en maîtrisant les techniques de base de la cuisson au barbecue, en respectant les températures cibles et en vérifiant scrupuleusement le degré de cuisson. Il faut également, bien entendu, appliquer les bonnes pratiques de cuisson, d'hygiène et, par-dessus tout, de sécurité. Il vous suffit de suivre les conseils dont il a été abondamment question dans mes autres livres, notamment *Les pros du fumoir*, *Les pros du barbecue* et *La bible du barbecue*. Voici toutefois un court rappel de ce qu'il faut savoir, l'accent étant ici surtout mis sur les légumes, les œufs et le fromage.

Étape 1

LE CHOIX DU BARBECUE

La première chose dont on a besoin pour griller des légumes, c'est bien sûr un barbecue. De nos jours, le choix est quasiment illimité : barbecue au gaz, au charbon de bois ou au bois, appareil à granulés, kamado, fumoir, et plus encore !

• Le barbecue au **charbon de bois** (de type Kettle) est l'appareil le plus polyvalent de tous, car il permet la cuisson directe et indirecte, le fumage, la cuisson à la broche et celle sur la braise. Combustible : charbon de bois, bien évidemment.

• Le barbecue **au gaz** est pratique, avec son poussoir d'allumage et son bouton de régulation de la température. Optez pour un appareil possédant au moins deux brûleurs, et de préférence trois à six (afin de pouvoir en éteindre un pour la cuisson indirecte). Autres éléments appréciables : rôtissoire (pour la cuisson à la broche) et boîte de fumage (permettant d'ajouter des copeaux ou des morceaux de bois), bien qu'il soit, à dire vrai, difficile d'obtenir une véritable saveur fumée sur un appareil au gaz. Idéal pour la cuisson directe, indirecte et à la broche. Combustible : gaz.

• Le **brasero de type hibachi** et les autres barbecues sans couvercle chauffent à feu vif, mais ils se limitent à la cuisson directe. Ils sont utiles pour les petits légumes tendres, les satés et autres petites brochettes. Du fait de leur taille réduite, ils ne permettent pas la cuisson de gros légumes entiers tels que chou, oignon, chou-fleur et courge d'hiver. Ils sont toutefois agréables à utiliser quand on reçoit : il suffit de les mettre au milieu de la table et de laisser chacun griller ses propres aliments. Combustible : charbon de bois.

• Le **barbecue au bois**, par exemple le Kudu, le barbecue argentin ou celui de style Santa Maria, est l'appareil qui fournit le plus de saveur fumée (sans compter le plaisir de voir danser les flammes), mais il se limite à la cuisson directe ou sur la braise. Combustible : bois.

• Le **barbecue-rôtissoire** (tel le Kalamazoo Gaucho) excelle dans la cuisson à la broche de gros légumes, comme le chou entier ou les choux de Bruxelles sur tige. Des modèles sont dotés de grilles pour la cuisson directe. Quasi introuvable en Europe. Combustibles : charbon de bois, bois ou gaz.

• Le **barbecue/cuiseur kamado** (Big Green Egg, Akorn et Kamado Joe, notamment), en céramique – parfois en métal – et de forme ovoïde, convient à la cuisson directe et indirecte, au fumage et à la cuisson sur la braise. Certains modèles sont dotés d'une rôtissoire. Combustibles : charbon de bois, plus rarement gaz.

• Le **barbecue vertical rond** (comme le Pit Barrel Cooker) convient à la cuisson directe et indirecte ainsi qu'au fumage, mais s'avère moins pratique pour la cuisson sur la braise. Combustible : charbon de bois.

• Le **barbecue à granulés** (tels le Green Mountain Grill et le Traeger) convient à la cuisson indirecte et au fumage. Il est généralement moins efficace pour la cuisson directe à haute température, quoique certains modèles, dont le Memphis Wood Fire Grill (qui est doté d'un couvercle amovible et d'une plaque perforée servant de grille), permettent la cuisson directe et la saisie des aliments. Remarque : sur le barbecue à granulés, on obtient un maximum de fumée à basse température (entre 82 °C et 135 °C). Combustible : bois ou, plus précisément, granulés de sciure de bois compressé.

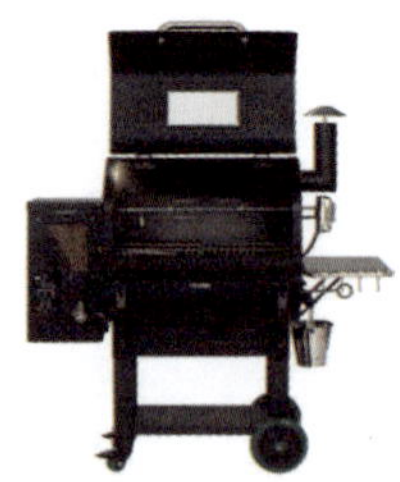

• Ceci nous amène aux **fumoirs** qui fonctionnent au bois (**fumoir décalé**, par exemple le Horizon et le Lang), et au charbon de bois (**fumoir à eau**, comme le Napoleon et le Weber Smokey Mountain) ainsi qu'aux fumoirs **au gaz** ou **à l'électricité**, tels le Masterbuilt et le Bradley (on peut également fumer sur un barbecue à charbon de bois muni d'un couvercle, sur un kamado ou sur un appareil à granulés). Le fumage se fait généralement à basse température (107 °C à 120 °C).

Bradley vend un accessoire pour le **fumage à froid** qui permet de fumer des aliments délicats, comme la laitue en feuilles, ou fondant facilement, comme le fromage, sans les chauffer ni les cuire.

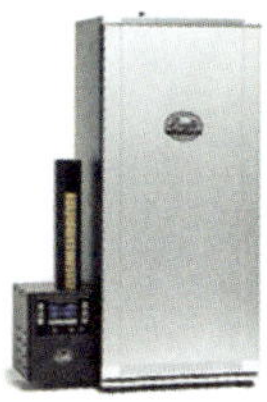

Étape 2

LE CHOIX DU COMBUSTIBLE

Selon le barbecue ou le fumoir que vous choisirez, votre carburant sera du gaz, du charbon de bois ou du bois. C'est ce dernier que je préfère pour griller les aliments, car il produit à la fois chaleur et saveur fumée.

• **Gaz propane** (conditionné dans des bonbonnes de 5 à 13 kg) ou **gaz naturel** (acheminé par le gaz de ville). Je garde toujours une bonbonne de propane en réserve : rien de plus désagréable que de manquer de combustible en cours de cuisson !

Remarque : si vous employez du gaz naturel, assurez-vous que votre appareil est doté des brûleurs conçus à cet effet.

• Le **charbon de bois** se présente sous forme de **briquettes** ou **en morceaux**. Les briquettes, qui ressemblent à de petits coussins noirs compacts, sont composées de poussière de charbon, de chutes de bois, de liants, de sable et d'autres additifs qui leur permettent de maintenir une température chaude durant 45 minutes ou plus. La plupart renferment des liants à base de pétrole et du borax, qui se consument lors de l'allumage, et que les puristes préfèrent tenir à distance de leurs aliments. Certains fabricants proposent des briquettes écologiques qui contiennent des liants naturels à base d'amidon et qui sont exemptes de pétrole. Pour ma part, je me sers de charbon de bois en morceaux, strictement composé de bois dur calciné. Au cours des dernières années, on a vu apparaître dans le commerce du charbon de bois de diverses espèces d'arbres.
Le mode de combustion varie de l'un à l'autre : ainsi, le prosopis produit le plus de chaleur et émet des étincelles, qu'on trouvera excitantes ou déconcertantes, selon son tempérament ; quant au quebracho, il produit beaucoup de chaleur et présente une combustion uniforme, tout comme l'érable,

Briquettes (à gauche) et charbon de bois en morceaux (à droite).

le chêne et le caryer. (Remarque : les saveurs produites par les divers charbons de bois sont similaires.) Autant que possible, optez pour des morceaux de charbon de bois de taille uniforme et évitez les produits vendus dans des sacs dont le fond contient beaucoup de morceaux pulvérisés ou de poussière. Évitez également le soi-disant charbon de bois en morceaux dont les angles et les bords sont bien droits : il s'agit probablement de bois de rebut provenant de l'industrie du parquet ou de l'ameublement.

• **Le bois** doit être un bois dur provenant de l'aulne, du hêtre, du chêne ou du frêne, ou d'arbres fruitiers comme le pommier. Optez pour des bûches fendues séchées en plein air ou au four. Profitez-en pour faire des réserves de bois d'allumage et de petites bûches : ils permettent de bien démarrer le feu.

Bûches de bois dur prêtes à brûler.

Étape 3

RÉUNIR LES ACCESSOIRES

Voici les ustensiles et les accessoires que tout amateur de barbecue doit posséder :

• Une **cheminée d'allumage** pour le barbecue au charbon de bois.

• Une **boîte de fumage** qui génère de la fumée de bois (employée surtout avec les barbecues au gaz). Il s'agit d'une boîte métallique carrée ou cylindrique, perforée dans le haut ou sur les côtés, ou en fil de fer. Selon le modèle, on la remplit de copeaux, granulés ou sciure de bois. Suivre les indications d'allumage du fabricant.

• Une **brosse métallique à long manche ou un grattoir en bois** pour nettoyer les grilles. Opter pour une brosse dont les fils sont fermement ancrés dans une armature de fil de métal torsadé, ou alors torsadés et plantés dans une structure de type paille de fer, et non insérés directement dans une tête en bois ou en plastique. Cela permet de réduire le risque, rare mais documenté, de retrouver des fils de métal dans ses aliments…

• Une **pince** à long manche et à ressort avec mécanisme de verrouillage pour manipuler les aliments.

• Une **spatule coudée** pour barbecue dotée d'une fine palette pour déplacer les aliments de petite taille, fragiles ou qui ont tendance à adhérer.

• Des **gants en cuir ou en Kevlar** pour manipuler les grilles chaudes.

• Des **gants en caoutchouc isothermes** conçus pour manipuler les aliments chauds tels que le chou-fleur cuit à la broche.

• Une **brochette** en métal mince pour vérifier le degré de cuisson (contrairement au poisson, aux fruits de mer et à la viande, il n'est pas nécessaire d'utiliser un thermomètre à lecture instantanée pour la cuisson des légumes).

• Des **cure-dents en bois** pour vérifier le degré de cuisson et piquer ensemble les petits légumes tels qu'asperges, morceaux d'oignon et gousses d'ail.

• Diverses **brochettes en bambou** pour les brochettes de légumes (y compris des brochettes plates qui permettent de garder les légumes en position).

• Des **brochettes plates en métal**, de celles dont on se sert au Moyen-Orient et sur le pourtour de la Méditerranée pour faire griller les légumes. Le métal conduit la chaleur du feu vers l'intérieur du légume, permettant une cuisson à la fois interne et externe.

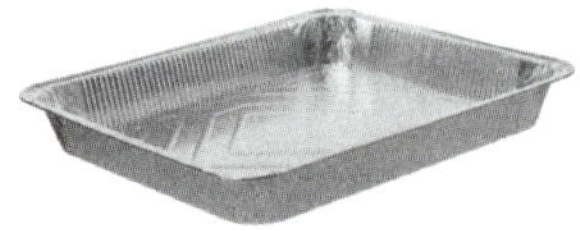

• Une vaste gamme de **lèchefrites jetables en aluminium** de 23 x 33 cm environ. On s'en sert pour mariner les aliments, les déplacer de la table au barbecue et vice-versa (on n'a pas à s'inquiéter de la contamination croisée pour la majorité des légumes), cuire sur le barbecue ou le fumoir, mettre sous la grille, etc. On n'en a jamais trop !

De plus, il vous faudra des ustensiles spécialisés pour la cuisson des légumes au barbecue, dont :

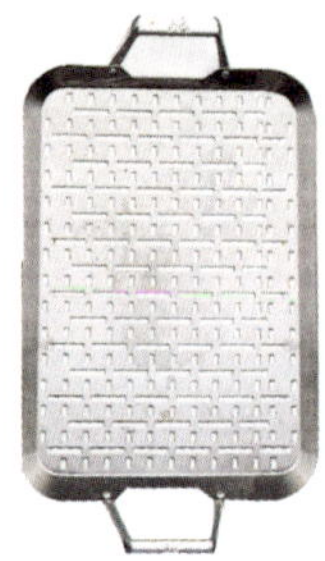

• Une **plaque perforée pour légumes**. Elle ressemble à une plaque de cuisson, mais elle est perforée de trous ou de fentes laissant passer la fumée et les flammes. Elle est utile pour griller de petits légumes, comme les haricots verts ou des légumes hachés ou tranchés, tels les champignons, les piments et les fleurons de brocoli.

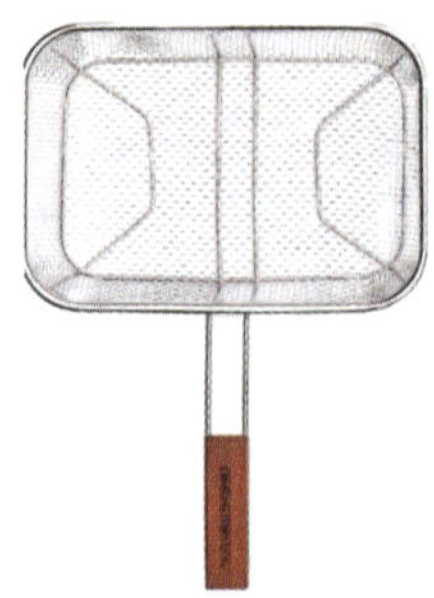

• Un **panier en fil de fer**. Utile pour griller les petits légumes, comme les pois mange-tout et les haricots verts. On le dépose sur la grille pour la cuisson directe. Pour plus de saveur, poser le panier directement sur le charbon de bois chaud ou la braise de bois.

• Un **wok à griller** rond ou carré, à trous ou à fentes, conçu pour sauter/griller les aliments. Les perforations permettent de laisser passer les flammes et la fumée qui entrent alors en contact avec les légumes.

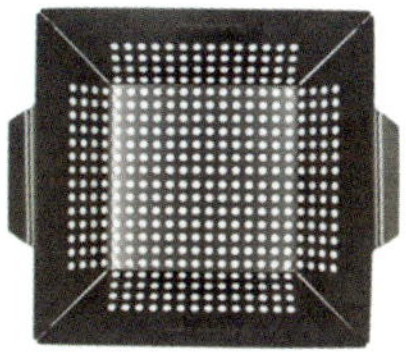

• Une **plancha**. Indispensable, cette plaque de fonte épaisse pour la cuisson des légumes au barbecue ! Excellente pour griller des tranches de courge et d'aubergine, de même que les petits légumes comme l'okra.

Elle permet également de griller du pain et de frire des œufs pour le petit déjeuner, ou de préparer des sandwichs grillés. Il vous faudra aussi un grattoir en métal, de type grattoir à peinture ou à mastic bien propre, pour nettoyer la plancha.

• Un **thermomètre à friture** pour les légumes qu'on fait frire avant de les fumer ou de les griller (même si on s'en sert peu, il peut être très utile).

Étape 4

MAÎTRISER LES TECHNIQUES DE BASE DE LA CUISSON AU BARBECUE ET DU FUMAGE

Il existe cinq techniques de base pour la cuisson au barbecue et le fumage (six, si on considère le fumage-rôtissage séparément), plus diverses techniques spécialisées (voir page 18). Quand vous les maîtriserez, vous pourrez faire griller tout ce qui pousse au jardin ou dans les champs, ou qui provient d'une ferme laitière, et plus encore !

Cuisson directe. C'est la technique à laquelle ont recours la plupart des membres de la « planète barbecue » quand ils allument leur appareil. Il s'agit de cuire les aliments à cuisson rapide au-dessus des flammes. Cette cuisson, qui se fait généralement à feu vif, convient tout particulièrement aux légumes riches en eau, par exemple l'asperge et la courgette, à ceux qui sont tendres, comme l'aubergine et les champignons, à ceux qui sont petits, tels les pois mange-tout, ainsi qu'au tofu, au pain et au fromage. On peut également utiliser la cuisson directe pour les légumes denses, par exemple l'artichaut et la patate douce, en veillant toutefois à régler le feu à intensité moyenne.

Cuisson indirecte. Avec ce mode de cuisson, on cuit les gros légumes ou les légumes denses à proximité, mais pas directement au-dessus des flammes. Sur un barbecue au charbon de bois, ratissez le charbon de bois, empilez-le en deux monticules sur les deux côtés opposés du barbecue et faites cuire les aliments au centre. Sur un barbecue à deux brûleurs au gaz, allumez un brûleur et faites cuire les aliments au-dessus de l'autre.

ASTUCE : Pour ce mode de cuisson, travaillez sur trois zones de cuisson : la première, à feu vif, se situe à l'arrière (ou sur un côté) et permet de saisir les aliments ; la seconde, à feu moyen, se situe au milieu et permet de cuire les aliments ; la troisième, à l'abri des flammes et sans danger, se situe devant (ou sur le côté opposé à la première zone) et permet de réchauffer les aliments et d'éteindre la graisse enflammée. Servez-vous d'une spatule pour ratisser les braises.

Préparez trois zones de cuisson.

Sur un barbecue à trois brûleurs ou plus, allumez les brûleurs des extrémités ou de devant et de derrière, et faites cuire les aliments au centre. Remarque : la cuisson indirecte se fait toujours à couvert.

Fumage-rôtissage. Cette variante de la cuisson indirecte est souvent employée dans l'univers Raichlen en général, et dans ce livre en particulier ! Pour fumer-rôtir

QUANTITÉ DE BOIS REQUISE POUR FUMER LES ALIMENTS

Dans la **cuisson indirecte** ou le **fumage-rôtissage**, on se sert de morceaux ou de copeaux de bois dur pour produire de la fumée. La quantité nécessaire dépend du barbecue ou du fumoir et, bien sûr, de la taille des morceaux de bois. Pour un barbecue de type Kettle ordinaire, j'utilise un gros morceau, deux morceaux moyens ou trois ou quatre petits morceaux. Inutile de les faire tremper. Ou encore, employez 150 à 200 g de copeaux de bois que vous ferez tremper 30 minutes dans de l'eau froide et que vous égoutterez bien avant de les ajouter aux braises (cela permet de ralentir la combustion). Pour un fumage rapide (par exemple, le fromage fumé et le faux bacon de shiitakés, page 34), employez 200 g de copeaux que vous ne ferez pas tremper, étant donné qu'il s'agit alors de produire rapidement une fumée dense.

Pour **rehausser le feu d'un barbecue au gaz**, déposez un gros morceau de bois, deux morceaux moyens ou trois ou quatre petits morceaux sous la grille d'un ou des brûleurs. Chauffez jusqu'à ce qu'apparaisse de la fumée, puis faites cuire vos aliments. Ou encore, préparez quelques sachets de fumage en papier d'aluminium et placez-les sous la grille, directement sur les brûleurs : enveloppez des copeaux de bois préalablement trempés et égouttés dans du papier d'aluminium épais en donnant au paquet la forme d'un coussin plat et en repliant les bords pour le fermer hermétiquement, et percez des trous sur le dessus à l'aide d'une brochette afin de permettre à la fumée de s'en échapper. Déposez le sachet sous la grille, sur un brûleur. Faites chauffer le barbecue à feu vif jusqu'à ce que de la fumée s'en échappe, puis baissez le feu en le réglant à la température désirée.

CONFECTION D'UN SACHET À FUMÉE

1. Déposez une poignée de copeaux de bois au milieu d'une feuille de papier d'aluminium épais.

2. Ramenez deux côtés du papier d'aluminium vers le haut et fermez en pliant les bords.

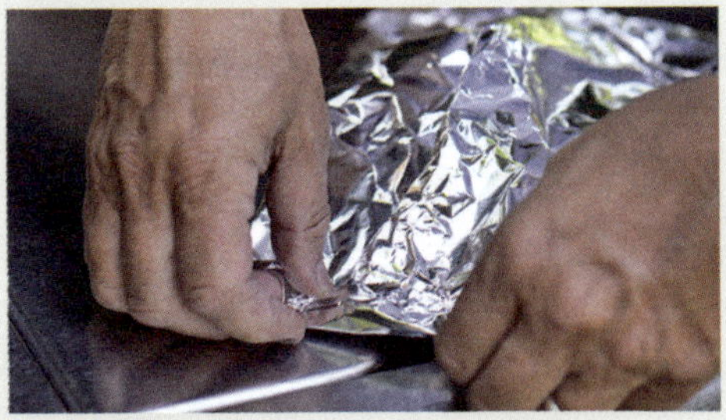

3. Repliez les bords des deux autres côtés.

4. Pratiquez des trous à la surface du sachet avec un instrument pointu pour que la fumée s'échappe.

Cuisson indirecte.

ASTUCE : La cuisson indirecte se fait souvent en plaçant les aliments dans une lèchefrite en aluminium, munie ou pas d'une grille. Voir « cuisson à la poêle ou en lèchefrite », page 19.

sur un barbecue au charbon de bois, réglez l'appareil pour la cuisson indirecte (voir ci-dessus) et ajoutez des morceaux ou des copeaux de bois sur la braise. S'il s'agit d'un barbecue au gaz, déposez le bois dans la boîte de fumage (si votre appareil en possède une) ou sous la grille, directement sur les brûleurs. Ou encore, utilisez une boîte de fumage auxiliaire ou un sachet de fumage (voir l'encadré ci-contre, dans lequel vous trouverez également des informations sur les quantités de bois nécessaires pour le fumage-rôtissage).

Fumage. Si vous réglez la température à environ 125 °C et si vous faites sortir la fumée, vous pratiquerez une méthode très répandue dans ce qu'il est convenu d'appeler la *Barbecue Belt* des États-Unis et qui comprend sept États du sud du pays (où l'on ne parle pas de fumage, mais plutôt de cuisson au barbecue). Indispensable pour la cuisson de la poitrine de bœuf à la mode du Texas et des côtes de bœuf à la mode de Kansas City, le fumage convient également aux légumes riches en eau, comme la tomate et l'oignon. On y a également recours pour la cuisson des haricots blancs à la sauce tomate et des légumes denses tels que le rutabaga et la betterave. Pour fumer sur un barbecue au charbon de bois de type Kettle, employez la moitié ou le tiers du combustible que vous utiliseriez normalement (une cheminée pleine produirait une chaleur trop intense pour le fumage). Autrement, optez plutôt pour un fumoir (voir page 13).

ASTUCE : Pour le fumage d'aliments susceptibles de flétrir ou de fondre (laitue et fromage respectivement), déposez-les sur une grille posée sur une casserole remplie de glaçons. Ou encore, employez un générateur de fumée. Pour un fumage à froid encore plus efficace, investissez dans un fumoir à froid ou dans un accessoire de fumage à froid pour votre fumoir. Divers fabricants de barbecues à granulés offrent également des accessoires de fumage à froid.

Cuisson à la broche. Il y a quelques années, alors que je voyageais au Brésil, j'ai observé une méthode singulière pour griller les oignons : sur une broche déposée sur une rôtissoire au charbon de bois (le même restaurant servait de l'ananas cuit à la broche comme dessert). Rappel efficace du fait que, même si la plupart d'entre nous ne rôtissons pas les fruits et les légumes, la rôtissoire peut s'avérer très efficace pour leur cuisson ! Reportez-vous à cet effet à la recette des choux de Bruxelles rôtis, huile au curcuma et aux feuilles de curry (voir page 174).

Cuisson à la broche d'un chou-fleur sur barbecue au charbon de bois.

Cuisson sur la braise. C'est la plus ancienne méthode de cuisson au barbecue et l'une de mes préférées pour les légumes. Rien ne vaut le contact direct avec la braise chaude pour caraméliser les sucres de l'oignon et du poivron, par exemple, et leur conférer une fabuleuse saveur fumée qu'on ne peut obtenir autrement. Les Siciliens font griller les artichauts sur la braise (voir page 210) et les Moyen-Orientaux, les aubergines. Pour cuire à la braise, laissez le charbon de bois ou le bois se transformer en braises rougeoyantes. Éventez-les à l'aide d'un journal replié afin d'en déloger les cendres, le cas échéant, puis déposez-y les légumes (en règle générale, le processus est assez

ASTUCES :

- Pour faire griller sur la braise des haricots verts, des pois mange-tout et d'autres petits légumes, mettez-les dans un panier à griller que vous déposerez directement sur la braise.
- On ne peut pas faire de cuisson sur la braise avec un barbecue au gaz, mais on peut en reproduire plus ou moins les effets en le chauffant à la plus haute température, puis en cuisant directement les légumes sur les flammes jusqu'à ce que la peau noircisse. On peut faire la même chose sur une plancha très chaude.

rapide pour ne pas devoir recharger le feu, mais si ce n'est pas le cas, allumez du charbon de bois dans la cheminée de démarrage ou déposez-en sur la braise et attendez qu'il s'enflamme).

Étape 5
MAÎTRISER LES TECHNIQUES SPÉCIALISÉES DE CUISSON AU BARBECUE ET DE FUMAGE

Une fois maîtrisées les techniques de base de la cuisson au barbecue (voir page 15), vous pourrez ajouter des techniques spécialisées à votre répertoire. Celles qui suivent sont particulièrement efficaces pour la cuisson des légumes.

Cuisson sur planche de bois. Vous connaissez bien la cuisson du saumon sur planche de cèdre. Mais saviez-vous que cette méthode convient également au fromage, à la tomate et à l'aubergine (voir l'aubergine au parmesan sur planche de cèdre, page 184)? Elle confère aux aliments une subtile saveur fumée et, dans le cas du fromage, l'empêche de fondre et de couler sous la grille. Le cèdre est le bois le plus souvent utilisé, mais tout bois dur non traité fera l'affaire. L'épaisseur de la planche doit être de 0,5 à 1 cm.

Carbonisation d'une planche à griller.

Cuisson à la plancha. La plancha (une plaque épaisse en métal) est l'un de mes ustensiles de cuisson au barbecue préférés, notamment pour cuire les aliments fins tels que la cébette ou l'asperge, les aliments inflammables comme les morceaux de courge ou les tranches d'oignon enveloppés de bacon (ou pratiquement n'importe quoi enveloppé de bacon) et, bien sûr, les aliments qu'on ne fait généralement pas griller, par exemple l'œuf ou les sandwichs.

ASTUCES :

- Préparez la plancha comme vous le feriez pour une poêle en fonte: frottez-la avec du gros sel et de l'huile végétale, puis huilez-la et chauffez-la sur le barbecue selon la méthode de la cuisson indirecte ou dans un four réglé à 180 °C pendant 1 à 2 heures.
- Pour vérifier si la plancha est assez chaude, aspergez-la de quelques gouttes d'eau. Elle est prête quand l'eau s'évapore au bout d'une ou deux secondes. Après la cuisson, grattez-la avec une spatule en métal propre alors qu'elle est encore chaude et huilez-la de nouveau (remarque: pour ma part, j'évite autant que possible de laver une plancha avec du savon). Plus vous l'utiliserez, meilleure elle sera.

Je préfère la plancha en fonte qui, une fois bien préparée, présente une surface antiadhésive. On peut, bien sûr, s'en servir sur la cuisinière, mais ce que j'aime avec le barbecue, c'est qu'on peut imprégner les aliments d'une saveur fumée en ajoutant des morceaux ou des copeaux de bois sur les flammes. Il suffit de garder le couvercle fermé quelques minutes après avoir ajouté le bois afin de retenir la fumée (à défaut de plancha, utilisez une grosse poêle en fonte).

Cuisson sur pierre de sel. Devenu populaire il y a quelques années, ce mode de cuisson a plus à offrir que le simple fait d'être à la mode! La pierre de sel chauffe les aliments délicats en douceur et de façon uniforme, tandis que le sel confère une saveur subtile aux légumes, comme la courge d'hiver, qu'on cuit côté chair dessous pour qu'elle absorbe un peu de saveur salée, et même aux desserts (fabuleux, l'ananas frais cuit sur pierre de sel!).

Cuisson à la vapeur. Cette méthode est utile pour la cuisson

ASTUCES :

- Il est important de chauffer la pierre de sel graduellement et d'éviter de la mettre directement au-dessus des flammes (réglez le barbecue pour une cuisson indirecte à feu moyen ou moyen-vif). En outre, ne l'employez pas quand il fait froid (si vous pouvez voir l'air que vous expirez, c'est qu'il fait trop froid), car elle risque de se fendre ou d'exploser au contact de la chaleur.
- On peut employer la pierre plusieurs fois. Il suffit de la gratter au couteau à mastic ou au grattoir en métal quand elle est encore chaude, puis de la laisser refroidir à température ambiante. Conservez-la ensuite dans un sachet de plastique fermé hermétiquement afin d'éviter que le sel se dissolve au contact de l'humidité de l'air. Évitez aussi de la laver, le sel risquant de fondre.

au barbecue de gros légumes denses comme le chou-fleur et le rutabaga. Déposez le légume sur une grande feuille de papier d'aluminium robuste, ajoutez 3 ou 4 c. à soupe d'eau et enveloppez en repliant le papier. Cuisez le légume directement ou indirectement à feu vif de sorte que l'eau bouillante le cuise à la vapeur et l'attendrisse. Enlevez ensuite le papier et jetez-le, puis grillez directement le légume jusqu'à ce que se forme une savoureuse croûte dorée.

Cuisson à la poêle ou en lèchefrite. J'emploie cette méthode pour la cuisson au barbecue des légumes-racines fermes, tels que panais, carotte et pomme de terre (entière si petite, sinon en cubes). Réglez le barbecue pour une cuisson indirecte et chauffez-le à feu moyen-vif. Déposez les légumes dans une lèchefrite jetable en aluminium épais ou dans une poêle en fonte, ajoutez du beurre ou de l'huile d'olive, salez et poivrez. Grillez-les indirectement jusqu'à ce qu'ils soient bien cuits, dorés et croustillants, en les remuant toutes les 10 à 15 minutes. Pour les 3 à 5 dernières minutes de cuisson, placez la poêle ou la lèchefrite directement au-dessus des brûleurs afin de faire grésiller la croûte des légumes et la rendre croustillante.

ASTUCE : Vous avez de l'audace à revendre ? Grillez les légumes dans la lèchefrite jetable en aluminium directement au-dessus des flammes. Vous devrez mettre plus d'huile d'olive ou de beurre et remuer plus souvent que si vous utilisiez une poêle plus épaisse. Cependant, la croûte bien croustillante et le cœur fondant que vous obtiendrez en vaudront amplement la peine.

Cuisson en papillote (ou du campeur). Je n'avais jamais réellement pris cette méthode au sérieux jusqu'à ce que je rencontre Pat Martin, du Martin's Bar-B-Que Joint de Nashville. Il enveloppe oignons, poivrons et épices à la cajun (encore meilleur avec quelques tranches de saucisse Kielbasa) dans du papier d'aluminium et laisse la vapeur et la chaleur faire le reste (voir recette page 178).

ASTUCE : Employez un papier d'aluminium robuste pour ce mode de cuisson. Pour ma part, je le double souvent. Repliez bien les bords afin de retenir la vapeur à l'intérieur. Faites attention aussi quand vous ouvrez les papillotes : la vapeur qui s'en échappe est très chaude. Ouvrez-les avec un couteau plutôt qu'avec les doigts.

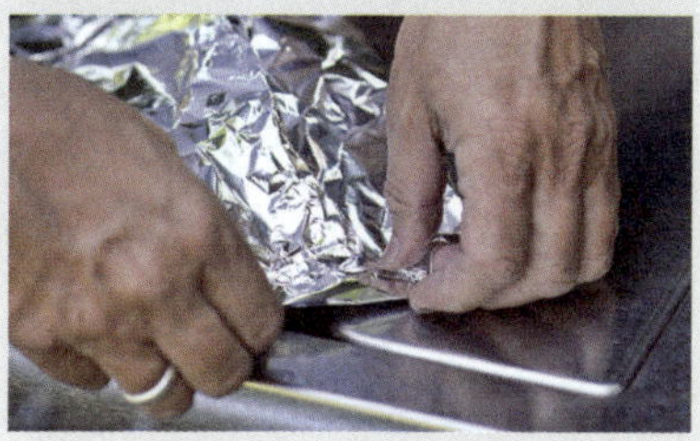

Cuisson en papillote végétale. Bien avant l'invention des casseroles et des poêles, on enveloppait les aliments dans les feuilles de diverses plantes et on les faisait cuire directement dans le feu ou à proximité (voyez cela comme le précurseur des *tamales* mexicains). De nos jours, nous avons encore recours à cette bonne vieille technique. Tentez l'expérience en grillant directement sur les flammes ou la braise du fromage de chèvre, du miel et du thym enveloppés dans des feuilles de vigne fraîches ou marinées.

Fumage au foin ou à la paille. J'ai découvert cette technique dans le sud de l'Italie, où l'on fait fumer dans un feu couvant de foin ou de paille des aliments susceptibles de fondre, telle la mozzarella (le foin est constitué d'herbe et la paille, de tiges de céréales : ils confèrent aux aliments une saveur fumée similaire). Allumez une botte de foin ou de paille sur un côté de votre barbecue (ou posez-la au fond de votre fumoir). Déposez l'aliment à fumer aussi loin que possible du foin ou de la paille. Fermez le couvercle afin de retenir la fumée. 3 à 5 minutes de cuisson suffisent.

Fumage des légumes dans leur peau. Voilà une des méthodes de fumage les plus spectaculaires qui soient, et qui n'exige même pas de fumoir ! Faites carboniser des aubergines, poivrons et autres légumes à peau fine sur des flammes chaudes. Alors que la peau brûle, la fumée pénètre la chair des légumes. C'est là le secret d'un *baba ganoush* réussi (voir page 63)

ASTUCES :

- Pour fumer à la paille un œuf ou de la laitue (ou d'autres feuilles délicates), mettez-les sur une grille déposée sur une casserole remplie de glaçons afin qu'ils restent froids.
- Si vous fumez du fromage, déplacez-le à l'aide d'une spatule. Ne le prenez pas avec les doigts : vous abîmeriez la pellicule de fumée et y laisseriez vos empreintes !

ou d'une excellente salade de poivrons rôtis (voir page 70). On peut pratiquer cette méthode sur un barbecue réglé pour une cuisson directe (il doit être très chaud), mais pour ma part, je préfère le faire directement sur la braise. J'ai un jour fumé une citrouille en la faisant rôtir sur la braise pour la transformer ensuite en tarte. Un délice!

Étape 6

ALLUMER LE BARBECUE

Si vous avez acheté ce livre, il y a de fortes chances que vous sachiez allumer un barbecue. Je me contenterai donc de vous rappeler quelques points importants.

Barbecue au gaz. Facile, n'est-ce pas? Il suffit d'ouvrir le robinet du gaz et d'appuyer sur le bouton d'allumage. En réalité, c'est un peu plus compliqué que ça. D'abord, veillez à toujours ouvrir le couvercle quand vous allumez un barbecue au gaz (pour prévenir une éventuelle accumulation de gaz dangereuse). Allumez les brûleurs en suivant l'ordre recommandé par le fabricant (certains appareils ne s'allument pas si on ne suit pas cet ordre). Appuyez sur le bouton d'allumage ou tournez-le, puis écoutez le faible sifflement indiquant que l'appareil est allumé, tout en vérifiant l'apparition de la flamme. Ensuite, et c'est très important, au bout d'environ 60 secondes, placez votre main à environ 10 cm au-dessus du brûleur afin de vous assurer qu'il est bien allumé. Si c'est le cas, vous pouvez fermer le couvercle en toute sécurité et chauffer le barbecue à la température désirée.

ASTUCE : Une fois le légume cuit, secouez-le pour en déloger d'éventuelles braises chaudes et laissez-le refroidir sur une plaque de cuisson munie d'un rebord (ne le déposez jamais sur une assiette de plastique ou de bois, une braise risquant d'enflammer le matériau).

ASTUCE : Sur de nombreux barbecues au gaz, une pile (habituellement AA ou AAA) placée derrière le bouton d'allumage déclenche celui-ci. Si votre barbecue ne s'allume pas, il vous suffira peut-être de remplacer la pile.

Placez votre main au-dessus du feu, à 10 cm au-dessus de la grille, pour en estimer l'intensité.

Barbecue au charbon de bois. C'est simple: utilisez une cheminée d'allumage. Déposez un allume-feu en paraffine ou du papier journal chiffonné au fond, puis le charbon de bois dans la partie du haut. Allumez l'allume-feu ou le papier journal. Quand les braises rougeoient (au bout de 15 à 20 minutes), déposez-les délicatement dans la chambre de combustion (dans le bas de votre barbecue). Laissez la grille chauffer quelques minutes avant de commencer la cuisson. L'avantage de la cheminée d'allumage, c'est que l'allumage se fait facilement sans qu'on ait besoin de liquide ou d'un autre produit à base de pétrole.

ASTUCE : Des fabricants de barbecue de type kamado recommandent d'allumer le charbon de bois à l'aide d'un allume-feu électrique (la cheminée d'allumage est plutôt encombrante pour ce type d'appareil). D'autres conseillent de remplir la chambre de combustion de charbon de bois en morceaux, puis de glisser un allume-feu en paraffine sous quelques morceaux et de l'allumer. Cette façon de faire donne un feu qui brûle de haut en bas, la méthode idéale pour la cuisson lente sur kamado.

Feu de bois. La méthode idéale pour mobiliser le scout qui est en vous! Montez les bûches comme si vous construisiez une cabane en rondins inversée – bûches placées en carré, les plus petites d'abord, les plus grosses ensuite. Mettez du papier journal chiffonné et du petit bois au centre et posez une bûche sur le dessus. Laissez suffisamment d'espace entre les bûches pour permettre une bonne circulation d'air, ce qui donnera un feu sans trop de fumée. Mettez le feu au papier et au petit bois, et voilà!

Il existe deux manières de griller sur un feu de bois une fois qu'il est allumé. Vous pouvez le faire alors qu'il y a encore des flammes, ce qui confère aux aliments une saveur fumée très prononcée. Vous pouvez aussi

La disposition de type cabane en rondins permet de maximiser la circulation d'air dans un feu de bois.

attendre que se forment des braises, ce qui amoindrira la saveur fumée et cuira de manière plus uniforme (cette dernière méthode laisse plus de contrôle au cuisinier, c'est pourquoi je la préfère pour la cuisson de la plupart des légumes).

Feu enrichi au bois. À l'origine, les légumes étaient cuits sur un feu de bois et, dans bien des parties du monde, c'est toujours le cas. Cela reste la meilleure manière de griller ces aliments, qui acquièrent ainsi une saveur fumée inimitable, moins prononcée certes qu'avec la méthode du fumage, mais assez marquée pour transformer radicalement leur goût. Le feu de camp ou le barbecue au bois, par exemple le Grillworks ou le Kudu, permettent de le faire facilement. Sinon, voici des conseils pour donner un goût de fumé avec un feu de bois.

Sur un barbecue au charbon de bois

- Faites brûler des morceaux de bois dur plutôt que du charbon de bois dans votre cheminée d'allumage (voir l'astuce ci-dessous).
- Déposez des morceaux ou des copeaux (habituellement trempés et égouttés) de bois dur directement sur le charbon de bois allumé.

Sur un barbecue au gaz

- Déposez des morceaux ou des copeaux de bois dans la boîte de fumage de votre barbecue (s'il y en a une).
- À défaut de disposer d'une boîte de fumage intégrée, déposez des copeaux de bois ou des granulés à fumer dans une boîte indépendante.
- Déposez des morceaux de bois sous la grille, directement sur les brûleurs.
- Employez un sachet à fumée (voir encadré, à la page 16).

Fumoir. Cet appareil se présente sous des configurations tellement diversifiées (décalé, à l'eau, cylindrique, boîte, etc.) et brûle une telle variété de combustibles (bois, granulés, gaz, électricité) qu'il vaut mieux consulter le manuel d'instructions du fabricant pour l'allumer et l'utiliser.

ASTUCE : Il est très facile de faire un feu de bois dans un barbecue de type Kettle. Remplissez la cheminée d'allumage de morceaux de bois plutôt que de charbon de bois. Allumez-les comme vous le feriez normalement pour le charbon de bois et, quand les braises rougeoient, mettez-les dans la chambre de combustion. Remarque : comme le bois brûle plus rapidement que le charbon de bois, veillez à en avoir suffisamment pour préparer une deuxième cheminée d'allumage. En outre, ne fermez jamais le couvercle sur un feu de bois pour ne pas trop fumer les aliments.

Étape 7
RÉGLER LA TEMPÉRATURE

Le contrôle de la température est l'une des clés de la réussite (en d'autres termes, comme l'a écrit un plaisantin, contrôlez le feu plutôt que de vous laisser contrôler par lui). Dans les recettes qui suivent, vous cuisinerez avec six températures clés (pour simplifier les choses, on se contentera cependant d'utiliser des termes tels que « feu doux » ou « feu vif » plutôt que d'indiquer des températures spécifiques). Maîtrisez-les et vous pourrez griller n'importe quel aliment !

- **38 °C et moins :** fumage à froid, pour fumer les aliments sans les cuire. La recette de laitue fumée de la page 80 fait appel à cette technique.
- **125 °C ou feu doux :** fumage-rôtissage. C'est la température de la véritable cuisson au barbecue : elle permet de cuire la poitrine, l'épaule et les côtes de porc à la perfection. C'est à cette température que vous cuirez oignon, chou et autres gros légumes ronds.
- **150 °C ou feu moyen-doux :** température parfaite pour griller les gros légumes denses, tels que la pomme de terre et la courge d'hiver.
- **180 °C ou feu moyen :** pour griller directement légumes-racines aqueux, comme la patate douce et l'igname, et indirectement les gros légumes, tels l'oignon et la betterave.
- **200 °C ou feu moyen-vif :** pour griller directement les légumes verts fermes, brocoli et artichaut par exemple. C'est également à cette température que je fais griller indirectement à la poêle pomme de terre, carotte et topinambour.
- **260 °C et plus ou feu vif :** pour griller directement les légumes très aqueux comme la courgette et la tomate. Ils doivent cuire

à haute température pour devenir croustillants ; à plus basse température, ils ramollissent.

Étape 8
ENTRETENIR LA GRILLE ET GÉRER LA CUISSON

Pour la cuisson des légumes, les règles à suivre sont les mêmes que celles de la viande, du poisson et des fruits de mer : gardez la grille chaude, propre et lubrifiée (huilez-la juste avant d'y mettre les aliments à cuire). Chauffez-la bien, puis frottez-la vigoureusement avec une brosse en métal rigide ou un grattoir en bois.

Pour l'huiler, pliez ou roulez un essuie-tout en un tampon compact, puis saisissez-le avec une pince à long manche. Trempez le tampon dans un petit bol contenant de l'huile végétale ou d'olive, puis passez-le sur la grille dans le sens des barreaux. En plus d'huiler celle-ci, cette opération présente l'avantage de la nettoyer une dernière fois (et d'enlever les fils de la brosse, le cas échéant).

Huilez de nouveau la grille entre les différentes cuissons. Remarque : s'il n'est pas absolument nécessaire d'huiler la grille quand on cuit des légumes à peau lisse comme l'aubergine et le poivron, cela reste utile pour lui donner un fini antiadhésif.

Après la cuisson, brossez la grille et huilez-la une dernière fois afin qu'elle soit propre et lubrifiée pour la séance suivante.

Si vous faites cuire plusieurs légumes (ou des petits légumes, du pain ou des tranches de tofu), disposez-les en succession de rangs ordonnés, en commençant à l'arrière et en finissant devant. Vous saurez ainsi quels aliments vous aurez mis en premier et lesquels devront être retournés, puis retirés du barbecue les premiers.

Laissez toujours au moins 25 % de la surface de la grille exempte d'aliments (et de préférence sans flammes dessous). Cette zone de sécurité vous permettra d'y déposer les légumes qui s'enflammeraient ou qui devraient être protégés d'un feu trop chaud.

Pour savoir si un légume est cuit, contrairement à la viande, je me fie plus à l'apparence et à mes impressions qu'à la température interne.

- Petits légumes fins, tels que cébette et asperge : ils sont cuits quand l'extérieur est boursouflé et noirci. Même chose pour l'aubergine et la courgette coupées en tranches.
- Petits légumes ronds ou gousses, comme la tomate et l'okra : pincez-les entre le pouce et l'index. S'ils cèdent, ils sont cuits.
- Gros légumes du type courge et pomme de terre : si vous pouvez les percer facilement avec une brochette fine en métal ou une sonde à gâteau, c'est qu'ils sont cuits.

Étape 9
LA CUISSON SPÉCIFIQUE DES LÉGUMES

De nombreux légumes sont grillés comme les protéines d'origine animale. Ainsi, on grille directement un champignon de Paris, comme on le ferait d'un bifteck (et, de fait, on présente souvent ce champignon grillé comme un « bifteck »). De même, la cuisson indirecte d'une courge entière ou d'un chou-fleur ne diffère pas de celle d'un poulet.

Il existe tout de même quelques différences clés entre ces deux groupes d'aliments, notamment en ce qui concerne les corps gras.

Corps gras. Tous les aliments d'origine animale renferment des corps gras, certains en grande quantité, comme l'épaule et les côtes de porc, ce qui contribue à préserver leur moelleux en cours de cuisson ou de fumage. De leur côté, les légumes ne renferment pas de lipides ; il faut donc leur en ajouter, que ce soit à l'aide d'une marinade à base d'huile d'olive ou de beurre pour l'arrosage, ou d'une tranche de bacon ou de pancetta pour envelopper un piment jalapeño, un épi de maïs ou un quartier de courge.

Eau. Tous les aliments d'origine animale renferment environ 75 % d'eau. Il y en a aussi beaucoup dans les légumes, mais la teneur varie en fonction de chacun. Cela va d'environ 95 % pour

UN AUTRE AVANTAGE À GRILLER LES LÉGUMES

Les chiffres suivants ont de quoi choquer en ce qui concerne la consommation d'eau et la viande. Selon foodtank.com, il faut environ 6 815 litres d'eau pour produire 450 g de bœuf et 2 180 litres, pour la même quantité de porc.

À comparer avec les 818 litres et 408 litres d'eau requis pour produire 450 g respectivement de fèves de soja et de maïs... Autre raison de vous féliciter de lire *Tous les légumes au barbecue* et d'en réaliser toutes les recettes !

la tomate et le poivron à quelque 80 % pour les légumes-racines, plus denses, comme le panais et le rutabaga. Les légumes les plus riches en eau se prêtent mieux à une cuisson directe, rapide et à feu vif, tandis que les moins aqueux nécessitent une cuisson indirecte, plus lente et à feu doux. C'est le cas également des légumes denses, comme la betterave et la courge kabocha.

Fumée. Les légumes n'absorbent pas la fumée de bois de la même manière que la viande. En effet, la fumée pénètre facilement la surface humide et poreuse de la viande, ce qui explique pourquoi la poitrine de bœuf et les travers de porc en sauce acquièrent une saveur aussi délectable (et un anneau de fumée) au cours d'un fumage prolongé. Ce n'est pas le cas des légumes très fermes, comme le navet et la betterave : la fumée reste en surface, d'où le fait que l'odeur de nombreux légumes fumés rappelle plus celle d'un cendrier plein que d'un barbecue ! Les légumes riches en eau, comme la tomate et l'oignon, tirent profit d'un fumage standard, alors que les plus denses et les plus secs – navet et rutabaga, par exemple – doivent être blanchis ou bouillis avant le fumage.

Il n'y a rien de mal à faire bouillir ! Une des règles du barbecue carnivore consiste à ne jamais faire bouillir les côtes (ou d'autres viandes, comme le poulet ou la poitrine). Cependant, de nombreux légumes renferment de la cellulose, une substance dure, fibreuse et insoluble qui permet difficilement d'obtenir un aliment tendre et moelleux par la simple cuisson directe ou indirecte. C'est pour cette raison que je conseille parfois de blanchir un légume (en l'immergeant brièvement dans de l'eau bouillante ou en l'y faisant cuire partiellement) avant de le passer au barbecue. C'est particulièrement pertinent pour les légumes durs ou fermes tels que l'artichaut et le chou-fleur. Remarque : pour les légumes verts, l'eau doit être bien salée et bouillir à gros bouillons, ce qui contribuera à préserver leur belle couleur vive. Pour cuire les légumes-racines, comme la pomme de terre et le rutabaga, mettez-les dans de l'eau froide et portez-les graduellement à ébullition, ce qui ralentira l'expansion de leurs fécules et les rendra moins farineux.

Croquant et croûte. La cuisson au barbecue est ma méthode de cuisson préférée (quelle surprise !), car elle a pour effet de saisir (voire de carboniser) l'extérieur de l'aliment et de caraméliser ses sucres naturels, ce qui confère aux légumes grillés une douceur exceptionnelle et les infuse délicatement d'une agréable saveur de fumée de bois. Cependant, ce mode de cuisson ne permet pas d'obtenir une croûte croustillante comme c'est le cas, par exemple, des tranches d'aubergine saupoudrées de farine et sautées à la poêle ou d'un tempura de patates douces frites. On peut toutefois donner aux légumes grillés ce croustillant en les couvrant de chapelure, de noix grillées ou sautées, ou de miettes de pain grillé.

Taille. La plupart des aliments d'origine animale (à l'exception des ailes de poulet et de la crevette) ont la taille d'au moins une portion. À l'inverse, de nombreux légumes sont de petite taille (haricot vert, asperge, chou de Bruxelles) et doivent donc être regroupés pour la cuisson au barbecue. On peut les enfiler sur des brochettes ou les cuire sur une plaque de cuisson ou dans un panier à griller (voir page 14).

Puisque vous connaissez désormais les bases et les secrets de la cuisson des légumes au barbecue, je vous invite à allumer votre appareil sans plus tarder !

CHAPITRE 2

HORS-D'ŒUVRE ET ENTRÉES

Bruschetta. Bouchées. Légumes grillés et dips savoureux. Quelle meilleure façon d'accompagner un cocktail ou d'entamer un repas que de servir des légumes fumés et grillés sur les flammes ? Dans ce chapitre, vous trouverez toutes sortes de recettes, des edamames à la toscane (fèves cuites dans leur gousse) au kale (chou frisé) grillé et croustillant, en passant par les avocats grillés sur feu de bois et servis avec deux sauces pimentées originales ! Sans oublier les pois chiches épicés et fumés et les shiitakés croustillants et fumés ressemblant à s'y méprendre à du bacon… François Rabelais qualifiait les bouchées apéritives d'« éperons bachiques ». En tout cas, pour ce qui est de mettre de l'ambiance au début d'un repas, ces bouchées fumées et grillées sont tout aussi efficaces aujourd'hui qu'à l'époque !

RECETTES

BROCOLIS SAUCE BUFFALO
ET DIP AU BLEU

QUANTITÉ 4 à 6 hors-d'œuvre

MÉTHODE fumage-rôtissage (cuisson indirecte avec fumée de bois)

PRÉPARATION 20 minutes

CUISSON 20 à 30 minutes

BARBECUE/ÉQUIPEMENT
au charbon de bois, au gaz ou au bois ; morceaux ou copeaux de bois dur (trempés), voir page 16 ; 2 lèchefrites jetables en aluminium robuste de 23 × 33 cm ou une poêle en fonte de 25 à 30 cm.

POUR EN SAVOIR PLUS
on peut certes griller le brocoli en cuisson directe ; sur un feu de bois ou enrichi au bois, il prendra une fabuleuse saveur fumée. Mais je préfère pour ma part le fumer-rôtir (cuisson indirecte) dans une lèchefrite : il est ainsi un peu plus croustillant, tout en prenant une bonne saveur fumée grâce aux morceaux ou copeaux de bois que j'ajoute au feu.

Les wings sont apparues sur la scène alimentaire américaine en 1964, à l'Anchor Bar de Buffalo, dans l'État de New York. Depuis, de nombreux autres aliments subissent le même traitement, des crevettes aux côtes de porc en passant par les choux de Bruxelles. La méthode de cuisson initiale (friture) est souvent remplacée, dans le cercle des pros du gril, par la cuisson au barbecue. Résultat : un goût puissant, moins de gras et une saveur fumée prononcée. Ce qui m'amène à ce brocoli à la sauce Buffalo. Ce n'est pas une aile de poulet et ça n'en sera jamais une, mais c'est un légume que vous pourrez servir fièrement – même à des carnivores endurcis – à votre prochaine fête d'avant-match. Le dip au bleu est facultatif.

INGRÉDIENTS

BROCOLI

2 têtes de brocoli
Huile d'olive vierge extra
Gros sel
Poivre noir fraîchement moulu
Oignon en poudre (ou semoule)
Flocons de piment fort

SAUCE

90 g de beurre non salé
125 ml de sauce sriracha
3 à 4 c. à soupe de sauce thaïe au piment doux (Mae Ploy est une bonne marque), ou selon votre goût
2 c. à soupe de sauce piquante de type Louisiana (telle que Crystal ou Frank's RedHot)
Dip au bleu (facultatif ; voir recette page 28)
1 c. à soupe de ciboulette fraîche hachée finement
Branches de céleri, pour le service (facultatif)

1. Régler le barbecue pour la cuisson indirecte et le chauffer à feu moyen-vif.

2. Peler les tiges des brocolis avec un couteau d'office. Séparer les têtes en gros fleurons (de 5 à 8 cm de long, incluant une partie de la tige). Couper le reste des tiges en morceaux de la largeur d'un doigt. Déposer le brocoli en une seule couche dans 2 lèchefrites. Arroser d'huile d'olive et remuer pour bien les enrober. Saler, poivrer et parsemer d'oignon en poudre et de flocons de piment fort, selon votre goût. Remuer pour bien mélanger.

3. Déposer les lèchefrites sur la grille du barbecue, à l'écart du feu. Pour donner un goût fumé avec un feu de charbon de bois, déposer des morceaux

ou des copeaux de bois sur la braise; pour un feu sur barbecue au gaz, les déposer dans la boîte de fumage ou sous la grille, directement sur un ou des brûleurs. Fermer le couvercle et griller le brocoli indirectement pendant 20 à 30 minutes ou jusqu'à ce qu'il grésille et soit légèrement doré, tendre, mais encore croustillant.

4. Entre-temps, préparer la sauce: dans une petite casserole, faire fondre le beurre à feu moyen. Ajouter la sriracha, la sauce thaïe et la sauce piquante. Laisser mijoter environ 3 minutes.

5. Griller le brocoli dans les lèchefrites directement au-dessus du feu durant les 3 à 5 dernières minutes de cuisson, en le remuant de sorte qu'il soit uniformément doré et croustillant. Ajouter la moitié de la sauce et cuire 1 minute.

6. Disposer le brocoli dans une assiette de service et l'arroser du reste de la sauce. Couvrir de dip au bleu ou servir celui-ci à part dans un petit bol. Parsemer de ciboulette et servir aussitôt, éventuellement avec du céleri.

DIP AU BLEU

QUANTITÉ 350 ml

Vous l'avez certainement vu venir, celle-là, étant donné que les wings de poulet à la mode de Buffalo sont servies avec une sauce au bleu depuis leur création en 1964! Ma note personnelle? Soutenir la saveur fumée en optant pour un roquefort ou un gorgonzola.

INGRÉDIENTS

90 g de roquefort ou gorgonzola
125 ml de mayonnaise
60 ml de crème aigre
Poivre moulu selon votre goût
2 à 4 c. à soupe de crème 35 % ou de lait

Au robot de cuisine, réduire le fromage en pâte grossière. Ajouter la mayonnaise, la crème aigre et le poivre, et réduire en pâte lisse en donnant des à-coups. Ajouter la quantité nécessaire de crème ou de lait pour obtenir une sauce crémeuse assez liquide pour être facilement versée. La déposer dans un bol ou en arroser le brocoli à la cuillère ou à l'aide d'un contenant compressible.

POIS CHICHES ÉPICÉS FUMÉS

Si cet ouvrage se limitait à des recettes végétariennes (ce qui n'est pas le cas), les pois chiches fumés remplaceraient le bacon émietté. Épicés et riches en arôme de fumée, ils sont irrésistibles comme en-cas. Ils se transforment facilement en houmous fumé (voir page 61) et entrent dans la composition de la paella (voir page 202). Pour faire d'une pierre deux coups, faites-en fumer une partie pour un en-cas et une autre que vous conserverez pour plus tard.

QUANTITÉ 450 g, pour 4 portions ; peut être multipliée à volonté

MÉTHODE fumage-rôtissage (cuisson indirecte avec fumée de bois)

PRÉPARATION 10 minutes

CUISSON environ 20 minutes

BARBECUE/ÉQUIPEMENT au gaz ou au charbon de bois enrichi de bois (le charbon de bois conférera une saveur plus fumée). Morceaux ou copeaux de bois dur (trempés), voir page 16.

POUR EN SAVOIR PLUS le puriste utilisera des pois chiches secs qu'il fera tremper toute la nuit au réfrigérateur pour ensuite les faire bouillir. Pour les autres, les pois chiches en boîte (de préférence bio), rincés et égouttés, conviennent aussi très bien ! Le piment noir d'Urfa acquiert sa saveur particulière en séchant sur le plant avant d'être moulu. On peut le commander en ligne ou le remplacer par du piment d'Espelette ou de Cayenne, ou encore du paprika fort.

INGRÉDIENTS

- 450 g de pois chiches cuits, rincés et égouttés
- 3 c. à soupe d'huile d'olive vierge extra
- 1 c. à café de paprika fumé ou doux
- 1 c. à café de gros sel
- 1 c. à café de poivre noir fraîchement moulu
- ½ c. à café de cumin moulu
- ½ c. à café de piment noir d'Urfa, de piment de Cayenne ou de flocons de piment fort

1. Régler le barbecue pour la cuisson indirecte et le chauffer à feu moyen-vif.

2. Déposer les pois chiches dans une lèchefrite jetable en aluminium robuste tapissée d'essuie-tout. Les sécher avec d'autres essuie-tout. Retirer les essuie-tout et ajouter aux pois chiches 1,5 c. à soupe d'huile d'olive, le paprika, le sel, le poivre, le cumin et le piment noir. Bien mélanger.

3. Pour donner un goût de fumé avec un feu de charbon de bois, déposer les morceaux ou copeaux de bois sur la braise ; avec un feu sur barbecue au gaz, déposer les morceaux ou copeaux de bois dans la boîte de fumage ou sous la grille, directement sur un ou des brûleurs. Déposer la lèchefrite contenant les pois chiches sur la grille, à l'écart du feu.

4. Fermer le couvercle et, en remuant une ou deux fois pour qu'ils fument uniformément, faire griller les pois chiches pendant 15 à 20 minutes ou jusqu'à ce qu'ils soient bien fumés.

5. Ajouter 1,5 c. à soupe d'huile d'olive aux pois chiches et remuer pour les enrober. Déposer la lèchefrite directement au-dessus du feu et, en remuant souvent, les griller pendant 2 à 4 minutes.

6. Laisser les pois chiches refroidir à température ambiante avant de les servir. Ils se conserveront 3 jours au réfrigérateur dans un sachet refermable. Les réchauffer au barbecue (réglé pour la cuisson indirecte) ou au four à 200 °C avant de les servir.

PIMENTS DE PADRÓN FARCIS

Les piments jalapeños farcis de fromage et enveloppés de bacon sont une recette classique des barbecues américains. La présente variante espagnole est composée de piments de Padrón, de manchego (fromage de lait de brebis provenant de la Mancha) et de pâte de coing (ou *membrillo*; on peut opter pour une autre confiture ou conserve de fruit). Le jambon serrano peut être remplacé par du prosciutto, du speck ou du bacon, ou on peut carrément omettre la viande. Peu importe, le résultat sera tout simplement exceptionnel!

QUANTITÉ 4 portions

MÉTHODE fumage-rôtissage (cuisson indirecte avec fumée de bois)

PRÉPARATION 15 minutes

CUISSON 15 à 20 minutes

BARBECUE/ÉQUIPEMENT
cuisson au charbon de bois ou au gaz possible, mais le résultat sera meilleur sur un feu de bois ou un feu enrichi de bois. Pour donner un goût fumé à la recette, il faudra des morceaux ou des copeaux de bois dur (trempés), voir page 16. Des cure-dents en bois.

POUR EN SAVOIR PLUS
le piment de Padrón (qui tire son nom d'une municipalité du nord-ouest de l'Espagne) et son cousin japonais, le shishito (ils ont une saveur similaire, mais le piment de Padrón est plus gros et, donc, plus facile à farcir), ont la taille et la forme de l'index. D'un vert foncé, avec une peau ridée, ils ont une délicate saveur herbacée, à mi-chemin entre le poblano et le poivron vert, mais plus douce encore. Sauf si on tombe sur un spécimen un peu plus piquant, ce qui se produit environ une fois sur dix. C'est ce qui rend ces piments si excitants! On les trouve au marché en saison, dans certaines épiceries spécialisées ou en ligne.

INGRÉDIENTS

- 12 gros piments de Padrón ou shishito (les choisir avec soin)
- 180 g de manchego, râpé finement
- 80 ml de mayonnaise
- 1 cébette, parée, parties blanche et verte tranchées finement
- 2 c. à café de paprika espagnol fumé ou de paprika doux ou fort
- 2 c. à soupe de pâte de coing ou de goyave coupée en fines lamelles
- 90 g de jambon serrano ou autre jambon salé-séché tranché finement, ou 6 tranches de bacon
- Huile végétale pour huiler la grille

1. Couper les piments de Padrón en deux sur la longueur. Enlever les graines en grattant l'intérieur avec une petite cuillère en métal ou une cuillère à pamplemousse.

2. Dans un bol, bien mélanger le manchego, la mayonnaise, la cébette et le paprika fumé. Farcir les moitiés de piment de cette préparation. Garnir chaque moitié d'une lamelle de pâte de coing.

3. Couper le jambon en lanières de 2,5 x 10 cm ou les tranches de bacon en deux sur la largeur. Envelopper les demi-piments farcis d'une lanière de jambon ou de bacon et fixer à l'aide d'un cure-dent. On peut préparer les piments à l'avance jusqu'à cette étape, puis les conserver à couvert au réfrigérateur.

4. Régler le barbecue pour une cuisson indirecte et le chauffer à feu moyen-vif. Brosser ou gratter la grille et bien l'huiler. Pour donner un goût de fumé avec un feu de charbon de bois, déposer les morceaux ou copeaux de bois sur la braise; avec un feu sur barbecue au gaz, déposer les morceaux ou copeaux de bois dans la boîte de fumage ou sous la grille, directement sur un ou des brûleurs. Déposer les piments sur la grille au-dessus de lalèchefrite, à l'écart du feu (les mettre sur une grille permet de les transporter facilement du barbecue à la table).

5. Fermer le couvercle. Griller indirectement pendant 15 à 20 minutes ou jusqu'à ce que le mélange de fromage et de jambon grésille et dore, et que la chair des piments soit tendre.

6. Les déposer dans une assiette, retirer les cure-dents et servir.

EDAMAMES À LA TOSCANE

QUANTITÉ 2 ou 3 portions

MÉTHODE cuisson directe

PRÉPARATION 5 minutes

CUISSON 8 à 12 minutes

BARBECUE/ÉQUIPEMENT
cuisson au charbon de bois ou au gaz possible, mais le résultat sera meilleur sur un feu de bois ou un feu enrichi au bois. Pour donner un goût de fumé avec un feu au charbon de bois ou au gaz, il vous faudra des morceaux ou copeaux de bois dur (trempés), voir page 16.

POUR EN SAVOIR PLUS
en saison, on trouve les gousses d'edamame sur les étals au marché et dans certaines épiceries.

Chaque printemps, les fèves fraîches arrivent sur le marché. Les grosses gousses vertes d'edamame ressemblent à des fèves vertes sous stéroïdes. Mon gendre, qui est également chef, aime les griller dans leurs gousses assaisonnées d'huile d'olive, de thym frais et de sel de mer. Les griller leur offre une texture plus ferme qu'à l'ébullition tout en leur donnant une agréable saveur d'herbes fumée. Afin de garder vos doigts propres, vous pouvez porter des gants pour ouvrir les gousses carbonisées.

INGRÉDIENTS

450 g d'edamames fraîches en gousse
2 c. à soupe d'huile d'olive vierge extra
Gros sel et poivre noir fraîchement moulu
2 c. à café de thym frais

1. Régler le barbecue pour la cuisson directe et le chauffer à feu vif. Pour donner un goût de fumé avec un feu de charbon de bois, déposer les morceaux ou copeaux de bois sur la braise ; pour un feu sur barbecue au gaz, déposer les morceaux ou copeaux de bois dans la boîte de fumage ou sous la grille, directement sur un ou des brûleurs (inutile d'huiler la grille).

2. Enduire les gousses d'edamame d'huile d'olive de tous côtés, saler, poivrer et parsemer de thym frais.

3. Déposer les fèves sur la grille et les griller pendant 4 à 6 minutes de chaque côté ou jusqu'à ce que les gousses gonflent et noircissent. Les déposer dans une assiette et servir. Pour les consommer, ouvrir les gousses et prélever les pois à l'intérieur.

RADIS GRILLÉS
BEURRE AU ROQUEFORT

Quand j'étudiais à Paris, je prenais mes repas au Petit Saint-Benoît, un bistro bon marché du Quartier latin. On y offrait une nourriture simple, sans chichi. À l'apéritif, on servait, entre autres, des champignons à la grecque et des poireaux vinaigrette (voir une variante grillée intéressante, page 93), de même qu'un des plats de bistro les plus exquis qui soient, les radis au beurre. Le contraste des textures et des saveurs – radis piquants et croustillants, beurre doux moelleux, cristaux craquants de sel de mer – de l'ensemble a beaucoup plus à offrir que la somme de ses parties ! Griller les radis, les Français ne feraient jamais ça, mais je me le permets, car cela ajoute une douce saveur fumée tout en atténuant le piquant du légume. Je les cuis sur des brochettes de bambou, ce qui permet de les tremper facilement dans une sauce. De plus, je mélange le beurre avec du roquefort, une façon sympathique d'ajouter du sel !

QUANTITÉ 4 portions

MÉTHODE cuisson directe

PRÉPARATION 20 minutes

CUISSON 4 à 6 minutes

BARBECUE/ÉQUIPEMENT
cuisson au charbon de bois, au gaz ou au bois. Petites brochettes de bambou et papier d'aluminium de 30 x 45 cm plié en trois, côté lustré vers l'extérieur (il constituera une sorte de bouclier contre les flammes).

POUR EN SAVOIR PLUS
il existe de nombreuses variétés de radis (le mot est tiré du latin *radix*, qui signifie « racine »), dont le radis rond et le radis long que l'on trouve partout sur les étals des marchés à la belle saison. Tous peuvent se cuire au barbecue. Je les coupe en deux pour exposer une plus grande surface de la chair au feu, mais on peut aussi les griller entiers.

INGRÉDIENTS

BEURRE AU ROQUEFORT

- 60 g de roquefort à température ambiante
- 55 g de beurre non salé, à température ambiante

RADIS GRILLÉS

- 1 botte de radis parés
- Huile d'olive vierge extra
- Gros sel et poivre noir fraîchement moulu
- Huile végétale pour huiler la grille

1. Beurre au roquefort : écraser le roquefort avec le dos d'une cuillère pour en faire une pâte. Incorporer le beurre. Déposer la préparation dans un ou deux petits bols.

REMARQUE : on peut le préparer 3 jours à l'avance. Dans ce cas, le conserver au réfrigérateur dans un petit récipient couvert. Le laisser se réchauffer à température ambiante avant de le servir.

2. Couper les radis en deux en diagonale. Les enfiler sur des brochettes, deux moitiés à la fois espacées de 1 cm. Les badigeonner légèrement d'huile d'olive, saler et poivrer.

3. Régler le barbecue pour la cuisson directe et le chauffer à feu vif. Brosser ou gratter la grille et bien l'huiler.

4. Déposer les brochettes de radis sur la grille, en glissant le bouclier de papier d'aluminium sous leurs parties exposées. Les griller 2 minutes de chaque côté ou jusqu'à ce qu'ils soient dorés de tous côtés.

5. Les servir sur la brochette, avec le beurre au roquefort.

FAUX BACON DE SHIITAKÉS

QUANTITÉ 4 portions en hors-d'œuvre

MÉTHODE fumage

PRÉPARATION 10 minutes

FUMAGE 5 à 30 minutes, selon le barbecue ou le fumoir

BARBECUE/ÉQUIPEMENT cuisson au charbon de bois, au fumoir ou au fumoir manuel. Morceaux ou copeaux de bois dur (non trempés), voir page 16, ou sciure de bois dur pour fumoir intérieur, thermomètre à friture (facultatif) et grille ou panier à griller.

Les « charcuteries » de légumes exigent, la plupart du temps, plusieurs jours de salaison et de fumage. Cependant, pour ces shiitakés, la préparation demandera en tout et pour tout moins d'une heure (environ 15 minutes de préparation active). La recette nous vient du Fancy Radish, un splendide restaurant végane situé à Washington, DC. Vous aimerez le croustillant des champignons et leur texture rappelant le bacon. Vous apprécierez également la saveur fumée, plus proche cette fois des champignons que du bacon. Servez-les comme en-cas ou en hors-d'œuvre.

INGRÉDIENTS

250 g de gros shiitakés frais

250 ml d'huile de pépins de raisin ou plus au besoin, pour la friture

Huile végétale pour huiler la grille

Gros sel

1. À l'aide d'un couteau bien affûté, couper les pieds des champignons au niveau des chapeaux (contrairement à la plupart des autres variétés, le pied du shiitaké est trop fibreux pour être consommé). Trancher finement les chapeaux sur la largeur à la mandoline ou au couteau. Les tranches ne doivent pas avoir plus de 3 mm d'épaisseur.

2. Déposer une grille sur une plaque de cuisson munie d'un rebord ou tapisser une assiette d'essuie-tout. Verser 1 cm d'huile dans une poêle à frire de 25 cm de diamètre et la chauffer à feu moyen-vif. Quand elle est bien chaude, y déposer une tranche de shiitaké ; si des bulles se forment autour, la température est adéquate (on peut aussi vérifier à l'aide d'un thermomètre à frire, qui doit indiquer 180 °C). En remuant avec une écumoire, faire frire les tranches de champignon, quelques-unes à la fois afin d'éviter de surcharger la poêle, pendant 2 à 3 minutes ou jusqu'à ce qu'elles soient dorées et croustillantes. Mettre les champignons à égoutter sur une grille et les laisser refroidir à température ambiante.

3. Régler le barbecue pour la cuisson indirecte et le chauffer à feu moyen. Brosser ou gratter la grille et bien l'huiler. Ajouter des morceaux ou des copeaux de bois aux braises. Si on utilise un fumoir extérieur, le régler en suivant les indications du fabricant et le chauffer à 125 °C. Ajouter du bois selon les spécifications du fabricant. Dans le cas d'un fumoir manuel ou pour cuisinière, suivre les indications du fabricant.

4. Déposer les tranches de shiitaké sur une grille ou dans un panier à griller et mettre la grille ou le panier sur le barbecue ou dans le fumoir. Fumer jusqu'à percevoir une odeur de fumée, soit 5 à 8 minutes sur un barbecue, 20 à 30 minutes dans un fumoir (le temps de fumage est plus long, car la température est plus basse) et 5 à 10 minutes avec un fumoir manuel.

5. Laisser le « bacon » de shiitakés refroidir à température ambiante, puis saler. Il est meilleur servi aussitôt ou tout au plus quelques heures après le fumage. Pour une conservation plus longue, le réfrigérer dans un récipient hermétique.

POUR EN SAVOIR PLUS

on trouve des shiitakés frais au rayon des fruits et légumes de la plupart des supermarchés et au marché. Leur saveur délectable, musquée, aromatique et riche en umami rappelle la fumée. Si possible, optez pour de gros champignons de 8 à 10 cm afin de pouvoir obtenir de longues lanières.

REMARQUE : le « bacon » de shiitakés se prépare en deux étapes, inverses de celles employées pour le bacon de porc. D'abord, on fait frire les shiitakés finement tranchés jusqu'à ce qu'ils soient croustillants, puis on les fume afin qu'ils s'imprègnent d'une saveur rappelant celle du bacon. L'opération peut être entièrement menée à l'extérieur, en faisant frire les champignons sur le brûleur latéral du barbecue. Le fumage peut se faire au fumoir ou sur un barbecue au charbon de bois et, à l'intérieur, avec un fumoir à main ou pour cuisinière.

ASPERGES VERTES GRILLÉES
SAUCE *BAGNA CAUDA*

QUANTITÉ 2 à 4 portions; peut être multipliée à volonté

MÉTHODE cuisson directe

PRÉPARATION 20 minutes

CUISSON 6 à 8 minutes

BARBECUE/ÉQUIPEMENT
au charbon de bois, au gaz, au bois ou sur un feu enrichi de bois. Pour donner un goût de fumé avec un feu au charbon de bois ou au gaz, il vous faudra des morceaux ou des copeaux de bois dur (non trempés), voir page 16. Cure-dents en bois ou petites brochettes en bambou.

POUR EN SAVOIR PLUS
les anchois se présentent sous au moins trois formes : dans le vinaigre (par exemple, les *boquerones*), au sel et à l'huile. On a ici opté pour les anchois à l'huile. La *bagna cauda* est à base d'huile d'olive, mais on peut également faire mijoter l'ail et les anchois dans de la crème fleurette à 35 % de matière grasse, ce qui donne un dip encore plus riche. Pour plus de délicatesse, on pèle les extrémités des asperges à l'aide d'un économe plutôt que de les casser et les jeter.

REMARQUE : tout légume croustillant et mince peut être préparé et servi de cette façon.

La *bagna cauda*, qui signifie « bain chaud », est une spécialité du Piémont italien qui consiste à tremper des crudités dans une sauce chaude composée d'anchois, d'ail, de crème et d'huile d'olive. Exactement le genre d'entrée qui bénéficie d'un passage sur les flammes vives. Pour griller les asperges, j'utilise une technique populaire au Japon : je pique des cure-dents dans les asperges de manière à former des espèces de radeaux, plus faciles à faire griller. Quant au « bain chaud », je propose deux choix, soit la sauce *bagna cauda* classique aux anchois (et, ici, à l'huile d'olive), soit une variante végane au miso.

INGRÉDIENTS

ASPERGES GRILLÉES

450 g de grosses asperges vertes

Huile d'olive vierge extra

Gros sel et poivre noir fraîchement moulu

Huile végétale pour huiler la grille

SAUCE *BAGNA CAUDA* CLASSIQUE

125 ml d'huile d'olive vierge extra

2 gousses d'ail pelées et émincées

1 boîte (50 g) d'anchois dans l'huile, égouttés, épongés et hachés finement

½ c. à café de zeste de citron jaune fraîchement et finement râpé

Poivre noir fraîchement moulu

1. En tenant la base des asperges entre les doigts d'une main, replier le haut de l'autre main pour casser la tige à son point naturel de rupture. Jeter les extrémités fibreuses.

2. Piquer les asperges côte à côte à l'aide de cure-dents de manière à former des radeaux de 4 ou 5 unités.

3. Enduire légèrement d'huile d'olive les deux côtés des radeaux, saler et poivrer.

4. Préparer la *bagna cauda* : dans une petite casserole, chauffer l'huile d'olive à feu moyen-vif. Ajouter l'ail et, en remuant, le cuire pendant 1 à 2 minutes ou jusqu'à ce qu'il soit légèrement doré. Incorporer les anchois, le zeste de citron et du poivre, selon votre goût. En remuant souvent, laisser mijoter 5 minutes ou jusqu'à ce que les anchois se défassent. Réserver au chaud.

5. Régler le barbecue pour la cuisson directe et le chauffer à feu vif. Brosser ou gratter la grille et bien l'huiler. Pour donner un goût de fumé avec un feu de charbon de bois, déposer les morceaux ou copeaux de bois sur la braise ; avec un feu sur barbecue au gaz, déposer les morceaux ou copeaux de bois dans la boîte de fumage ou sous la grille, directement sur un ou des brûleurs.

6. Déposer les asperges sur la grille et les griller environ 3 minutes ou jusqu'à ce qu'elles soient bien dorées. Les retourner avec une pince et griller 3 minutes. On peut aussi les griller sur une plaque perforée à légumes chaude ou dans un panier à griller.

7. Disposer les radeaux d'asperges dans une ou des assiettes et retirer les cure-dents. Servir les asperges avec la sauce *bagna cauda* chaude à part. Ou encore, arroser les asperges de sauce *bagna cauda* et utiliser un couteau et une fourchette.

SAUCE *BAGNA CAUDA* AU MISO

QUANTITÉ 180 ml

Le miso confère à cette sauce *bagna cauda* la riche saveur salée et umami de l'anchois, mais sans le goût de poisson lui-même que certains n'aiment pas ou ne consomment pas. Employez du miso blanc (à base de soja et de riz fermentés) ou rouge (une variante de plus longue fermentation), ou de l'awase miso (un mélange des deux).

INGRÉDIENTS

- 1 gousse d'ail pelée et émincée
- ½ c. à café de zeste de citron fraîchement et finement râpé
- 2 c. à soupe de miso, ou selon votre goût
- 2 c. à soupe de jus de citron frais
- 2 c. à soupe d'eau chaude
- 6 c. à soupe d'huile d'olive vierge extra
- Gros sel et poivre noir fraîchement moulu

Avec le dos d'une cuillère, dans un bol, écraser l'ail et le zeste de citron de manière à obtenir une pâte. Ajouter le miso, le jus de citron et l'eau chaude, et battre jusqu'à dissolution du miso. En battant, ajouter l'huile d'olive. Saler et poivrer, selon votre goût.

Dans le cas improbable où il en resterait, la préparation se conservera au moins 3 jours au réfrigérateur, dans un récipient fermé. Laisser réchauffer à température ambiante avant de servir.

DUO D'AVOCATS GRILLÉS

Fusion entre l'Ancien et le Nouveau Monde ou purée transculturelle, ces plats se composent d'un fruit que nous considérons généralement comme un légume et que, jusqu'à tout récemment, nous n'aurions jamais osé griller : l'avocat. Nous le consommons généralement en guacamole ; or, sa chair crémeuse et douce est métamorphosée par la fumée de bois.

AVOCATS GRILLÉS
SAUCE CATALANE AUX TOMATES GRILLÉES ET AUX AMANDES

De l'Ancien Monde, plus précisément de Tarragone en Catalogne (Espagne), nous vient la *salvitxada*, une sauce tomate épicée et acidulée dont deux ingrédients sont issus du Nouveau Monde, soit la tomate et le poivron, et qui comprend également des amandes et du vinaigre de xérès. Ensemble, tous ces ingrédients composent un hors-d'œuvre aussi irrésistible qu'inattendu. En Espagne, la *salvitxada* est habituellement servie avec des calçots (oignons verts catalans qui ressemblent à de petits poireaux), des asperges ou des artichauts grillés, options que j'approuve entièrement !

QUANTITÉ 4 à 8 portions

MÉTHODE cuisson directe

PRÉPARATION 20 minutes

CUISSON 6 minutes

BARBECUE/ÉQUIPEMENT
cuisson au charbon de bois ou au gaz possible, mais le goût sera meilleur s'ils sont grillés sur un feu de bois ou enrichi de bois. Pour donner un goût de fumé avec un feu au charbon de bois ou au gaz, il vous faudra des morceaux ou copeaux de bois dur (non trempés), voir page 16.

INGRÉDIENTS

AVOCATS

Huile végétale pour huiler la grille

4 avocats mûrs mais fermes

Huile d'olive vierge extra, pour badigeonner

Gros sel et poivre noir fraîchement moulu

SALVITXADA

50 g d'amandes Marcona ou de Californie, blanchies

2 grosses tomates mûres

1 piment jalapeño ou serrano ou un morceau de piment poblano de 7 x 5 cm

3 gousses d'ail pelées et enfilées sur des cure-dents (ou 1 petite échalote, pelée et coupée en deux)

3 c. à soupe de persil plat frais, haché + 8 tiges pour le service

½ c. à café de zeste de citron jaune fraîchement et finement râpé

1 c. à soupe de vinaigre de xérès, ou selon votre goût

3 c. à soupe d'huile d'olive vierge extra

Gros sel et poivre noir fraîchement moulu

1. Régler le barbecue pour la cuisson directe et le chauffer à feu vif. Pour donner un goût de fumé avec un feu de charbon de bois, déposer les morceaux ou copeaux de bois sur la braise ; avec un feu sur barbecue au gaz, déposer les morceaux ou copeaux de bois dans la boîte de fumage ou sous la grille, directement sur un ou des brûleurs. Brosser ou gratter la grille et bien l'huiler.

2. Entre-temps, couper les avocats en deux et les dénoyauter. Badigeonner légèrement la chair d'huile d'olive, saler et poivrer.

3. Déposer les avocats sur la grille, côté coupé dessous, en diagonale par rapport aux barreaux. Les griller pendant 2 à 3 minutes ou jusqu'à ce qu'ils soient dorés. Les laisser refroidir à température ambiante dans une assiette. Les arroser d'un peu d'huile d'olive.

4. Entre-temps, préparer la *salvitxada* : déposer une poêle épaisse sur la grille au-dessus du feu. En remuant fréquemment, cuire les amandes à sec 2 minutes ou jusqu'à ce qu'elles soient rôties et parfumées. Bien surveiller la cuisson pour ne pas qu'elles brûlent. Les déposer dans un bol et les laisser refroidir.

5. Pour une cuisson hors flammes des tomates, du piment et de l'ail, les déposer dans la poêle ayant servi pour les amandes et les griller 1 à 2 minutes de chaque côté. Sinon, déposer les tomates, les jalapeños et l'ail sur la grille et les cuire 1 minute. Les retourner avec une pince et cuire 1 minute, ou jusqu'à ce que la peau des tomates et des piments se boursoufle et que l'ail soit doré. Éviter de trop cuire les tomates, elles doivent rester froides au centre. Laisser les légumes refroidir sur une planche à découper. Peler les tomates, si l'on préfère (je ne le fais habituellement pas). Les couper en deux sur la largeur et les presser pour en évacuer les graines. Couper et jeter le pédoncule. Couper le jalapeño en deux et retirer les graines (ou les laisser pour une *salvitxada* plus épicée). Retirer l'ail des brochettes. Hacher grossièrement tomates, jalapeño et ail.

6. Moudre grossièrement les amandes dans un robot de cuisine équipé d'un hachoir. Ajouter les tomates, le jalapeño, l'ail, le persil haché et le zeste de citron, et moudre grossièrement en donnant des à-coups. Pour une sauce plus lisse, poursuivre la mouture. Ajouter le vinaigre de xérès, l'huile d'olive, du sel et du poivre, selon votre goût. La sauce doit être légèrement acidulée et bien relevée. On obtient environ 125 ml. Les avocats et la *salvitxada* peuvent être préparés quelques heures à l'avance. De fait, la *salvitxada* est meilleure quand elle a reposé quelques heures à température ambiante avant d'être servie.

7. Au moment de servir, déposer la *salvitxada* à la cuillère dans et sur les avocats. Garnir de persil et servir à température ambiante.

POUR EN SAVOIR PLUS

optez pour des avocats fermes mais mûrs ; les Hass et les avocats de Floride conviennent. Laissez-les mûrir à température ambiante. En ce qui concerne les amandes, j'ai opté pour les Marcona rondes et aromatiques, qui proviennent d'Espagne ; côté goût, la Marcona s'apparente à une amande de Californie qui aurait été croisée avec une noix de macadamia à la riche saveur de beurre. On peut, bien sûr, employer des amandes ordinaires. À défaut de vinaigre de xérès, utilisez du vinaigre de vin rouge ou de riz que vous rehausserez de quelques gouttes de xérès.

REMARQUE : la coutume exige qu'on fasse blanchir les tomates dans le but de les peler, mais je préfère laisser leurs peaux se boursoufler sur les flammes. On peut faire griller à l'avance les avocats et les légumes pour la préparation de la *salvitxada*.

AVOCATS GRILLÉS
SAUCE AUX PIQUILLOS

On n'imagine pas spontanément marier olives, raisins secs et piments marinés dans un même plat, et pourtant ! Cette salade à la fois douce, salée et acidulée fait merveille sur des avocats grillés et fumés. Je l'ai goûtée pour la première fois dans un restaurant de Malibu, qui sert cet avocat grillé en bord de mer. Le piment de piquillo est cultivé en Navarre, protégé par une appellation d'origine. Il est souvent préparé au four. On le trouve souvent en conserve.

INGRÉDIENTS

- 100 g de piquillos marinés (réserver le liquide)
- 100 g de raisins de Corinthe ou autres raisins secs
- 100 g d'olives vertes dénoyautées, coupées en tranches fines
- 125 ml d'huile d'olive vierge extra et plus pour badigeonner
- Gros sel et poivre noir fraîchement moulu
- Huile végétale pour huiler la grille
- 4 avocats mûrs
- 80 g de coriandre fraîche, ou de persil plat, hachée
- 50 g de pistaches grillées

1. Couper les piquillos en dés de 1 cm. Dans un bol, mélanger les dés de piment, les raisins secs, les olives et l'huile d'olive. Ajouter quelques cuillerées à soupe du liquide des piments réservé, saler et poivrer selon votre goût. Le mélange doit être bien relevé. Laisser mariner 20 minutes à température ambiante.

2. Régler le barbecue pour la cuisson directe et le chauffer à feu vif. Pour donner un goût de fumé avec un feu de charbon de bois, déposer les morceaux ou copeaux de bois sur la braise ; avec un feu sur barbecue au gaz, les déposer dans la boîte de fumage ou mettre des morceaux sous la grille, directement sur un ou des brûleurs. Brosser ou gratter la grille et bien l'huiler.

3. Couper les avocats en deux et les dénoyauter. Badigeonner légèrement la chair d'huile d'olive, saler et poivrer.

4. Déposer les avocats sur la grille, côté coupé dessous, en diagonale par rapport aux barreaux. Les griller pendant 2 à 3 minutes ou jusqu'à ce qu'ils soient dorés. Les laisser refroidir à température ambiante dans une assiette.

5. Au moment de servir, incorporer la coriandre dans la sauce pimentée. Déposer celle-ci à la cuillère dans et sur les moitiés d'avocat grillé. Parsemer de pistaches et servir à température ambiante.

BRUSCHETTA GRILLÉE SUR FEU DE BOIS

TOMATES GRILLÉES ET RICOTTA

Quand le chef anglo-israélien Yotam Ottolenghi a ouvert le ROVI dans le quartier de Fitzrovia à Londres, il a installé son gros barbecue au bois au cœur de sa cuisine et a fait des légumes les vedettes de son menu. C'est le genre de restaurant qu'un amateur de légumes grillés voudra impérativement visiter. La dernière fois que j'y suis allé, j'ai eu la chance de goûter son *chawarma* de céleri-rave grillé et ses betteraves rôties à la suédoise, ainsi que la présente bruschetta de tomates grillées, tout aussi remarquable pour ses tomates fumées que pour sa ricotta fraîche et son pain grillé comme cela se fait depuis des millénaires, c'est-à-dire sur les flammes.

INGRÉDIENTS

- Huile végétale pour huiler la grille
- 450 g de tomates cerises, de préférence un mélange de rouges et de jaunes
- 1 c. à soupe d'huile d'olive vierge extra et plus pour badigeonner
- 3 c. à soupe de ciboulette fraîche, hachée, et d'autres herbes fraîches (estragon ou basilic), à parsemer sur la bruschetta
- Fleur de sel et poivre noir fraîchement moulu
- 4 tranches de pain de campagne d'environ 15 à 20 cm de long, de 10 cm de large et de 2 cm d'épaisseur
- 250 g de ricotta fraîche

QUANTITÉ 4 bruschettas ; peut être multipliée à volonté

MÉTHODE cuisson directe

PRÉPARATION 10 minutes

CUISSON 6 ou 7 minutes

BARBECUE/ÉQUIPEMENT
cuisson sur charbon de bois ou au gaz possible, mais la bruschetta sera meilleure si elle est préparée sur un feu de bois ou enrichi de bois. Pour donner un goût de fumé avec un feu de charbon de bois ou au gaz, il vous faudra des morceaux ou copeaux de bois dur (non trempés), voir page 16. Plaque à légumes perforée ou panier à griller.

POUR EN SAVOIR PLUS
optez pour un pain blanc rustique ou le *pane pugliese* italien, ou encore pour une baguette tranchée en diagonale.

1. Régler le barbecue pour la cuisson directe. Réserver une zone chaude, une zone moyennement chaude et une zone exempte de flammes, au cas où le pain s'enflammerait. Pour donner un goût de fumé avec un feu de charbon de bois, déposer les morceaux ou copeaux de bois sur la braise ; avec un feu sur barbecue au gaz, les déposer dans la boîte de fumage ou mettre des morceaux sous la grille, directement sur un ou des brûleurs. Brosser ou gratter la grille et bien l'huiler.

REMARQUE : si on utilise une plaque à légumes perforée, la préchauffer sur la grille du barbecue (inutile de préchauffer un panier à griller).

2. Dans un bol, mélanger les tomates cerises et l'huile d'olive. Incorporer 2 c. à soupe de ciboulette ainsi que du sel et du poivre, selon votre goût. Déposer les tomates sur la plaque à légumes chaude ou dans le panier à griller.

3. Faire griller les tomates au-dessus de la zone chaude, en les remuant ou en secouant le panier à l'occasion, pendant environ 5 minutes ou jusqu'à ce que la peau des tomates noircisse et fende. Réserver.

4. Badigeonner légèrement d'huile d'olive les deux côtés des tranches de pain. Déposer les tranches sur la grille au-dessus de la zone de cuisson moyennement chaude et les griller pendant 1 à 2 minutes de chaque côté. Surveiller attentivement la cuisson afin d'éviter que le pain brûle. Vous pouvez tourner le pain d'un quart de tour à mi-cuisson afin d'obtenir des marques croisées.

5. Retirer le pain du barbecue et, en se protégeant la main à l'aide d'une serviette en tissu, étaler la ricotta sur l'un des côtés. Déposer les bruschettas dans une assiette et les couvrir des tomates grillées. Ajouter un filet d'huile d'olive, parsemer des herbes restantes, et saler et poivrer, selon goût.

VARIANTE

BRUSCHETTA AU CHÈVRE ET AUX RAISINS ET PIGNONS GRILLÉS

La cuisson au barbecue donne aux raisins une saveur fumée inattendue. L'autre élément de surprise, c'est que nous n'avons pas l'habitude de consommer des raisins chauds ! Le zeste de citron fraîchement râpé et le sirop de vinaigre balsamique apportent une note parfaite d'acidité, qui contraste avec la saveur du chèvre crémeux et des pignons grillés.

Remplacer les tomates cerises de la recette principale par 450 g de raisins rouges sans pépins et la ciboulette par 2 c. à soupe de sauge fraîche ciselée (ou autre herbe fraîche) et 1 c. à café de zeste de citron jaune finement râpé (ou de ciboulette). En remuant délicatement, faire griller les raisins comme indiqué à l'étape 3 pendant 2 à 4 minutes ou jusqu'à ce que leurs peaux se boursouflent et qu'ils soient fumés. Badigeonner le pain d'huile d'olive et le faire griller comme indiqué à l'étape 4. Remplacer la ricotta par du chèvre à température ambiante. Arroser la bruschetta assemblée de sirop de vinaigre balsamique et parsemer de 50 g de pignons grillés. Arroser d'un filet d'huile d'olive.

Bruschetta au chèvre et aux raisins et pignons grillés

CHIPS DE CHOU KALE
ET PARMESAN DU PAUVRE

QUANTITÉ 3 ou 4 portions

MÉTHODE cuisson directe

PRÉPARATION 15 minutes

CUISSON 10 minutes

BARBECUE/ÉQUIPEMENT
cuisson au charbon de bois, au gaz ou au bois. Une poêle de 25 cm.

POUR EN SAVOIR PLUS
il vous faudra un chou frisé à feuilles plates tel que le *cavolo nero*, appelé également kale noir, chou palmier ou lacinato. Comme le kale est censé être plus tendre après un gel, c'est un bon légume à faire griller dans le courant de l'hiver.

Je ne doute pas que vous apprécierez ces chips parsemées de parmesan du pauvre. Le secret? Griller le kale directement sur le feu, ce qui conférera aux feuilles la texture craquante des chips de pomme de terre. Quant au parmesan du pauvre, il s'agit d'une garniture que préparaient les indigents du sud de l'Italie qui n'avaient pas les moyens d'acheter du *parmigiano reggiano*, alors beaucoup trop cher pour eux. Ils faisaient frire de la chapelure, de l'ail et des anchois dans de l'huile d'olive. Si vous n'aimez pas les anchois, saupoudrez le kale de chapelure grillée et de parmesan finement râpé.

INGRÉDIENTS

CHIPS DE CHOU KALE

2 bottes de chou kale (350 à 450 g en tout)

2 c. à soupe d'huile d'olive vierge extra et plus au besoin

Fleur de sel et poivre noir fraîchement moulu

Huile végétale pour huiler la grille

PARMESAN DU PAUVRE

3 c. à soupe d'huile d'olive vierge extra

1 gousse d'ail, pelée et délicatement écrasée avec le plat de la lame d'un couteau

1 ou 2 anchois dans l'huile, épongés et hachés finement

100 g de chapelure (grillée ou fraîche, selon votre goût)

1. Laver le kale et l'égoutter dans une essoreuse ou en le secouant. Déposer une feuille sur une planche à découper, pratiquer une longue coupe en forme de V autour de la partie la plus épaisse de la nervure centrale et la jeter (cette partie est trop coriace pour être grillée au barbecue). Garder la partie tendre de la nervure au bout de la feuille. Répéter l'opération avec les autres feuilles (il ne sera peut-être pas nécessaire d'enlever la base des feuilles intérieures, plus tendres).

2. Badigeonner légèrement d'huile d'olive les deux côtés des feuilles de kale, saler et poivrer.

3. Parmesan du pauvre : sur le brûleur latéral du barbecue, chauffer une poêle de 25 cm à feu moyen-vif. Y faire frire l'huile d'olive, l'ail et les anchois pendant 1 à 2 minutes ou jusqu'à ce que l'ail soit doré et libère son arôme et que l'anchois fonde. Ajouter la chapelure et, en remuant avec une cuillère en bois, cuire 2 minutes de plus ou jusqu'à ce qu'elle soit grillée et dorée. Jeter l'ail. Réserver la préparation de chapelure. Peut se préparer plusieurs heures à l'avance (laisser refroidir à température ambiante, puis conserver dans un récipient fermé).

4. Régler le barbecue pour la cuisson directe et le chauffer à feu moyen-vif (si l'appareil chauffe trop, le régler à feu moyen). Brosser ou gratter la grille et bien l'huiler.

5. Déposer les feuilles de kale en une seule couche sur la grille (il faudra probablement procéder en plusieurs fois afin d'éviter de surcharger la grille). En les retournant à mi-cuisson avec une pince, les griller pendant 2 à 4 minutes ou jusqu'à ce qu'elles soient dorées et croustillantes. Les déposer sur une assiette en une seule couche. Parsemer du parmesan du pauvre. À consommer de préférence avec les doigts !

JAMBON DE TOFU

Si le tofu était du porc, ce qu'il n'est pas, et si vous le saliez et le fumiez comme du jambon, ce que vous ne ferez pas, vous obtiendriez un aliment d'origine végétale qui possède la même saveur salée, fumée, umami que le jambon. J'ai grillé assez de tofu pour savoir qu'il ne se comporte pas comme de la viande, mais deux chefs américains ont mis au point une méthode ingénieuse pour le raffermir et le charger d'une fabuleuse saveur fumée. Ils le font tremper pendant 24 heures dans une saumure additionnée d'épices à steak de Montréal. Ensuite, ils le fument à deux reprises, d'abord à froid pour l'infuser de fumée de bois, puis à chaud pour lui conférer une croûte fumée. C'est seulement après avoir passé de nouveau quelques heures au froid que le tofu est finalement assez ferme pour être tranché et servi. On peut avoir l'impression que ce plat exige un temps fou de préparation, mais, en réalité, il s'agit surtout de temps d'attente. Croyez-moi, le résultat en vaut la peine. Ajoutez-le à votre prochain plateau d'amuse-gueule et observez les réactions !

QUANTITÉ 8 amuse-gueule ou 4 entrées

MÉTHODE fumage, puis cuisson au barbecue

PRÉPARATION 20 minutes, plus 24 heures de marinage et 3 heures de repos

CUISSON/FUMAGE
15 minutes de fumage à froid, puis 8 minutes de fumage à chaud

BARBECUE/ÉQUIPEMENT
meilleur sur un barbecue au charbon de bois ou dans un fumoir sur un barbecue. Morceaux ou copeaux de bois dur (non trempés), voir page 16 ; grille posée sur une plaque de cuisson avec rebord et lèchefrite jetable en aluminium robuste (ou plat en métal allant au four) remplie de glaçons.

POUR EN SAVOIR PLUS
choisir du tofu extra ferme. Pour le fumer à froid, chauffer le barbecue ou le fumoir à 125 °C. Déposer les tranches de tofu sur une grille posée sur une lèchefrite remplie de glaçons et veiller à ce que le fumage soit bref.

INGRÉDIENTS

½ l d'eau

250 ml de tamari ou de sauce soja

125 ml de sauce Worcestershire (ordinaire ou végane)

1 c. à soupe d'épices à steak de Montréal

1 c. à café de poivre noir fraîchement moulu

2 paquets (350 à 450 g chacun) de tofu extra ferme, égoutté

2 gousses d'ail pelées et écrasées avec le plat de la lame d'un couteau

2 feuilles de laurier

Huile végétale pour huiler la grille

Mélange de moutarde de Dijon et de mayonnaise, en parts égales, pour le service (facultatif)

1. Dans un grand bol, à l'aide d'un fouet, mélanger l'eau, le tamari, la sauce Worcestershire, les épices à steak de Montréal et le poivre. Ajouter le tofu, l'ail et le laurier. Le tofu doit être entièrement immergé. Couvrir et laisser mariner au réfrigérateur pendant 24 à 48 heures, en retournant le tofu une ou deux fois, afin qu'il marine uniformément. Plus le saumurage est long, mieux c'est.

2. Retirer le tofu de la saumure et le laisser égoutter sur une grille 1 heure ou jusqu'à ce qu'il soit collant à la surface. Jeter la saumure.

3. Entre-temps, régler le fumoir en suivant les indications du fabricant et le chauffer à 125 °C. Sur un barbecue au charbon de bois, n'employer que la moitié de la quantité habituelle de charbon et chauffer l'appareil à 125 °C.

4. Déposer le tofu sur une grille posée sur une grande lèchefrite remplie de glaçons et mettre dans le fumoir ou sur la grille du barbecue. Fumer 15 minutes à froid.

5. Déposer le tofu dans une assiette. Laisser reposer 1 heure à température ambiante.

6. Chauffer le fumoir à feu vif. À défaut d'un fumoir chauffant à haute température, régler un barbecue au charbon de bois pour la cuisson indirecte et le chauffer à feu vif. Ajouter des morceaux ou copeaux de bois à la braise. Brosser ou gratter la grille et bien l'huiler.

7. Déposer le tofu dans le fumoir ou sur la grille du barbecue, fermer le couvercle et fumer à chaud pendant 6 à 8 minutes ou jusqu'à ce que le tofu soit ferme et doré par la fumée. À l'aide d'une spatule fine (éviter de toucher le tofu avec les doigts, ce qui risque d'enlever une partie de la patine de fumée), transférer le tofu dans une assiette et le laisser refroidir à température ambiante. Le réfrigérer à couvert au moins 3 heures, et jusqu'à 3 jours. Le couper en tranches et le servir froid ou à température ambiante, accompagné, si l'on désire, du mélange moutarde-mayonnaise.

CHAPITRE 3

DIPS ET CHIPS

Du guacamole mexicain au *baba ganoush* moyen-oriental, les dips font le bonheur de bien des gens. Ils sont d'autant plus savoureux quand on les fait griller, ce à quoi ce chapitre est consacré. Pensez au classique fromage au piment du Sud qui, ici, est préparé avec des poivrons rôtis sur les flammes. Ou encore, au dip de légumes à l'arménienne, dont le secret est l'aubergine grillée sur la braise, et à laquelle le feu confère une irrésistible approche. C'est également le cas du houmous, qui devient aussi délectable qu'étonnant au contact de la fumée de bois. Du «caviar» de légumes cuits sur la braise au dip de feta grecque (exaltée par les jalapeños rôtis à la flamme), en passant par la *mouhammara* moyen-orientale (une tartinade composée de poivrons grillés, de noix et de mélasse de grenade), ces recettes vous offriront un tout nouveau point de vue sur les dips et les tartinades. Vous trouverez aussi dans ce chapitre des chips de pita ou de maïs et du pain de seigle noir grillé à tremper dans ces sauces épaisses.

RECETTES

GUACAMOLE FUMÉ
ET TOTOPOS GRILLÉS AUX GRAINES DE CHIA

QUANTITÉ 4 portions

MÉTHODE fumage-rôtissage (cuisson indirecte avec fumée de bois)

PRÉPARATION 10 minutes

FUMAGE 10 à 15 minutes

BARBECUE/ÉQUIPEMENT
le guacamole est meilleur s'il est fumé au charbon de bois ou au bois. Si vous le faites griller, vous pouvez employer un barbecue au gaz. Grille posée sur une lèchefrite en aluminium remplie de glaçons, morceaux ou copeaux de bois dur (non trempés), voir page 16, *molcajete* et *tejolote* (mortier et pilon) ou robot de cuisine.

POUR EN SAVOIR PLUS
il faut des avocats mûrs, de préférence des Hass, disponibles toute l'année, ou des avocats de Floride, disponibles en saison. Les laisser mûrir à température ambiante jusqu'à ce que la chair cède quand on presse délicatement l'avocat entre le pouce et l'index. Pour conférer une saveur fumée au plat, on peut le fumer, le fumer-rôtir ou le faire griller sur un feu de bois ou enrichi de bois. Pour plus de saveur encore, servez le guacamole dans la peau fumée des avocats.

L'avocat n'est sûrement pas le premier légume qui vous vient à l'esprit quand il s'agit de fumer ou de griller des aliments. Après tout, comme en témoigne la quantité astronomique de guacamole consommé chaque année, il est excellent cru. Cependant, la fumée de bois lui confère une saveur d'umami qui fait passer le guacamole d'excellent à… carrément stupéfiant ! Pour accentuer cette saveur, j'ajoute des *chipotle* aux jalapeños. Pour accompagner le guacamole, voyez page 55 ma recette de totopos (chips de maïs) grillés aux graines de chia.

INGRÉDIENTS

- 2 avocats mûrs
- 3 c. à soupe de jus de citron vert (1 ou 2 citrons)
- 1 tomate rouge bien mûre
- 1 piment jalapeño
- 1 gousse d'ail pelée (facultatif)
- 1 c. à café de piments *chipotle* marinés hachés
- 50 g de coriandre fraîche hachée
- Sel et poivre noir fraîchement moulu
- Totopos aux graines de chia grillés (recette page 55) ou autres chips pour le service

1. Régler le barbecue pour la cuisson indirecte (ou le fumoir pour le fumage) et le chauffer à feu moyen-doux. Pour donner un goût de fumé avec un feu de charbon de bois, déposer les morceaux ou copeaux de bois sur la braise ; avec un feu sur barbecue au gaz, les déposer dans la boîte de fumage ou mettre des morceaux sous la grille, directement sur un ou des brûleurs.

2. Entre-temps, couper les avocats en deux et les dénoyauter. Badigeonner la chair avec un peu de jus de citron vert pour l'empêcher de s'oxyder ; réserver le reste du jus. Couper la tomate en deux sur la largeur. Couper le jalapeño en deux sur la longueur. Retirer les graines si on désire un guacamole peu piquant ; les laisser si, au contraire, on l'aime bien relevé. Déposer les moitiés d'avocat, de tomate et de jalapeño, côté coupé dessus, sur une grille posée sur une lèchefrite en aluminium remplie de glaçons (pour garder les légumes froids durant le fumage).

3. Déposer la lèchefrite sur la grille à l'écart du feu. Déposer la gousse d'ail, facultative, sur une moitié de tomate. Fermer le couvercle et fumer-rôtir (cuisson indirecte) les légumes pendant 10 à 15 minutes ou jusqu'à ce qu'ils soient bien infusés de fumée de bois. Ne pas trop les cuire : les avocats et les tomates doivent rester froids au centre.

4. Laisser les légumes refroidir sur une planche à découper. Retirer la chair des avocats à l'aide d'une cuillère (facultatif : garder la peau pour le service). Couper la tomate en dés, en jetant le pédoncule. Équeuter et émincer le jalapeño ainsi que l'ail, le cas échéant.

5. Selon la coutume, le guacamole est préparé et servi dans un *molcajete*, un mortier en pierre ponce. Si on en possède un, y écraser le jalapeño, l'ail et les *chipotle* à l'aide d'un *tejolete*, le pilon de pierre qui accompagne le mortier. Ajouter l'avocat et l'écraser très grossièrement. Ajouter la tomate, la coriandre, le jus de citron vert, du sel et du poivre, selon votre goût : le guacamole doit être bien relevé. On peut aussi hacher les légumes à la main et écraser l'avocat à l'aide d'une fourchette, ou encore employer un robot de cuisine. Dans ce cas, y hacher finement le jalapeño, l'ail et les *chipotle*, puis ajouter l'avocat et pulser afin de le hacher grossièrement. Ajouter la tomate, la coriandre, le jus de citron vert, le sel et le poivre et pulser de nouveau. Il doit rester des morceaux dans le guacamole.

6. Déposer le guacamole dans un bol, dans le *molcajete* ou dans la peau des avocats. Servir avec des totopos grillés aux graines de chia (voir recette page 55).

VARIANTE

GUACAMOLE GRILLÉ AU FEU DE BOIS

On peut également préparer le guacamole avec des avocats grillés, de préférence sur un feu de bois ou sur un barbecue au charbon de bois enrichi de bois. Régler le barbecue pour la cuisson directe et le chauffer à feu vif. Sur un barbecue au bois, commencer la cuisson alors que le feu dégage encore de la fumée. Sur un barbecue au charbon de bois, ajouter sur la braise 1 ou 2 morceaux de bois dur ou 100 g de copeaux de bois dur (non trempés) – voir page 16. Brosser ou gratter la grille et bien l'huiler. Quand le bois commence à fumer, déposer les moitiés d'avocats et de tomates (côté coupé dessous) sur la grille, avec le jalapeño et l'ail enfilés sur une petite brochette de bambou. Griller pendant 2 à 4 minutes, le temps que les ingrédients soient infusés de fumée de bois, mais sans qu'ils cuisent. Les laisser refroidir sur une planche à découper, puis préparer le guacamole comme indiqué dans la recette principale.

TOTOPOS GRILLÉS AUX GRAINES DE CHIA

QUANTITÉ 4 totopos

Dans certaines régions du Mexique, les chips de maïs portent le nom de « totopos ». Les chips de maïs grillées sont plus savoureuses et plus saines que celles qui sont frites. Celles-ci gagnent en saveur grâce à l'ajout de graines de chia grillées sur le feu.

INGRÉDIENTS

Huile végétale pour huiler la grille

Huile d'olive vierge extra ou huile de sésame grillé, pour badigeonner

4 petites (15 cm) tortillas de blé ou de maïs

3 c. à soupe de graines de chia ou de sésame

Sel et poivre noir fraîchement moulu (facultatif)

1. Régler le barbecue pour la cuisson directe et le chauffer à feu moyen-vif. Brosser ou gratter la grille et bien l'huiler.

2. Badigeonner légèrement d'huile d'olive les deux côtés des tortillas et les parsemer de graines de chia, de sel et de poivre, si l'on veut.

3. Déposer les tortillas sur la grille et les griller 1 ou 2 minutes de chaque côté ou jusqu'à ce qu'elles soient bien dorées. Attention de ne pas les laisser brûler.

4. Déposer les tortillas chaudes sur une planche à découper et les couper aussitôt en 6 quartiers. Les laisser se raffermir sur une grille. Il est souhaitable de les consommer aussitôt, mais on peut toujours les conserver un ou deux jours à température ambiante dans un sac refermable ou un récipient hermétique.

PIMENTO CHEESE RÔTI SUR LE FEU

QUANTITÉ 500 ml, 4 à 6 portions

MÉTHODE cuisson sur la braise ou directe

PRÉPARATION 15 minutes

CUISSON 20 minutes

BARBECUE/ÉQUIPEMENT idéalement sur barbecue au charbon de bois.

POUR EN SAVOIR PLUS on peut faire rôtir le poivron sur la braise ou en cuisson directe. Dans le premier cas, on obtient un aliment plus riche en saveur fumée ; c'est la méthode que je préfère.

REMARQUE : on peut faire rôtir le poivron à l'avance. Conservez-le entier au réfrigérateur jusqu'au moment de l'utiliser.

Le *pimento cheese* (qui est plus précisément un fromage à tartiner) est un classique de la cuisine du sud des États-Unis. Nous allons l'améliorer sérieusement en employant un poivron rôti au feu de bois et du cheddar fumé. Servez-le avec du pain ou des pitas grillées (voir pages 102 et 106). Étalez-le dans des sandwichs (voir page 126) ou garnissez-en des asperges ou des okras grillés. Cette recette m'a été inspirée par Edna Lewis (1916-2006), chef, autrice, éducatrice et doyenne de la cuisine du Sud.

INGRÉDIENTS

1 poivron rouge

250 g de cheddar fumé ou piquant, râpé grossièrement

125 g de fromage à la crème, à température ambiante

60 ml de mayonnaise

1 c. à soupe de moutarde de Dijon

1 c. à café de sauce Tabasco ou autre sauce piquante, selon votre goût

1 c. à café de paprika fumé ou doux

Poivre noir fraîchement moulu, selon votre goût

Fleur de sel au besoin

1. Régler le barbecue pour la cuisson sur la braise ou la cuisson directe et le chauffer à feu vif. Brosser ou gratter la grille (inutile de l'huiler).

2. Griller le poivron 2 ou 3 minutes de chaque côté (8 à 12 minutes en tout, un peu moins pour la cuisson sur braise) ou jusqu'à ce que la peau soit carbonisée de tous côtés, dessus et dessous compris. Laisser refroidir dans une assiette.

3. À l'aide d'un couteau d'office, gratter la peau brûlée du poivron, le couper en deux et retirer le pédoncule et les graines. Couper le poivron en dés de 5 mm.

4. Dans un bol, mélanger le cheddar et le fromage à la crème à l'aide d'une cuillère en bois. En battant, ajouter la mayonnaise, la moutarde, la sauce Tabasco, le paprika et du poivre noir. Ajouter les dés de poivron rôti (on peut aussi hacher les ingrédients au robot de cuisine). Rectifier l'assaisonnement en ajoutant, au besoin, de la sauce piquante et du sel. Le fromage au poivron doit être bien relevé. Servir aussitôt ou garder au réfrigérateur dans un récipient fermé (il se conservera au moins 3 jours). Le laisser se réchauffer à température ambiante avant de servir.

TYROKAFTERI
(DIP FETA AUX PIMENTS GRILLÉS)

Tex-mex? Et si on parlait plutôt de grec-mex? Comment qualifier autrement un dip qui commence avec de la feta grecque et qu'on exalte ensuite avec des poblanos et des jalapeños rôtis à la flamme? Le piment poblano est l'un des piments les plus populaires à Mexico, mais parfois difficile à trouver en France. C'est un gros piment de couleur vert sombre. Une fois grillé, le piment développe des notes fumées et de terre. Vous, ami pyromane, vous ferez griller les pitas et, s'il vous venait à l'idée d'ajouter un ingrédient absolument pas hellénique, par exemple de la coriandre fraîche, eh bien, dites-vous que les grands esprits se rencontrent!

QUANTITÉ 125 ml, 4 à 6 portions

MÉTHODE cuisson sur la braise ou directe

PRÉPARATION 10 minutes

CUISSON 6 à 12 minutes

BARBECUE/ÉQUIPEMENT au charbon de bois, au gaz ou au bois.

POUR EN SAVOIR PLUS
le *tyrokafteri* (connu également sous le nom de *ktipiti*) peut être préparé avec des piments forts verts ou rouges ; bien que le jalapeño n'appartienne pas à la culture grecque, de nombreux restaurants grecs n'hésitent pas à l'ajouter afin de rehausser le piquant du plat. Pour une variante intéressante, remplacez la feta par un chèvre à pâte molle.

INGRÉDIENTS

- 2 piments poblanos ou, à défaut, 2 gros poivrons verts
- 2 piments jalapeños (facultatif)
- 250 g de feta en saumure, égouttée et émiettée
- 3 à 5 c. à soupe d'huile d'olive vierge extra, ou selon besoins
- 3 c. à soupe de coriandre fraîche hachée, ou d'aneth frais (facultatif)
- Quartiers de pita grillé au sésame (voir page 62) ou pita à la plancha (voir page 106), pour le service

1. Régler le barbecue pour la cuisson directe et le chauffer à feu vif. Brosser ou gratter la grille (inutile de l'huiler). Déposer les poblanos et les jalapeños, si l'on désire, sur la grille directement au-dessus du feu et les griller de 2 à 4 minutes de chaque côté, soit 6 à 12 minutes en tout, ou jusqu'à ce qu'ils soient carbonisés de tous côtés. Sinon, régler le barbecue pour la cuisson sur la braise et déposer les piments directement sur celle-ci. Griller environ 1 minute de chaque côté, soit 3 à 5 minutes en tout, ou jusqu'à ce qu'ils soient carbonisés de tous côtés.

2. Déposer les piments sur une planche à découper (s'ils ont été cuits sur la braise, les déposer sur une plaque de cuisson munie d'un rebord). Les laisser refroidir à température ambiante, puis les gratter pour enlever la peau carbonisée, les couper en deux sur la longueur, ôter le pédoncule et gratter la chair pour en retirer les graines. Couper les piments en morceaux de 2,5 cm.

Dip de poivron rouge grillé et de feta, avec pita à la plancha

3. Hacher grossièrement les piments dans un robot de cuisine muni d'une lame en métal. Ajouter la feta et transformer en purée grossière. Ajouter 3 c. à soupe d'huile d'olive. Si la préparation est trop épaisse, ajouter encore 1 ou 2 c. à soupe d'huile d'olive. Éviter de réduire en purée lisse : la sauce est meilleure quand il reste des morceaux ! Ajouter la coriandre, si l'on désire. Déposer dans un bol de service.

4. Servir le *tyrokafteri* avec des quartiers de pita grillé ou à la plancha.

VARIANTE

DIP DE POIVRON ROUGE GRILLÉ ET DE FETA

Remplacez les poblanos et les jalapeños par des poivrons rouges rôtis à la flamme, et vous obtiendrez un autre fabuleux dip à la grecque. Le paprika espagnol fumé ne fait normalement pas partie du plat, mais j'aime sa saveur fumée.

INGRÉDIENTS

2 poivrons rouges

1 gousse d'ail pelée et émincée

1 c. à café de paprika espagnol fumé, de paprika doux ou de paprika fort

250 g de feta en saumure, égouttée et émiettée

2 c. à soupe d'huile d'olive vierge extra, plus au besoin

1 c. à café de flocons de piment fort et plus pour saupoudrer (facultatif)

1. Suivre les indications données aux étapes 1 et 2 de la recette principale, en remplaçant les poblanos et les jalapeños par des poivrons rouges.

REMARQUE : les poivrons mettront un peu plus de temps à carboniser.

2. Au robot de cuisine, hacher grossièrement les poivrons et l'ail, puis ajouter le paprika et la feta. Mixer jusqu'à l'obtention d'une purée grossière. Ajouter l'huile d'olive. Si la préparation est trop épaisse, ajouter 1 ou 2 c. à soupe d'huile d'olive. Pour un dip plus épicé, ajouter des flocons de piment fort. Éviter de réduire en purée lisse : le dip est meilleur quand il reste des morceaux. Déposer dans un bol de service et parsemer de flocons de piment fort, si l'on veut.

TZATZIKI DE COURGE D'HIVER GRILLÉE

QUANTITÉ 1 litre

MÉTHODE cuisson directe

PRÉPARATION 10 minutes

CUISSON environ 12 minutes

BARBECUE/ÉQUIPEMENT cuisson au charbon de bois ou au gaz possible, mais le tzatziki sera plus savoureux s'il est préparé sur feu de bois. Plaque de cuisson avec rebord.

POUR EN SAVOIR PLUS il y a deux manières de griller la courge. La plus rapide consiste à la couper en quartiers et à la griller directement au-dessus des flammes. La seconde consiste à cuire la courge entière directement sur la braise, une méthode particulièrement adaptée aux petites citrouilles.

REMARQUE : pour une saveur fumée encore plus marquée, fumer le yogourt en suivant les indications données à la page 248.

Ce tzatziki s'inspire d'une recette israélienne, même s'il n'a peut-être jamais été servi là-bas. La cardamome et la cannelle apportent une touche de douceur qui contraste agréablement avec la saveur fumée de la courge carbonisée. Servir avec des pitas fraîches (par exemple, le pain pita à la plancha, voir page 106), ou des chips de pita grillée au sésame (voir page 62).

INGRÉDIENTS

Huile végétale pour huiler la grille

2 c. à soupe d'huile d'olive vierge extra et plus pour badigeonner

350 g de courge d'hiver orange à chair ferme, ou de citrouille, pelée et coupée en quartiers de 2,5 cm de large (jeter les graines ou les réserver pour les rôtir)

Sel et poivre noir fraîchement moulu

1 grosse échalote non pelée

500 ml de yogourt grec nature

½ c. à café de graines de coriandre moulues

½ c. à café de cardamome moulue

½ c. à café de cannelle moulue et plus pour la garniture

1 ou 2 c. à soupe de cassonade ou de sirop d'érable, selon votre goût

1. Régler le barbecue pour la cuisson directe et le chauffer à feu vif. Brosser ou gratter la grille et bien l'huiler.

2. Badigeonner légèrement d'huile d'olive les quartiers de courge de tous côtés, saler et poivrer généreusement. Les griller pendant 3 à 6 minutes de chaque côté, soit 6 à 12 minutes en tout, ou jusqu'à ce qu'ils soient bien dorés, presque carbonisés de tous côtés et tendres sous la pointe d'une brochette. Griller l'échalote dans sa peau pendant 3 à 5 minutes de chaque côté, ou jusqu'à ce que la peau soit carbonisée et l'échalote, tendre.

3. Laisser la courge et l'échalote refroidir à température ambiante sur une plaque de cuisson munie d'un rebord. À l'aide d'un couteau d'office, gratter la peau carbonisée de la courge et de l'échalote. Déposer les légumes dans un bol et les écraser à la fourchette, ou les transformer en purée au robot de cuisine.

4. Incorporer le yogourt, les graines de coriandre, la cardamome, la cannelle, 2 c. à soupe d'huile d'olive, du sel, du poivre et la cassonade. Le dip doit être bien relevé. Saupoudrer de cannelle.

HOUMOUS FUMÉ
ET CHIPS DE PITA GRILLÉE AU SÉSAME

Difficile d'imaginer qu'on puisse améliorer le houmous, ce savoureux plat moyen-oriental à base de pois chiches. C'est du côté de la fumée de bois qu'il faut chercher. À tout le moins, fumez les pois chiches et, si vous avez plus d'ambition, l'ail aussi (voir page 249) ! Vous pourriez même fumer l'huile d'olive et le tahini dans des lèchefrites, à côté des pois chiches. J'ai tout essayé. Mon meilleur résultat ? Quand j'ai fumé les pois chiches sur un barbecue au charbon de bois. Dans un monde où le houmous est omniprésent, cette variante se démarque indéniablement de toutes les autres.

INGRÉDIENTS

400 g de pois chiches cuits, de préférence bio

2 gousses d'ail pelées (pour une saveur fumée plus prononcée, opter pour de l'ail fumé ; voir page 249)

5 à 8 c. à soupe d'huile d'olive vierge extra

125 ml de tahini

½ c. à café de cumin moulu

½ c. à café de zeste de citron jaune fraîchement et finement râpé

3 à 5 c. à soupe de jus de citron jaune frais

Poivre noir fraîchement moulu

Sel, au besoin

Chips de pita grillée au sésame (voir page suivante) ou pita à la plancha (voir page 106), pour le service

1. Régler le barbecue pour la cuisson indirecte et le chauffer à feu moyen-vif.

2. Égoutter les pois chiches et les déposer dans une lèchefrite jetable en aluminium robuste tapissée d'essuie-tout. Les sécher avec d'autres essuie-tout. Retirer les essuie-tout. Ajouter l'ail et 1 c. à soupe d'huile d'olive. Bien mélanger.

3. Déposer la lèchefrite sur la grille à l'écart du feu. Pour donner un goût de fumé avec un feu de charbon de bois, déposer les morceaux ou copeaux de bois sur la braise ; avec un feu sur barbecue au gaz, les déposer dans la boîte de fumage ou mettre des morceaux sous la grille, directement sur un ou des brûleurs.

4. Fermer le couvercle et, en remuant une ou deux fois pour qu'ils fument uniformément, griller les pois chiches pendant 10 à 15 minutes ou jusqu'à ce qu'ils soient bien fumés.

QUANTITÉ environ 500 ml, 4 portions

MÉTHODE fumage-rôtissage (cuisson indirecte avec fumée de bois)

PRÉPARATION 10 minutes

CUISSON/FUMAGE 10 à 15 minutes

BARBECUE/ÉQUIPEMENT cuisson au charbon de bois ou au bois de préférence, au gaz possible également. Morceaux ou copeaux de bois dur (non trempés), voir page 16, lèchefrite jetable en aluminium et robot de cuisine.

POUR EN SAVOIR PLUS les puristes utiliseront des pois chiches secs qu'ils feront tremper toute une nuit au réfrigérateur dans 8 cm d'eau ; ils les égoutteront, les couvriront encore d'eau et les feront bouillir de1 heure à 1 h 30, jusqu'à ce qu'ils soient tendres. Pour les autres, les pois chiches en boîte ou en pot (de préférence bio) feront l'affaire !

REMARQUE : le tahini, une pâte de graines de sésame, se trouve dans la plupart des supermarchés. À défaut, ajouter davantage d'eau ou d'huile d'olive pour obtenir la consistance crémeuse recherchée.

5. Hacher finement les pois chiches et l'ail au robot de cuisine équipé d'une lame en métal. Ajouter le tahini, le cumin, le zeste et le jus de citron, et réduire en purée lisse. Ajouter 3 c. à soupe d'huile d'olive, 3 c. à soupe d'eau et du poivre, selon votre goût. La consistance doit être crémeuse. Si le houmous est trop épais, ajouter de l'eau ou de l'huile d'olive, 1 ou 2 c. à soupe à la fois. Rectifier l'assaisonnement en sel et en jus de citron, au besoin ; le houmous doit être bien relevé. À la cuillère, le déposer dans un bol. Au moment de servir, l'arroser de 1 à 2 c. à soupe d'huile d'olive.

6. Servir avec des chips de pita grillée au sésame. Il se conservera au moins 3 jours au réfrigérateur dans un récipient fermé. Le laisser se réchauffer à température ambiante avant de servir.

CHIPS DE PITA GRILLÉE AU SÉSAME

QUANTITÉ 4 portions

INGRÉDIENTS

- Huile végétale pour huiler la grille
- 3 c. à soupe d'huile d'olive vierge extra, plus au besoin
- 4 pains pita
- 3 c. à soupe de graines de sésame, plus au besoin

1. Régler le barbecue pour la cuisson directe et le chauffer à feu moyen-vif. Brosser ou gratter la grille et bien l'huiler.

2. Badigeonner légèrement d'huile d'olive les deux côtés des pains pita et les parsemer de graines de sésame.

3. Griller les pitas 1 ou 2 minutes de chaque côté ou jusqu'à ce qu'elles soient légèrement dorées. Les déposer sur une planche à découper et les couper aussitôt en 6 quartiers. Elles se raffermiront en refroidissant. Une fois à la température ambiante, on peut les conserver, dans un récipient fermé, au moins 24 heures, quoiqu'il serait étonnant que les pains pita ne disparaissent pas plus rapidement…

BABA GANOUSH ORIGINAL

Le *baba ganoush* est le dip moyen-oriental par excellence, alliant l'amour que les habitants de ces régions portent aux purées crémeuses (à recueillir et consommer avec du pain pita) et notre amour inconditionnel pour la saveur fumée. Tout d'abord, l'aubergine. Il suffit d'en carboniser la peau, ce qu'on peut faire sur les flammes du barbecue, sur la braise, ou même sur la cuisinière électrique ou au gaz. Alors que la peau brûle, la fumée pénètre profondément dans la chair. Cette technique toute simple se pratique dans tout le Moyen-Orient et tout autour de la Méditerranée, ce qui explique la prolifération de dips apparentés au *baba ganoush* dans ces régions et... dans ce livre ! Celui qui suit est original, non seulement à cause du sumac, mais aussi de la menthe et du basilic frais. De plus, l'ail est rôti sur les flammes, et non ajouté cru, comme le veut la coutume. Et puis, il y a sa couleur, un gris cendré marqué de petites taches noires, qu'on obtient en ajoutant une partie de la peau calcinée de l'aubergine. Enfin, on l'arrose d'un filet d'huile pimentée. Accompagner de pain pita frais, par exemple la pita à la plancha (voir page 106) ou de chips de pita grillée (chips de pita grillée au sésame, ci-contre).

QUANTITÉ 500 ml, 4 à 6 portions

MÉTHODE cuisson directe sur la braise

PRÉPARATION 10 minutes

CUISSON environ 8 à 12 minutes

BARBECUE/ÉQUIPEMENT cuisson au charbon de bois, au bois ou au gaz. Plaque de cuisson avec rebord et robot de cuisine.

POUR EN SAVOIR PLUS la qualité d'un dip repose entièrement sur celle de ses ingrédients, ici, les aubergines. Optez pour de petites aubergines provençales ou italiennes achetées au marché (mieux encore, provenant de votre potager), et le dip sera riche en fumée et savoureux. Évitez les grosses aubergines bulbeuses qu'on trouve souvent dans les supermarchés, la taille ne pouvant se substituer à la saveur. Le tahini, cette pâte de graines de sésame, se trouve dans les épiceries moyen-orientales et dans la plupart des supermarchés. L'huile pimentée, elle, est un condiment italien qu'on trouve au rayon des produits internationaux. Notez la technique consistant à piquer l'ail dans l'aubergine afin de rôtir les deux légumes en même temps.

INGRÉDIENTS

- 1 kg de petites aubergines minces
- 2 gousses d'ail pelées et coupées sur la longueur en lamelles de 5 mm
- 60 ml de tahini
- ½ c. à café de poudre de sumac
- ½ c. à café de zeste de citron jaune fraîchement et finement râpé
- 2 ou 3 c. à soupe de jus de citron jaune frais, ou selon votre goût
- 2 c. à soupe d'huile d'olive vierge extra et plus au besoin
- Sel et poivre noir fraîchement moulu
- 3 c. à soupe de basilic frais ciselé
- 3 c. à soupe de menthe fraîche ciselée
- Huile pimentée, pour le service
- Pain pita frais ou chips de pita grillée, pour le service

1. Inciser les aubergines à intervalles de 5 cm avec la pointe d'un couteau d'office. Insérer une lamelle d'ail dans chacune des incisions.

2. Régler le barbecue pour la cuisson directe ou sur la braise et le chauffer à feu vif. Brosser ou gratter la grille (inutile de l'huiler).

3. En les retournant avec une pince au besoin, griller les aubergines 2 ou 3 minutes de chaque côté, soit 8 à 12 minutes en tout, ou jusqu'à ce que la peau soit carbonisée et que la chair soit très tendre quand on la perce avec une brochette.

4. Laisser refroidir les aubergines sur une plaque de cuisson munie d'un rebord. À l'aide d'un couteau d'office, gratter la plus grosse partie (en garder un peu pour ajouter couleur et saveur à la préparation) de la peau brûlée et la jeter. Ôter le pédoncule et couper les aubergines en morceaux de 5 cm.

5. Au robot de cuisine, réduire en purée lisse les aubergines (avec leurs lamelles d'ail), le tahini et le sumac. Ajouter le zeste et le jus de citron, l'huile d'olive ainsi que du sel et du poivre, selon votre goût ; la préparation doit être bien relevée. Si elle est trop épaisse, ajouter un peu d'huile d'olive.

6. Ajouter le basilic et la menthe, et faire fonctionner l'appareil juste le temps de mélanger (éviter de mélanger trop longtemps, sans quoi les herbes conféreront une couleur verte à la préparation). On peut préparer le dip quelques heures à l'avance et le conserver à couvert au réfrigérateur.

7. Au moment de servir, déposer le dip dans un bol de service et l'arroser d'un filet d'huile pimentée ou d'huile d'olive. Servir avec du pain pita frais ou des chips de pita grillée.

DIP D'AUBERGINE
DE TOMATE ET D'OIGNON À LA MODE ARMÉNIENNE

En ce qui concerne les dips de légumes grillés au feu, le *baba ganoush* (voir page 63) remporte la mise, mais il en existe des variantes dans tout le bassin méditerranéen, au Moyen-Orient et dans la région du Caucase. Dans cette variante arménienne, l'aubergine s'accompagne de tomate et d'oignon, lesquels lui donnent une consistance et une saveur complètement différentes. Servir avec du pain lavash ou des pains pita grillés.

QUANTITÉ environ 500 ml, 4 à 6 portions

MÉTHODE cuisson sur la braise ou directe

PRÉPARATION 10 minutes

CUISSON 6 à 10 minutes

BARBECUE/ÉQUIPEMENT cuisson au charbon de bois, au gaz ou au bois (le dip arménien classique se prépare au charbon de bois). Grille posée sur une plaque de cuisson avec rebord et robot de cuisine.

POUR EN SAVOIR PLUS comme c'est le cas pour plusieurs dips présentés dans cet ouvrage, il existe deux manières de griller les légumes, directement sur la braise ou en cuisson directe sur les flammes. La première apporte plus de saveur fumée, la seconde convient pour la cuisson sur un barbecue au propane.

INGRÉDIENTS

- 2 petites aubergines ou 1 moyenne (environ 450 g)
- 2 grosses tomates romaines mûres
- 1 petit oignon doux ou ½ gros (non pelé)
- 1 grosse gousse d'ail pelée, enveloppée sans serrer dans du papier d'aluminium
- ½ c. à café de zeste de citron jaune fraîchement et finement râpé
- 2 c. à soupe de jus de citron jaune frais, ou selon votre goût
- 2 à 3 c. à soupe d'huile d'olive vierge extra
- 2 c. à soupe d'aneth frais ou de persil plat frais, haché
- Sel et poivre noir fraîchement moulu
- Pita à la plancha (voir page 106) ou chips de pita grillée au sésame (voir page 62)

1. Régler le barbecue pour la cuisson sur la braise. À l'aide d'un râteau de barbecue, étaler les braises en une couche uniforme et les éventer afin de disperser les cendres, le cas échéant. Sinon, régler le barbecue pour la cuisson directe et le chauffer à feu vif.

2. Déposer les aubergines, les tomates, l'oignon et l'ail sur la braise ou sur la grille du barbecue et, en les retournant souvent avec une pince, les griller jusqu'à ce que la peau des légumes soit carbonisée et que la chair soit tendre (auquel cas, elle se laissera facilement percer par une brochette). Il faudra environ 2 minutes pour l'ail, 4 minutes pour les tomates et 6 à 10 minutes pour les aubergines et l'oignon.

3. Laisser refroidir les légumes sur une grille posée sur une plaque de cuisson munie d'un rebord. Gratter la peau des aubergines, des tomates et de l'oignon en jetant les parties vraiment carbonisées. Inutile de chercher à tout enlever : ce qui restera conférera couleur et saveur au plat. Couper les aubergines, les tomates et l'oignon en morceaux de 2,5 cm. Hacher l'ail grossièrement.

4. Au robot de cuisine, transformer les légumes en purée grossière, en donnant des à-coups. Ajouter le zeste et le jus de citron ainsi que suffisamment d'huile d'olive pour obtenir une purée. En faisant fonctionner l'appareil, ajouter l'aneth, du sel et du poivre, selon votre goût, et davantage de jus de citron, au besoin : le dip doit être bien relevé.

5. Servir avec le pain pita à la plancha ou des chips de pita grillée au sésame.

Les légumes grillent sur la braise pour le caviar de l'homme des cavernes.

CAVIAR DE L'HOMME DES CAVERNES
ET PAIN DE SEIGLE NOIR GRILLÉ

Le caviar de légumes est un *zakouska* (hors-d'œuvre) populaire. Celui-ci ne trompera personne en laissant croire qu'il s'agit de caviar d'esturgeon ! En revanche, il possède cette consistance douce, croquante et fondante qu'on associe habituellement au caviar et une saveur robuste digne de n'importe quelle pâte à tartiner russe. La cuisson sur braise lui confère une irrésistible saveur fumée, sans compter que, tout comme l'homme des cavernes officiant au-dessus de son feu, on a l'air tout à fait cool en y recourant ! Pratique : on peut rôtir les légumes à l'avance. En plus d'une purée d'accompagnement, le caviar de l'homme des cavernes constitue une excellente pâte à tartiner dans les sandwichs.

INGRÉDIENTS

2 branches de céleri

1 piment jalapeño

2 tomates romaines mûres

1 carotte moyenne, parée et grattée

3 gousses d'ail pelées, enveloppées sans serrer dans du papier d'aluminium

2 poivrons, 1 vert et 1 rouge

1 aubergine moyenne (environ 350 g)

1 oignon moyen (non pelé)

3 c. à soupe d'aneth frais, haché

½ c. à café de zeste de citron jaune fraîchement et finement râpé

2 c. à soupe de jus de citron jaune frais, ou selon votre goût

3 c. à soupe d'huile d'olive vierge extra

Sel et poivre noir fraîchement moulu

Pain de seigle noir grillé (voir recette page 69), pour le service

1. Régler le barbecue pour la cuisson sur la braise, en étalant les braises en une couche uniforme à l'aide d'un râteau de barbecue. Déposer les légumes sur la braise et les griller jusqu'à ce qu'ils soient tendres et carbonisés de tous côtés. Il faudra environ 2 minutes pour le céleri et le jalapeño, environ 3 minutes pour la tomate, environ 4 minutes pour la carotte et l'ail en papillote, 6 à 8 minutes pour les poivrons, 8 à 12 minutes pour l'aubergine et 10 à 15 minutes pour l'oignon.

REMARQUE : les temps de cuisson sont approximatifs et dépendent de l'intensité du feu. Retourner les légumes à l'aide d'une pince à long manche afin qu'ils carbonisent uniformément (sans oublier les

QUANTITÉ 750 ml, 6 à 8 portions

MÉTHODE cuisson sur la braise

PRÉPARATION 15 minutes

CUISSON 20 minutes

BARBECUE/ÉQUIPEMENT
cuisson sur un barbecue au charbon de bois de préférence, mais il est également possible de griller en cuisson directe sur un barbecue au bois ou au gaz (voir POUR EN SAVOIR PLUS). Plaque de cuisson avec rebord.

POUR EN SAVOIR PLUS
pour griller sur la braise, il faut évidemment... de la braise, qui proviendra idéalement d'un barbecue au charbon de bois ou au bois. Faire griller les légumes sur un feu de bois leur confère ainsi une splendide saveur fumée. On peut également les griller à feu vif sur un barbecue au gaz. L'important, c'est de carboniser la peau des légumes, ce qui aura pour effet de fumer la chair de l'extérieur vers l'intérieur.

extrémités) et vérifier le degré de cuisson à l'aide d'une brochette en métal – elle doit percer facilement l'aubergine et l'oignon. À mesure qu'ils sont cuits, mettre les légumes à refroidir sur une plaque de cuisson munie d'un rebord.

2. Une fois qu'ils sont froids, gratter les parties carbonisées (inutile de tout enlever : quelques morceaux noircis ajouteront couleur et saveur au caviar). Couper les légumes en morceaux de 2,5 cm, en jetant les pédoncules et les graines du piment et des poivrons.

3. Au robot de cuisine, transformer les légumes rôtis en purée grossière, en donnant des à-coups. Ajouter l'aneth, le zeste et le jus de citron, l'huile d'olive ainsi que du sel et du poivre : le caviar doit être bien relevé.

4. Servir froid ou à température ambiante avec du pain de seigle noir grillé. Le caviar se conservera au moins 3 jours au réfrigérateur dans un récipient fermé.

PAIN DE SEIGLE NOIR GRILLÉ

QUANTITÉ 6 à 8 portions

INGRÉDIENTS

Huile végétale pour huiler la grille

70 g (5 c. à soupe) de beurre fondu ou d'huile d'olive vierge extra, plus au besoin

1 pain de seigle noir (de 350 g) coupé en tranches fines (le pain est long et mince)

1. Régler le barbecue pour la cuisson directe et le chauffer à feu moyen-vif. Brosser ou gratter la grille et bien l'huiler.

2. Badigeonner légèrement de beurre fondu les deux côtés des tranches de pain. Les déposer sur la grille du barbecue et les griller 1 ou 2 minutes de chaque côté, ou jusqu'à ce qu'elles soient dorées. Les laisser refroidir sur une grille posée sur une plaque de cuisson munie d'un rebord. Les servir aussitôt ou les laisser refroidir à température ambiante, puis les conserver dans un récipient fermé. Les consommer de préférence dans les 24 heures.

MOUHAMMARA

QUANTITÉ 500 ml
4 à 6 portions

MÉTHODE cuisson directe

PRÉPARATION 20 minutes

CUISSON 10 à 15 minutes

BARBECUE/ÉQUIPEMENT
cuisson au charbon de bois, au bois ou au gaz. Le plat classique arménien se prépare sur un barbecue au charbon de bois. Plaque de cuisson avec rebord et robot de cuisine.

POUR EN SAVOIR PLUS
il vous faudra quelques ingrédients que vous ne connaissez peut-être pas. La mélasse de grenade est un sirop sucré-acidulé fait à partir de jus de grenade réduit. Il n'existe pas vraiment de substitut (vous en trouverez dans des épiceries orientales ou en ligne), mais le miel, une réduction de balsamique ou le moût de raisin (jus de raisin réduit) s'en approchent. Le piment d'Alep est un piment syrien rouge séché, qu'on peut remplacer au besoin par du paprika fort mélangé avec des flocons de piment. Vous en trouverez dans les marchés arméniens et moyen-orientaux, ou encore en ligne. Pour préparer le jus de grenade, il suffit de couper le fruit en deux et passer les grains à la centrifugeuse. On en trouve également en bouteille.

J'ai goûté la *mouhammara* pour la première fois dans un restaurant arménien à l'époque où j'étais critique culinaire pour un magazine. Le souvenir du mélange de saveurs reste très net dans mon esprit: l'acidité de la grenade, le goût des noix moulues, les aromatiques cannelle et cumin, la coriandre et l'ail au goût relevé... Avec, à la base, la douceur fumée des poivrons rouges carbonisés sur le feu. J'ai été fasciné à l'époque et je le suis toujours, particulièrement quand la *mouhammara* est servie avec des chips de pita grillée maison. C'est un peu plus compliqué à faire que, disons, le houmous ou le *baba ganoush*, mais le résultat en vaut vraiment la peine.

INGRÉDIENTS

- 2 poivrons rouges
- 2 gousses d'ail pelées et enfilées sur un cure-dent en bois
- 180 g de morceaux de noix + 2 c. à soupe pour la garniture
- 2 c. à café de piment d'Alep ou de paprika fort et de flocons de piment fort, selon votre goût
- 1 c. à café de cumin moulu
- ½ c. à café de cannelle
- 1 c. à café de zeste de citron jaune fraîchement et finement râpé
- 2 c. à soupe de jus de citron jaune frais, selon votre goût
- 60 ml de jus de grenade
- 1 c. à soupe de mélasse de grenade ou de réduction de balsamique
- 2 ou 3 c. à soupe d'huile d'olive vierge extra, plus au besoin
- 60 g de coriandre fraîche + 15 g (1 c. à soupe) pour la garniture
- Sel et poivre noir moulu
- Chips de pita grillée au sésame (voir page 62) ou pita à la plancha (voir page 106), pour le service

1. Régler le barbecue pour la cuisson directe et le chauffer à feu vif. Brosser ou gratter la grille (inutile de l'huiler). Déposer les poivrons sur la grille et, en les retournant avec une pince, les griller de tous côtés jusqu'à ce qu'ils soient carbonisés, soit pendant 8 à 12 minutes. On peut aussi les carboniser directement sur la braise (voir page 17). Griller l'ail 2 minutes de chaque côté ou jusqu'à ce qu'il soit doré. Laisser refroidir poivrons et ail sur une plaque de cuisson munie d'un rebord. À l'aide d'un couteau d'office, gratter la peau carbonisée des poivrons (inutile de tout enlever, quelques morceaux noirs apporteront couleur et saveur à la *mouhammara*), puis les couper en deux et retirer le pédoncule et les graines. Couper les poivrons en morceaux de 5 cm. Retirer le cure-dent de l'ail.

2. Griller les noix à sec dans une poêle en fonte posée sur la grille du barbecue ou à feu moyen sur la cuisinière jusqu'à ce qu'elles libèrent leur arôme, soit 2 ou 3 minutes. Laisser refroidir. Réserver 2 c. à soupe pour la garniture. Déposer le reste dans le bol d'un robot de cuisine équipé d'une lame à hacher.

3. En donnant des à-coups, hacher grossièrement les noix. Ajouter les poivrons, l'ail, le piment d'Alep, le cumin, la cannelle et le zeste de citron, et transformer en purée grossière. Ajouter le jus de citron, le jus de grenade, la mélasse de grenade et suffisamment d'huile d'olive pour obtenir une purée légère. Ajouter la coriandre, du sel et du poivre, selon votre goût. La *mouhammara* doit être bien relevée.

4. Déposer la *mouhammara* dans un bol de service et la parsemer de coriandre et des noix réservées. Servir avec des chips de pita grillée au sésame ou le pain pita à la plancha.

Mouhammara composée de poivrons cuits sur la braise et accompagnée de pain pita.

CHAPITRE 4

SALADES

Les salades sont généralement des plats d'accompagnement. Dans ce chapitre, elles sont en vedette sur le barbecue, de la classique salade en quartiers à la laitue striée de noir, en passant par celle fumée au foin et arrosée d'une délicate sauce au citron. Sans compter une salade de betteraves fumées et de chèvre, arrosée d'une vinaigrette aux raisins secs fumés. Enfin, goûtez sans faute à la salade piperade inspirée du plat basque du même nom et à la salade d'aubergine, de poivron et d'oignon à la mode arménienne, toutes deux grillées sur la braise.

RECETTES

Salade de betterave fumée, vinaigrette aux raisins secs fumés

Salade de maïs doux grillé, grenade, coriandre et menthe

Esquites

Salade de laitue fumée au foin, sauce aux herbes et au citron

Salade César grillée n° 5, revisitée en sandwichs ouverts

Salade de quartiers de laitue grillés, sauce ranch fumée

Salade piperade

Panzanella grillée

Salade simple de poivrons et d'oignon cuits sur la braise

Salade d'aubergine grillée, tahini, noix, grenade et menthe frite

Poireaux grillés, vinaigrette aux cendres

Salade de pommes de terre rôties et fumées à la mode allemande

Salade de nappa grillé, gingembre, cacahuètes et poire asiatique

SALADE DE BETTERAVE FUMÉE
VINAIGRETTE AUX RAISINS SECS FUMÉS

Mon ami Steve Nestor, qui participe depuis de nombreuses années à mes émissions culinaires, est également un excellent cuisinier. Sa contribution à ce livre consiste en une variante de l'omniprésente salade à la betterave et au chèvre. Il fume-rôtit les betteraves de même que les raisins secs, les échalotes et l'ail de la vinaigrette (il fumerait probablement le fromage de chèvre si je le laissais faire). La salade qui en résulte est un véritable bonheur pour le palais : betteraves douces, raisins secs fumés, canneberges acidulées, chèvre piquant et noix croquantes !

QUANTITÉ 6 portions

MÉTHODE fumage-rôtissage (cuisson indirecte avec fumée de bois)

PRÉPARATION 20 minutes

CUISSON 1 heure

BARBECUE/ÉQUIPEMENT cuisson au charbon de bois ou au fumoir. Morceaux ou copeaux de bois dur (trempés), voir page 16, grille pour légumes ou lèchefrite jetable en aluminium robuste, cure-dent en bois et plaque de cuisson avec rebord.

INGRÉDIENTS

FUMAGE

- Huile d'olive vierge extra, pour badigeonner
- 3 ou 4 betteraves rouges crues (de 5 cm de diamètre), parées et pelées
- 3 ou 4 betteraves jaunes crues (de 5 cm de diamètre), parées et pelées
- 1 grosse échalote, pelée et coupée en deux
- 2 gousses d'ail pelées et enfilées sur un cure-dent
- Sel et poivre noir fraîchement moulu
- 125 ml de raisins secs

ASSEMBLAGE DE LA SALADE

- 2 tranches de pancetta ou de bacon, coupées en lamelles de 5 mm (facultatif)
- 3 c. à soupe de vinaigre de vin blanc ou de riz
- 2 c. à soupe d'eau chaude, ou plus au besoin
- 125 ml d'huile d'olive vierge extra
- 1 grosse botte de roquette, lavée et essorée (facultatif)
- 130 g de canneberges séchées
- 130 g de noix hachées grossièrement (voir REMARQUE page 92)
- 180 g de chèvre frais émietté

POUR EN SAVOIR PLUS

on emploie ici la technique du fumage-rôtissage (voir page 15). Il s'agit de griller indirectement les betteraves et autres ingrédients en ajoutant du bois dur sur le feu afin que les légumes cuisent et fument en même temps. C'est le cas aussi des raisins secs et de l'échalote destinés à la vinaigrette. Pour les betteraves, vous avez le choix entre les rouges, les jaunes et les rosées à rayures blanches, ou toutes ces variétés mélangées. À la fin, on ajoute des morceaux de pancetta (qu'on peut facilement remplacer par du bacon ou par le faux bacon de shiitakés de la page 34). Cet ingrédient est facultatif et ceux qui ne consomment pas de viande peuvent certainement l'omettre, mais, pour ma part, j'aime beaucoup le goût salé que la pancetta apporte à l'ensemble.

REMARQUE : la meilleure manière de peler les betteraves consiste à le faire avec un couteau d'office bien affûté. Portez des gants en latex afin d'éviter de vous tacher les mains.

1. Régler le barbecue pour la cuisson indirecte et le chauffer à feu moyen-vif.

2. Entre-temps, badigeonner légèrement d'huile d'olive les betteraves, l'échalote et l'ail, puis saler et poivrer. Les déposer sur une plaque à légumes perforée ou dans une lèchefrite et mettre celle-ci sur la grille du barbecue. Pour donner un goût de fumé avec un feu de charbon de bois, déposer les morceaux ou copeaux de bois sur la braise ; avec un feu sur barbecue au gaz, déposer les morceaux ou copeaux de bois dans la boîte de fumage ou sous la grille, directement sur un ou des brûleurs. Fermer le couvercle.

3. Griller indirectement les légumes 10 minutes, puis les parsemer des raisins secs. Poursuivre la cuisson indirecte environ 20 minutes pour l'échalote et l'ail, et 45 à 60 minutes pour les betteraves, ou jusqu'à ce que tous les légumes soient fumés et tendres. Vérifier le degré de cuisson à l'aide d'une brochette mince : elle doit en percer facilement la chair. Laisser refroidir les légumes sur une plaque de cuisson munie d'un rebord. Retirer l'ail du cure-dent.

4. Entre-temps, si on le désire, dorer la pancetta dans une poêle à feu moyen-vif (ou la griller directement) pendant 2 à 4 minutes de chaque côté. Égoutter sur de l'essuie-tout.

5. Pour la vinaigrette, hacher grossièrement l'échalote, l'ail et les raisins secs au robot de cuisine. Il doit rester des morceaux dans la préparation. En donnant des à-coups, ajouter le vinaigre de vin blanc, l'eau, l'huile d'olive, du sel et du poivre, selon votre goût. La vinaigrette doit être bien relevée. Si la saveur est trop intense, ajouter un peu d'eau.

6. Assembler la salade : couper les betteraves en tranches de 5 mm. Les déposer dans un saladier et ajouter environ le tiers de la vinaigrette. En refroidissant, les betteraves chaudes absorberont la vinaigrette.

7. Quand les betteraves sont froides, ajouter la roquette (facultatif), les canneberges, les noix, le chèvre et la pancetta, le cas échéant. Verser la moitié de la vinaigrette qui reste et remuer délicatement pour mélanger. Servir le reste de la vinaigrette à part.

SALADE DE MAÏS DOUX GRILLÉ
GRENADE, CORIANDRE ET MENTHE

Extraordinairement rafraîchissante en été, cette salade colorée à base de maïs et de grenade vient de La Petite Maison, un restaurant de grande cuisine française de mon quartier de Miami. Le chef propriétaire a eu l'idée géniale d'associer du maïs doux, fumé et grillé au charbon de bois, à des pépins de grenades acidulées et juteuses et à une bonne quantité de coriandre et de menthe fraîches pour twister le tout.

QUANTITÉ 4 portions

MÉTHODE cuisson directe

PRÉPARATION 20 minutes

CUISSON 8 à 12 minutes

BARBECUE/ÉQUIPEMENT
cuisson au charbon de bois ou au gaz possible, mais les résultats seront meilleurs avec un feu de bois ou un feu enrichi de bois. Pour donner un goût de fumé avec un feu au charbon de bois ou au gaz, il vous faudra des morceaux ou des copeaux de bois dur (non trempés), voir page 16.

POUR EN SAVOIR PLUS
le délicieux croustillant et la saveur musquée, douce et acidulée viennent des arilles de grenade frais. Ce fruit rouge rond (dont le nom latin signifie « pomme aux nombreuses semences ») a une peau coriace qui abrite une multitude de petites baies de couleur rubis – des arilles – qui ont justement la taille des grains de maïs (quel hasard, n'est-ce pas ?). On trouve parfois les arilles en petits contenants au rayon des produits réfrigérés des supermarchés. C'est assurément la façon la plus rapide de préparer la salade ! Sinon, suivez les indications données à l'étape 4 pour préparer la grenade.

INGRÉDIENTS

Huile végétale pour huiler la grille

4 épis de maïs doux épluchés

2 à 3 c. à soupe d'huile d'olive vierge extra et plus pour badigeonner

Gros sel et poivre noir fraîchement moulu

1 grenade mûre

2 c. à soupe de menthe fraîche, ciselée

2 c. à soupe de coriandre fraîche, ciselée (ou davantage de menthe)

2 c. à soupe de ciboulette fraîche, ciselée

2 c. à soupe de vinaigre de vin blanc ou de riz, ou selon votre goût

1. Régler le barbecue pour la cuisson directe et le chauffer à feu vif. Brosser ou gratter la grille et bien l'huiler. Pour donner un goût de fumé avec un feu de charbon de bois, déposer les morceaux ou copeaux de bois sur la braise ; avec un feu sur barbecue au gaz, les déposer dans la boîte de fumage ou mettre des morceaux sous la grille, directement sur un ou des brûleurs.

2. Badigeonner le maïs d'huile d'olive, puis le saler et le poivrer de tous côtés. Le griller 2 ou 3 minutes de chaque côté, soit 8 à 12 minutes en tout, ou jusqu'à ce que les grains soient bien dorés par endroits.

3. Laisser refroidir le maïs. Avec un couteau de chef bien affûté, prélever les grains sur les épis (la meilleure façon de le faire consiste à déposer les épis à plat sur une planche à découper).

4. Couper une tranche de 1 cm environ au sommet de la grenade, c'est-à-dire ce qu'il faut pour exposer les membranes blanches du fruit (les membranes s'étendront depuis le centre comme les rayons d'une roue). En suivant ces lignes, inciser la peau de la grenade de haut en bas (les incisions doivent avoir environ 5 mm de profondeur). Au-dessus d'un grand bol, défaire délicatement la grenade en quartiers. Retirer les pépins des quartiers et les déposer dans le bol (jeter la peau et les membranes). Respirer : le pire est passé.

5. Ajouter les grains de maïs aux pépins. On peut préparer la salade quelques heures à l'avance jusqu'à cette étape. La conserver au réfrigérateur dans un récipient fermé et la laisser se réchauffer à température ambiante avant de la servir.

6. Au moment de servir, ajouter la menthe, la coriandre, la ciboulette et le vinaigre. Verser 2 c. à soupe d'huile d'olive et remuer. Rectifier l'assaisonnement en huile d'olive, en vinaigre et en sel : la salade doit être bien relevée.

ESQUITES

QUANTITÉ 4 portions

MÉTHODE cuisson directe

PRÉPARATION 10 minutes

CUISSON 8 à 12 minutes

BARBECUE/ÉQUIPEMENT
cuisson au charbon de bois ou au gaz possible, mais le résultat sera meilleur avec un feu de bois ou un feu enrichi de bois. Pour donner un goût de fumé avec un feu au charbon de bois ou au gaz, il vous faudra des morceaux ou des copeaux de bois dur (non trempés), voir page 16.

En 20 ans, ce plat mexicain a acquis une réputation internationale. On trouve dorénavant ce maïs grillé, originaire d'Oaxaca, partout aux États-Unis, ainsi qu'à Montréal, Londres et Tokyo, pour ne nommer que ces villes. Mais tout le monde ne sait peut-être pas comment on le prépare : on enduit des épis de maïs grillé de mayonnaise, on les parsème de fromage *cotija* et d'assaisonnement au chili, et on les arrose de jus de citron vert. L'*esquites* (mot venant du nahuatl *íquitl*, qui signifie maïs rôti) est une salade de maïs mexicaine qui comprend les mêmes ingrédients, sauf que les grains de maïs sont prélevés sur les épis et mélangés avec les autres ingrédients (dans bien des endroits au Mexique, c'est un plat de la cuisine de rue que l'on sert dans une tasse). Ma variante y ajoute la saveur fumée fournie par les *chipotle* et les piments poblanos grillés.

INGRÉDIENTS

4 épis de maïs doux épluchés

2 c. à soupe d'huile d'olive vierge extra ou de beurre fondu, pour badigeonner

Sel et poivre noir fraîchement moulu

1 gros piment poblano ou, à défaut, un gros poivron vert

60 à 90 g de *cotija*, *queso fresco*, feta, *pecorino romano*, ou autre fromage piquant, émietté

1 c. à café de *chipotle* marinés en boîte, émincés

1 ou 2 piments jalapeños, pédoncules enlevés et tranchés finement

2 c. à soupe de mayonnaise, ou selon votre goût

2 c. à soupe de crème sure, ou davantage de mayonnaise

½ c. à café de zeste de citron vert fraîchement et finement râpé

2 c. à soupe de jus de citron vert frais, ou selon votre goût

50 g de coriandre fraîche, ciselée + 1 tige pour la présentation

1. Régler le barbecue pour la cuisson directe et le chauffer à feu vif. Pour donner un goût de fumé avec un feu de charbon de bois, déposer les morceaux ou copeaux de bois sur la braise ; pour un feu sur barbecue au gaz, déposer les morceaux ou copeaux de bois dans la boîte de fumage ou sous la grille, directement sur un ou des brûleurs. Brosser ou gratter la grille (inutile de l'huiler).

2. Badigeonner le maïs d'huile d'olive, saler et poivrer. Griller le maïs 2 ou 3 minutes de chaque côté, soit 8 à 12 minutes en tout, ou jusqu'à ce qu'il soit noirci par endroits. En même temps, griller le poblano 2 ou 3 minutes de chaque côté ou jusqu'à ce qu'il soit carbonisé de tous côtés.

3. À l'aide d'un couteau d'office, prélever les grains sur les épis de maïs en suivant les indications données à l'étape 3 de la page 77. Gratter la peau carbonisée du poblano et couper celui-ci en dés de 1 cm, en jetant le pédoncule, les graines et les membranes. Déposer le maïs et le poblano dans un grand bol à mélanger.

4. Ajouter le fromage émietté, les *chipotle*, les jalapeños, la mayonnaise, la crème sure, le zeste et le jus de citron vert, ainsi que la coriandre, et mélanger. Ajouter du sel, du poivre et du jus de citron vert, au besoin : la salade doit être bien relevée. Déposer dans un bol de service et garnir de coriandre.

POUR EN SAVOIR PLUS

le *cotija* est un fromage de lait de vache mexicain à la consistance friable et dont la saveur acidulée rappelle la feta. Le *queso blanco* (autre fromage friable mexicain), la feta ou même le *pecorino romano* constituent de bons substituts.

REMARQUE : voyez cette recette comme un guide général et n'hésitez pas à l'adapter en fonction des saisons. Ajoutez par exemple des dés de tomates fraîchement cueillies, remplacez la coriandre par de la menthe, etc. Tous ces ingrédients conviennent.

SALADE DE LAITUE FUMÉE AU FOIN
SAUCE AUX HERBES ET AU CITRON

QUANTITÉ 2 portions ; peut être multipliée à volonté

MÉTHODE fumage au foin

PRÉPARATION 10 minutes

FUMAGE 3 à 5 minutes

BARBECUE/ÉQUIPEMENT cuisson au charbon de bois ou au gaz. Grille ou moule à gâteau, lèchefrite jetable en aluminium remplie de glaçons et 2 litres de foin.

POUR EN SAVOIR PLUS il faut une laitue aux feuilles délicates pour cette salade, par exemple une Boston, une laitue pommée Bibb ou une romaine Little Gem. Pour le fumage, employez du foin ou de la paille – que vous trouverez en jardinerie, en animalerie ou en ligne. À noter que le foin est constitué d'herbe tandis que la paille provient d'une céréale, souvent du blé.

REMARQUE : la laitue peut être fumée quelques heures à l'avance, puis réfrigérée jusqu'à utilisation.

Quand il s'agit de fumage et de cuisson au barbecue, la plupart des Nord-Américains pensent au bois. Cependant, les Italiens ont mis au point une méthode ingénieuse pour le fumage des aliments délicats ou qui fondent facilement, comme la mozzarella : ils utilisent du foin. On peut désormais procéder ainsi avec la laitue. Il faut environ 3 minutes pour la fumer, si bien qu'elle reste fraîche et croustillante. La salade qui en résulte possède une saveur à la fois familière et inattendue, différente de tout ce qu'on a goûté en matière de salade. La sauce aux herbes est toute simple afin que l'attention reste entièrement concentrée sur la laitue fumée.

INGRÉDIENTS

- 1 grosse laitue verte ou 2 petites (Boston, romaine Little Gem ou pommée Bibb)
- 2 c. à soupe de mayonnaise
- 1 c. à soupe de moutarde de Dijon
- 1 c. à soupe de vinaigre à l'estragon ou de vinaigre de vin rouge
- 2 c. à soupe d'huile végétale
- 2 c. à soupe d'huile d'olive vierge extra (ou davantage d'huile végétale)
- ½ c. à café de zeste de citron fraîchement et finement râpé
- 2 c. à soupe de jus de citron frais
- 2 c. à soupe d'estragon ou d'aneth frais, ciselé
- 2 c. à soupe de ciboulette ou de cébettes, émincées finement
- Gros sel et poivre noir fraîchement moulu

1. Séparer les feuilles de la laitue, les laver et les égoutter dans une essoreuse. Ou encore, couper les laitues en quartiers, les laver et les essorer. Entasser la laitue sur une grille ou dans un moule à gâteau. Réfrigérer jusqu'au moment de fumer.

2. Sauce : dans un bol, battre la mayonnaise, la moutarde et le vinaigre à l'estragon. En battant, ajouter graduellement les huiles en mince filet. La sauce doit épaissir. En battant, ajouter le zeste et le jus de citron, l'estragon, 1 c. à soupe de ciboulette, du sel et du poivre, selon votre goût : la sauce doit être bien relevée.

Faire fumer la laitue à proximité, et non directement au-dessus, du foin allumé.

On peut la préparer quelques heures à l'avance et la réfrigérer ; dans ce cas, ajouter l'estragon et la ciboulette 15 minutes tout au plus avant de servir.

3. Régler le barbecue pour le fumage au foin : chauffer un côté à feu moyen et laisser une zone hors flammes.

4. Déposer le foin sur la grille au-dessus de la partie allumée du barbecue. Quand il commence à fumer et à s'enflammer (il faudra peut-être l'allumer avec une allumette), éteindre le brûleur du barbecue au gaz, s'il y a lieu (s'il s'agit d'un barbecue au charbon de bois, laisser tel quel). Déposer la laitue (toujours sur la grille ou dans le moule) au-dessus d'une lèchefrite remplie de glaçons de l'autre côté du barbecue, à l'écart du foin et du feu. Fermer le couvercle et fumer la laitue pendant 3 à 5 minutes, ou jusqu'à ce que le foin s'éteigne.

5. Remettre la laitue au réfrigérateur jusqu'au moment de servir, soit 2 heures tout au plus après le fumage.

6. Pour servir, arroser la laitue fumée de sauce et parsemer de la dernière cuillerée à soupe de ciboulette.

SALADE CÉSAR GRILLÉE N° 5
REVISITÉE EN SANDWICHS OUVERTS

QUANTITÉ 4 portions

MÉTHODE cuisson directe

PRÉPARATION 20 minutes

CUISSON 2 à 4 minutes

BARBECUE/ÉQUIPEMENT
cuisson au charbon de bois ou au gaz possible, mais le résultat sera meilleur avec un barbecue au bois. Pour donner un goût de fumé avec un feu au charbon de bois ou au gaz, il vous faudra des morceaux ou copeaux de bois dur (non trempés), voir page 16. Blender ou robot de cuisine.

Je prépare la salade César depuis mes dix ans (c'était la première recette de mon répertoire) et je la fais griller depuis la publication de *BBQ USA* en 2003. Il y a quelque chose dans la dynamique des saveurs (anchois saumurés, citron acide, *pecorino romano* piquant, huile d'olive fruitée) et dans le jeu des textures (romaine croustillante, croûtons croustillants, œuf crémeux) qui a conquis la gastronomie de notre époque. Ce mélange est encore meilleur quand on exploite le pouvoir du feu pour en rehausser les saveurs. Ici, la salade est montée en sandwichs ouverts : les croûtons sont remplacés par de grandes tranches de pain grillé couronnées d'œufs durs, de laitue grillée et de copeaux de pecorino. Toute une salade César grillée !

INGRÉDIENTS

SAUCE

1 filet d'anchois à l'huile, égoutté et haché grossièrement

1 gousse d'ail pelée et hachée grossièrement

60 g de *pecorino romano* râpé grossièrement

2 c. à soupe de mayonnaise

2 c. à soupe d'huile d'olive vierge extra

2 c. à soupe de jus de citron frais, ou selon votre goût

1 c. à soupe de sauce Worcestershire

2 c. à café de moutarde de Dijon

Gros sel et poivre noir fraîchement moulu

ASSEMBLAGE

Huile végétale pour huiler la grille

Huile d'olive vierge extra, pour badigeonner

2 romaines, coupées en deux sur la longueur, lavées et essorées

4 tranches de pain de campagne de 1 cm d'épaisseur

1 gousse d'ail pelée et coupée en deux sur la largeur

2 œufs durs, écalés et coupés en quatre

60 g de copeaux de *pecorino romano*

4 filets d'anchois dans l'huile

1 c. à soupe de ciboulette fraîche ciselée

1. Sauce : au blender ou au robot de cuisine, mixer l'anchois, l'ail, le fromage, la mayonnaise, l'huile d'olive, le jus de citron, la sauce Worcestershire et la moutarde jusqu'à l'obtention d'une sauce crémeuse. Si elle est trop épaisse, ajouter 1 c. à soupe d'eau. Saler, poivrer et ajouter du jus de citron au besoin : la sauce doit être bien relevée.

2. Au moment de servir, régler le barbecue pour la cuisson directe et le chauffer à feu vif. Pour donner un goût de fumé avec un feu de charbon de bois, déposer les morceaux ou copeaux de bois sur la braise ; avec un feu au gaz, déposer des morceaux ou copeaux de bois dans la boîte de fumage du barbecue ou des morceaux sous la grille, directement au-dessus d'un ou des brûleurs. Brosser ou gratter la grille et bien l'huiler.

POUR EN SAVOIR PLUS

pour la salade César, on emploie habituellement du *pecorino romano* (fromage de brebis piquant, acidulé), et non du parmesan, omniprésent dans les recettes. Optez pour des anchois à l'huile et non en saumure ou vinaigrés. Pour une variante végétarienne, remplacez l'anchois de la sauce par 2 c. à café de miso blanc, et omettez la garniture d'anchois.

3. Badigeonner légèrement d'huile d'olive les moitiés de romaine de tous côtés. Badigeonner légèrement d'huile d'olive les deux côtés des tranches de pain.

4. Faire griller le pain 1 ou 2 minutes de chaque côté. Déposer les tranches de pain sur une grille et en frotter le dessus avec l'ail.

5. Griller les moitiés de romaine, côté coupé dessous, 1 ou 2 minutes ou jusqu'à ce qu'elles soient légèrement brûlées, en les tournant d'un quart de tour à mi-cuisson.

6. Déposer les tranches de pain dans une assiette de service. Couvrir des cœurs de romaine, côté coupé dessus. Arroser de sauce. Garnir avec les œufs, le fromage, les anchois et la ciboulette.

SALADE DE QUARTIERS DE LAITUE GRILLÉS

SAUCE RANCH FUMÉE

Voici une variante fumée de la salade américaine de quartiers de laitue : il s'agit tout simplement de saisir ceux-ci sur un feu fumant. La clé consiste à procéder rapidement de manière à carboniser l'extérieur tout en laissant le centre froid et croustillant (Hmm, le doux parfum de feuilles qui brûlent… cela vous rappelle-t-il une autre plante qu'on allume et qu'on fume ?). Pour rehausser la saveur fumée, la sauce est enrichie de *chipotle* et parsemée d'amandes hachées fumées, qui lui confèrent en plus du croquant.

QUANTITÉ 4 portions

MÉTHODE cuisson directe

PRÉPARATION 15 minutes

CUISSON 3 à 4 minutes

BARBECUE/ÉQUIPEMENT cuisson au charbon de bois ou au gaz possible, mais la salade sera meilleure avec un feu de bois ou enrichi de bois. Pour donner un goût de fumé avec un feu de charbon de bois ou sur barbecue au gaz, il vous faudra des morceaux ou copeaux de bois dur (non trempés), voir page 16.

INGRÉDIENTS

80 ml de mayonnaise

80 ml de lait ribot

1 c. à soupe de vinaigre de riz, ou selon votre goût

1 c. à café de *chipotle* marinés en boîte, émincés

½ c. à café de zeste de citron vert fraîchement et finement râpé

1 c. à soupe de jus de citron vert frais

Gros sel et poivre noir fraîchement moulu

3 c. à soupe de coriandre fraîche, ou d'aneth, ciselée

Huile végétale pour huiler la grille

Huile d'olive vierge extra, pour badigeonner

1 laitue iceberg, coupée en quartiers

40 g d'amandes hachées fumées

POUR EN SAVOIR PLUS
j'ai choisi l'iceberg (de préférence bio) pour cette salade, mais on peut aussi utiliser de la romaine. Pour plus de saveur, cuisinez sur un feu de bois ou enrichi de bois afin qu'un peu de fumée s'infiltre entre les feuilles.

1. Préparer la sauce : dans un bol, battre la mayonnaise, le lait ribot, le vinaigre, les *chipotle*, le zeste et le jus de citron vert. Saler et poivrer selon votre goût : la sauce doit être bien relevée.

REMARQUE : on peut la préparer plusieurs heures à l'avance et la réfrigérer. Ajouter la coriandre au moment d'assaisonner la salade.

2. Au moment de servir, régler le barbecue pour la cuisson directe et le chauffer à feu vif. Pour donner un goût de fumé avec un feu de charbon de bois, déposer les morceaux ou copeaux de bois sur la braise ; avec un feu sur barbecue au gaz, déposer les morceaux ou copeaux de bois dans la boîte de fumage ou sous la grille, directement sur un ou des brûleurs. Brosser ou gratter la grille et bien l'huiler.

3. Badigeonner légèrement d'huile d'olive les côtés coupés de la laitue. Déposer les quartiers sur la grille, côté coupé dessous, en les plaçant en diagonale par rapport aux barreaux. Griller 1 ou 2 minutes ou jusqu'à ce que la laitue soit légèrement brûlée, en tournant les quartiers d'un quart de tour au bout de 30 à 60 secondes, afin de les marquer en losange. Griller l'autre côté de la même manière. Procéder rapidement afin que la laitue reste crue et croustillante au centre.

4. Déposer les quartiers de laitue sur une ou des assiettes. À la cuillère, les arroser de sauce, puis parsemer d'amandes hachées. Pour une salade tiède, servir aussitôt. Sinon, assaisonner et servir 2 heures tout au plus après avoir grillé la laitue. Si la laitue est grillée d'avance, couvrir et réfrigérer jusqu'au moment de servir.

SALADE PIPERADE

QUANTITÉ 4 à 6 portions, en entrée

MÉTHODE cuisson sur la braise ou cuisson directe

PRÉPARATION 10 minutes

CUISSON 15 à 20 minutes

Quiconque visite le Pays basque se verra servir de la piperade, un mélange exubérant de poivrons, de tomates, d'oignon et d'ail, toujours épicé au piment d'Espelette, une variété locale, et souvent mélangé à des œufs brouillés (accessoirement le rouge, le blanc et le vert sont les couleurs du drapeau basque). En d'autres termes, le genre de plat qui n'attendait que l'occasion d'être transformé par la fumée et le feu ! Je l'ai réinventé sous forme de salade fumée, en cuisant sur la braise les poivrons et l'oignon, et en ajoutant du jambon serrano grillé et des croûtons grillés croustillants. Toute une salade, qu'on peut même préparer à l'avance !

INGRÉDIENTS

3 poivrons : 1 rouge, 1 jaune, 1 vert

2 tomates italiennes mûres

1 oignon doux, non pelé, coupé en deux

2 gousses d'ail, pelées et enveloppées, sans serrer, dans du papier d'aluminium

Huile végétale pour huiler la grille

2 c. à soupe d'huile d'olive vierge extra et plus pour badigeonner

90 g de jambon serrano ou de Bayonne, en tranches fines (facultatif)

2 tranches de pain de campagne ou de baguette de 1 cm ; dans le cas d'une baguette, la trancher en biais afin d'exposer davantage de mie au feu

2 c. à soupe de vinaigre de xérès ou de vinaigre de vin rouge

1 c. à café de paprika fumé

½ à 1 c. à café de piment d'Espelette ou de paprika fort

Gros sel et poivre noir fraîchement moulu

40 g de persil plat frais, grossièrement haché

1. Régler le barbecue pour la cuisson sur la braise. Étendre les braises au râteau en une couche uniforme et les éventer afin de disperser les cendres.

2. Déposer les poivrons, les tomates, l'oignon et l'ail sur la braise. En les retournant avec une pince, les griller 1 à 3 minutes de chaque côté, ou jusqu'à ce qu'ils soient carbonisés de tous côtés. Les laisser refroidir sur une plaque de cuisson munie d'un rebord.

3. Installer la grille sur le barbecue. La brosser ou la gratter et bien l'huiler.

4. Badigeonner légèrement d'huile d'olive les deux côtés des tranches de jambon, si l'on désire. Les déposer sur la grille et les griller 1 ou 2 minutes de chaque côté, ou jusqu'à ce que le jambon grésille et soit légèrement doré. Le déposer sur une grille : en refroidissant, il deviendra plus croustillant.

REMARQUE : ne pas procéder à cette étape plus d'une heure avant de servir la salade.

5. Badigeonner légèrement d'huile d'olive les deux côtés des tranches de pain. Les griller 1 ou 2 minutes de chaque côté. Les laisser refroidir sur une grille.

6. À l'aide d'un couteau d'office, gratter la peau carbonisée des poivrons, des tomates et de l'oignon. Inutile de tout enlever, les quelques morceaux qui restent ajouteront couleur et saveur au plat. Déposer les poivrons sur une planche à découper et les couper en deux sur la longueur. Retirer le pédoncule et gratter l'intérieur pour enlever les membranes et les graines. Couper les poivrons et l'oignon en morceaux de 2,5 cm. Couper les tomates en tranches fines. Émincer l'ail. Déposer les légumes dans un bol.

BARBECUE/ÉQUIPEMENT

pour la cuisson des poivrons sur la braise, optez pour le feu de charbon de bois ; pour la cuisson directe, choisissez le bois ou le gaz. Plaque de cuisson avec rebord.

POUR EN SAVOIR PLUS

par souci d'authenticité, utilisez du piment d'Espelette, une variété de piment cultivée au Pays basque. À défaut, employez un mélange de paprika et de piment de Cayenne, ou du paprika fort. Pour une salade-repas, faites frire quelques œufs et ajoutez-les aux autres ingrédients.

REMARQUE : comme toujours, on obtient une saveur plus riche en cuisant sur la braise, mais la cuisson directe (voir Variante, page 88) donne également de bons résultats.

7. Ajouter 2 c. à soupe d'huile d'olive, le vinaigre, le paprika fumé et le piment d'Espelette. Saler et poivrer selon votre goût : la salade doit être bien relevée. On peut la préparer jusqu'à 48 heures à l'avance, auquel cas la réfrigérer, à couvert, puis la laisser se réchauffer à température ambiante avant de la servir.

8. Au moment de servir, casser le jambon et le pain grillé en morceaux 2,5 cm au-dessus de la salade. Ajouter le persil et remuer le temps de mélanger, pas plus. Servir aussitôt.

VARIANTE

CUISSON DIRECTE

Régler le barbecue pour la cuisson directe et le chauffer au maximum de sa capacité. Griller les poivrons, les tomates, l'oignon et l'ail jusqu'à ce qu'ils soient noircis ou, du moins, bien dorés de tous côtés (il ne sera peut-être pas possible de noircir les poivrons sur un barbecue au gaz). Il faudra probablement compter plus de temps pour carboniser les légumes sur le barbecue que sur la braise. Préparer et servir la salade comme indiqué dans la recette principale.

PANZANELLA GRILLÉE
(PAIN TOSCAN ET SALADE DE TOMATES)

QUANTITÉ 4 à 6 portions, en entrée

MÉTHODE cuisson directe

PRÉPARATION 20 minutes

CUISSON 10 minutes

BARBECUE/ÉQUIPEMENT
cuisson au charbon de bois ou au gaz possible, mais le résultat sera meilleur avec un feu de bois ou enrichi de bois. Pour donner un goût de fumé avec un feu de charbon de bois ou sur barbecue au gaz, il vous faudra des morceaux ou copeaux de bois dur (non trempés), voir page 16. Cure-dents en bois et grille.

Pour les Italiens, c'est la *panzanella*, pour les Libanais, la *fattouche*. Il s'agit d'une des salades les plus rafraîchissantes à servir en été. C'est aussi une bonne façon de ressusciter du pain rassis ! La *panzanella* n'est habituellement pas grillée et, par conséquent, ne possède pas cette saveur fumée qui nous garde, nous les pyromanes, scotchés à nos barbecues. Ce qui rend cette variante extraordinaire, c'est le contraste entre les ingrédients grillés et crus : pain croustillant, oignons carbonisés, concombres croquants et tomates juteuses. Servir comme salade substantielle ou repas d'été léger.

REMARQUE : on peut facilement varier cette recette pour y inclure d'autres légumes de saison.

INGRÉDIENTS

Huile végétale pour huiler la grille

5 c. à soupe d'huile d'olive vierge extra et plus pour badigeonner

4 tranches de pain de campagne de 2,5 cm d'épaisseur, légèrement rassis

1 gros oignon rouge, pelé et coupé en six quartiers

2 grosses tomates rouges bien mûres

Gros sel et poivre noir fraîchement moulu

1 concombre pelé et coupé en dés de 2,5 cm, épépiné ou non, selon votre goût

2 branches de céleri finement tranchées en diagonale

100 g d'olives Kalamata ou autres olives noires saumurées ou dans l'huile

1 c. à soupe de câpres en saumure, égouttées

8 feuilles de basilic, roulées et ciselées + 1 tige pour la garniture

1 à 2 c. à soupe de vinaigre de vin rouge, ou selon votre goût

90 g de *ricotta salata* (facultatif)

POUR EN SAVOIR PLUS

employez un pain de campagne artisanal, par exemple un *pane pugliese* italien ou une miche française. Les tomates doivent avoir mûri sur le plant et avoir été cultivées au champ (sinon dans votre potager) ; en outre, elles ne doivent jamais avoir séjourné au réfrigérateur. La *ricotta salata* est un fromage ferme salé fait de ricotta pressée : on peut facilement la couper en copeaux ou en tranches, ou l'émietter au-dessus de la salade.

1. Régler le barbecue pour la cuisson directe et le chauffer à feu vif. Pour donner un goût de fumé avec un feu de charbon de bois, déposer les morceaux ou copeaux de bois sur la braise ; pour un feu sur barbecue au gaz, déposer les morceaux ou copeaux de bois dans la boîte de fumage ou sous la grille, sur un ou des brûleurs. Brosser ou gratter la grille et bien l'huiler.

2. Badigeonner légèrement d'huile d'olive les deux côtés des tranches de pain. Piquer les quartiers d'oignon sur des cure-dents afin qu'ils se tiennent. Enduire légèrement d'huile d'olive les quartiers d'oignon et les tomates entières, saler et poivrer.

3. Griller les tranches de pain 1 ou 2 minutes de chaque côté. Griller les quartiers d'oignon 1 ou 2 minutes de chaque côté, ou jusqu'à ce qu'ils soient dorés. Griller les tomates 4 à 6 minutes en tout : leur peau doit se boursoufler et être dorée de tous les côtés, mais leur centre doit être encore cru. Mettre le pain, les oignons et les tomates à refroidir sur une grille.

4. Dans un bol, casser le pain grillé en morceaux de 2,5 cm. Retirer les oignons des cure-dents et les trancher finement sur la largeur. Les ajouter au pain. Couper les tomates en morceaux de 2,5 cm (retirer et jeter le pédoncule le cas échéant) et les ajouter avec leur jus dans le bol. Ajouter le concombre, le céleri, les olives, les câpres, le basilic ciselé, le vinaigre et 5 c. à soupe d'huile d'olive (ou selon votre goût). Remuer et laisser reposer environ 5 minutes afin que le jus des tomates attendrisse le pain. Rectifier l'assaisonnement en sel, poivre et vinaigre : la salade doit être bien relevée. Couper la *ricotta salata*, si l'on désire, en copeaux ou en tranches, ou l'émietter au-dessus de la salade et garnir d'une tige de basilic.

SALADE SIMPLE DE POIVRONS ET D'OIGNON CUITS SUR LA BRAISE

QUANTITÉ 4 à 6 portions, en entrée

MÉTHODE cuisson sur la braise ou cuisson directe

PRÉPARATION 10 minutes

CUISSON 15 à 20 minutes

BARBECUE/ÉQUIPEMENT
charbon de bois ou bois (pour la cuisson sur la braise); on peut aussi griller les légumes sur un barbecue au gaz. Une plaque de cuisson avec rebord.

POUR EN SAVOIR PLUS
dans un monde idéal, vous feriez griller les poivrons et l'oignon au charbon de bois, mais on peut obtenir un effet similaire sur le barbecue au gaz, à condition de le chauffer à la plus haute température possible. J'aime l'âcreté du vinaigre de vin rouge, mais on peut également utiliser du vinaigre de riz pour une variante asiatique, du vinaigre de xérès pour une touche espagnole, ou du vinaigre balsamique pour une note italienne. De plus, on peut opter pour des amandes, des pignons, des pistaches ou des noix de macadamia.

De tous les légumes qu'on peut cuire sur la braise, aucun ne donne d'aussi bons résultats que le poivron. La peau carbonisée confère à la chair une saveur fumée inimitable tout en intensifiant la douceur naturelle de ce légume-fruit. Il suffit d'accompagner les poivrons d'un oignon cuit sur la braise (une autre source de douceur) et de vinaigre de vin, qui contrastera agréablement avec les sucres de ces deux légumes, pour obtenir une salade simple, sans prétention, mais extrêmement savoureuse. Vous pouvez aussi en faire une garniture pour la bruschetta (voir page 43), un faire-valoir pour le fromage frais ou grillé, ou un excellent condiment pour la viande, le poisson ou les fruits de mer grillés.

INGRÉDIENTS

- 6 poivrons : 2 rouges, 2 jaunes, 2 verts
- 1 gros oignon doux, non pelé
- 80 g de pignons, de pistaches écalées ou d'amandes en bâtonnets
- 2 c. à soupe de vinaigre de vin rouge, ou selon votre goût
- 2 c. à soupe d'huile d'olive vierge extra
- Gros sel et poivre noir fraîchement moulu
- 50 g de persil plat frais, ou autre herbe fraîche (coriandre ou aneth, par exemple) hachée

1. Régler le barbecue pour la cuisson sur la braise. À l'aide d'un râteau de barbecue, étendre les braises en une couche uniforme et les éventer afin de disperser les cendres, le cas échéant. Sinon, régler le barbecue pour la cuisson directe et le chauffer à feu vif.

2. Déposer les poivrons sur la braise. En les retournant avec une pince, les griller 2 ou 3 minutes de chaque côté, ou jusqu'à ce qu'ils soient carbonisés de tous côtés. Dans le cas d'un barbecue au gaz, brosser ou gratter la grille (inutile de l'huiler) et griller les poivrons en cuisson directe jusqu'à ce qu'ils soient carbonisés. Les laisser refroidir sur une plaque de cuisson munie d'un rebord.

3. En le retournant avec une pince, griller l'oignon sur la braise ou au barbecue au gaz pendant 15 à 20 minutes ou jusqu'à ce qu'il soit carbonisé de tous côtés et tendre au centre : on doit le percer facilement avec une brochette en métal. Le laisser refroidir sur la plaque, avec les poivrons.

4. Entre-temps, dans une poêle en fonte, griller à sec les pignons sur le barbecue chaud ou sur la cuisinière 1 ou 2 minutes ou jusqu'à ce qu'ils soient dorés et parfumés. Les laisser refroidir dans un bol.

REMARQUE : on peut griller les pignons à l'avance.

5. À l'aide d'un couteau d'office, gratter la peau carbonisée des poivrons et de l'oignon. Déposer les poivrons sur une planche à découper et les couper en deux. Retirer le pédoncule, les membranes et les graines. Couper les poivrons en lanières d'environ 1 cm de largeur. Couper l'oignon en deux sur la hauteur, puis chaque moitié en lanières de la taille des poivrons. Déposer les légumes dans un bol avec le jus qu'ils ont libéré sur la plaque et la planche à découper.

6. Ajouter le vinaigre, l'huile d'olive, du sel et du poivre, selon votre goût : la salade doit être relevée. On peut la préparer quelques heures à l'avance et la réfrigérer dans un récipient fermé. La laisser se réchauffer à température ambiante avant de la servir.

7. Au moment de servir, ajouter le persil et les pignons.

VARIANTE

Pour conférer une note sicilienne à cette salade, ajouter des raisins de Corinthe et des câpres en saumure égouttées. Le chèvre émietté ou la *ricotta salata* râpée l'agrémenteront également.

SALADE D'AUBERGINE GRILLÉE
TAHINI, NOIX, GRENADE ET MENTHE FRITE

Le *Kashk-e bademdjan* fait partie des salades et dips qu'on sert au début d'un repas arménien. Peu de restaurants le réussissent aussi bien que le Nersses Vanak, à Glendale en Californie (Glendale abrite l'une des plus grandes communautés d'expatriés arméniens au monde). Imaginez des aubergines douces, grillées, garnies de petit-lait au goût de beurre et d'un filet d'huile à la menthe. Vous ne trouverez probablement pas de petit-lait (le liquide qui reste quand on sépare le caillé du lait) dans votre épicerie, mais le tahini mélangé avec du yogourt constitue un substitut culturellement approprié. L'huile à la menthe confère fragrance et richesse au plat, tandis que les arilles et les noix grillées lui apportent du croustillant. On peut faire cuire l'aubergine à l'avance, ce qui fera gagner du temps lors de la préparation de la salade.

QUANTITÉ 4 portions

MÉTHODE cuisson sur la braise ou cuisson directe

PRÉPARATION 15 minutes

CUISSON 10 minutes

BARBECUE/ÉQUIPEMENT charbon de bois (si vous cuisez sur la braise) ; on peut aussi utiliser un barbecue au bois ou au gaz. Grille posée sur une plaque de cuisson avec rebord.

POUR EN SAVOIR PLUS
la réussite d'un plat aussi simple dépend entièrement de la qualité de ses ingrédients. Si possible, achetez vos aubergines au marché ou dans une épicerie moyen-orientale. Utilisez de la menthe fraîche, bien sûr, et des noix vendues dans un marché arménien ou moyen-oriental. La mélasse de grenade est un condiment aigre-doux fait avec du jus de grenade réduit. Au besoin, on peut la remplacer par une réduction de balsamique, qu'on trouve dans de nombreux supermarchés (au rayon des vinaigres) ou en ligne.

INGRÉDIENTS

700 g d'aubergines (3 ou 4 petites)
60 ml de tahini
60 ml de yogourt grec nature
1 ou 2 c. à soupe de jus de citron frais
60 ml d'huile d'olive vierge extra
80 g de menthe fraîche, tassée, ou 3 c. à soupe de menthe séchée
80 g de cerneaux de noix, grillés et hachés grossièrement (voir REMARQUE)
80 g d'arilles de grenade frais et 1 c. à soupe de mélasse de grenade, pour la garniture (facultatif)

1. Régler le barbecue pour la cuisson sur la braise. À l'aide d'un râteau de barbecue, étaler les braises en une couche uniforme et les éventer afin de disperser les cendres, le cas échéant. Sinon, régler le barbecue pour la cuisson directe et le chauffer à feu vif. S'il s'agit de cuisson sur la grille, brosser ou gratter celle-ci (inutile de l'huiler).

2. Déposer les aubergines sur la braise ou sur la grille et, en les retournant avec une pince, les griller jusqu'à ce que la peau soit noircie et la chair très tendre (on la percera facilement avec une brochette), soit 6 ou 7 minutes pour de petites aubergines, un peu plus pour des grosses. Les laisser refroidir sur une grille posée sur une plaque de cuisson munie d'un rebord.

3. À l'aide d'un couteau d'office, gratter les parties vraiment brûlées sans chercher à tout enlever : les quelques morceaux de peau noircie qui resteront ajouteront couleur et saveur au plat. Déposer les aubergines froides dans une assiette, ôter et jeter les pédoncules et les couper grossièrement à l'aide d'un couteau et d'une fourchette.

4. Entre-temps, préparer la sauce au tahini : dans un petit bol, battre le tahini et le yogourt jusqu'à consistance lisse. En battant, ajouter le jus de citron et suffisamment d'eau pour que la sauce se verse facilement.

5. Préparer l'huile à la menthe : chauffer l'huile d'olive à feu moyen dans une petite poêle. Quand elle frémit (180 °C sur un thermomètre à friture), ajouter la menthe et la frire 1 ou 2 minutes ou jusqu'à ce qu'elle soit croustillante. À l'aide d'une écumoire, la déposer dans une assiette tapissée d'essuie-tout et laisser refroidir. Réserver l'huile.

6. Verser un filet de sauce au tahini sur les aubergines. À la cuillère, ajouter l'huile à la menthe en larges filets. Parsemer la salade de menthe frite, de noix grillées et d'arilles de grenade. Ou encore, arroser d'un filet de mélasse de grenade, si l'on désire

REMARQUE : pour faire griller les noix, les déposer dans une poêle sèche chauffée à feu moyen-vif. En remuant ou en secouant la poêle, les cuire à sec environ 2 minutes ou jusqu'à ce qu'elles soient grillées et libèrent leur arôme. Les laisser refroidir dans un bol.

POIREAUX GRILLÉS
VINAIGRETTE AUX CENDRES

Il peut sembler étrange de se tourner vers le parrain de la cuisine moléculaire pour un plat qui se cuit selon la méthode la plus ancienne au monde : sur les flammes. Pourtant, quand le superchef espagnol José Andrés a mis les poireaux à la vinaigrette aux cendres au menu du Little Spain, son restaurant de Manhattan, il s'est inspiré de Ferran Adrià, son mentor et visionnaire culinaire moderne. Il faut carboniser le vert des poireaux, puis préparer la vinaigrette en mélangeant les cendres avec du vinaigre de xérès et de l'huile d'olive. Quant aux poireaux eux-mêmes, ils sont rôtis indirectement, procédé qui rend le légume aussi tendre que de la marmelade et presque aussi sucré. Chapeau à mon beau-fils, le chef Jake Klein, qui est arrivé à comprendre comment transformer du vert de poireau brûlé en l'une des vinaigrettes les plus extraordinaires de la planète barbecue !

INGRÉDIENTS

- 1 kg de poireaux, de préférence d'environ 2 cm de diamètre
- 3 c. à soupe d'huile végétale et plus pour huiler la grille
- 3 c. à soupe de vinaigre de xérès
- 1 c. à soupe de jus de citron frais
- 60 ml d'huile d'olive vierge extra
- 2 c. à café de sucre, ou selon goût
- Gros sel et poivre noir fraîchement moulu

1. Couper les 5 premiers cm du vert des poireaux et les jeter. Couper les poireaux en deux sur la largeur, à la jonction du blanc et du vert. Laisser les racines sur le blanc de poireau pour faciliter la cuisson.

2. Régler le barbecue pour la cuisson indirecte et le chauffer à feu moyen-vif. Brosser ou gratter la grille et bien l'huiler.

3. Griller indirectement les blancs de poireaux pendant 30 à 40 minutes ou jusqu'à ce que l'extérieur soit doré et l'intérieur très tendre. Vérifier le degré de cuisson en les pressant dans la main ou en y insérant une brochette mince, qui doit les percer facilement. Les laisser refroidir sur une plaque de cuisson munie d'un rebord.

QUANTITÉ 4 à 6 portions, en entrée

MÉTHODE cuisson indirecte/ cuisson directe

PRÉPARATION 15 minutes

CUISSON 40 minutes

BARBECUE/ÉQUIPEMENT
barbecue au gaz ou au charbon de bois. Plaque de cuisson avec rebord.

POUR EN SAVOIR PLUS
cette salade se grille en deux temps. On grille d'abord indirectement le blanc de poireau afin qu'il soit tendre et sucré. Puis on fait carboniser le vert directement sur les flammes jusqu'à ce qu'il soit noir charbon, et on l'utilise pour colorer et aromatiser la vinaigrette. Ce n'est pas aussi compliqué que ça en a l'air, mais il faut accepter d'y consacrer un peu de temps. Heureusement, comme on sert les poireaux à température ambiante, on peut les griller à l'avance.

4. Régler le barbecue pour la cuisson directe et le chauffer à feu vif (le barbecue doit être brûlant, « du genre à vous roussir le poil des bras », précise Jake). Déposer le vert de deux poireaux sur la grille et, en les retournant avec une pince, les carboniser environ 5 minutes de chaque côté, ou jusqu'à ce qu'ils soient entièrement noirs. Les laisser refroidir sur la plaque de cuisson, puis les émietter pour en faire des cendres. On peut les préparer à l'avance et les réfrigérer quelques semaines dans un récipient fermé.

REMARQUE : les quantités données dans cette recette permettent d'en préparer plus que pour les besoins du plat. J'aime bien en avoir sous la main pour assaisonner d'autres plats, notamment des sauces.

5. Couper les racines des blancs de poireau rôtis, puis retirer et jeter la couche extérieure (elle sera coriace et fibreuse). Réserver la moitié d'un blanc de poireau pour la vinaigrette. Déposer les autres dans une assiette, à la façon d'une rangée de bûches. Ou encore, les couper en rondelles de 1 cm et disposer celles-ci dans l'assiette.

6. Préparer la vinaigrette : au blender, mixer le blanc de poireau réservé, 60 ml de cendres de poireau, le vinaigre, le jus de citron, l'huile d'olive, 3 c. à soupe d'huile végétale, le sucre et 125 ml d'eau jusqu'à ce que la préparation soit homogène. Saler et poivrer selon votre goût.

7. Laisser épaissir la vinaigrette 20 minutes dans le blender. Si elle est trop épaisse (on doit pouvoir la verser), ajouter un peu d'eau. Rectifier l'assaisonnement en sel et en vinaigre : la vinaigrette doit être bien relevée. On obtient environ 250 ml.

8. À la cuillère, verser la vinaigrette sur les blancs de poireau et servir.

REMARQUE : bien laver les poireaux pour éliminer toute trace de sable ou de terre. Pour ce faire, les inciser sur la longueur de la tête verte jusqu'à environ la moitié de la partie blanche, tourner le poireau d'un quart de tour et répéter. Plonger ensuite les poireaux, bout vert tourné vers le bas, dans un bol profond rempli d'eau froide en un mouvement de haut en bas afin d'éliminer le sable ou la terre. Changer l'eau et répéter si nécessaire jusqu'à ce qu'ils soient propres. Égoutter les poireaux et les éponger avec de l'essuie-tout. S'il y a vraiment beaucoup de sable, couper le vert et le blanc en deux sur toute la longueur. Les laver sous l'eau froide, en séparant les couches avec les doigts afin d'éliminer le sable.

SALADE DE POMMES DE TERRE RÔTIES ET FUMÉES À LA MODE ALLEMANDE

QUANTITÉ 4 à 6 portions, en entrée

MÉTHODE cuisson indirecte/ cuisson sur la braise

PRÉPARATION 10 minutes

CUISSON 30 à 45 minutes

BARBECUE/ÉQUIPEMENT cuisson au charbon de bois ou au gaz possible, mais le résultat sera meilleur avec un feu de bois. Lèchefrite jetable en aluminium et, pour le barbecue au charbon de bois ou au gaz, des morceaux ou copeaux de bois dur (trempés), voir page 16.

POUR EN SAVOIR PLUS je prends pour cette salade des petites pommes de terre blanches ou jaunes, la ratte ou la Bintje par exemple, qu'on trouve sur certains marchés.

En matière de salade de pommes de terre, il existe deux écoles : l'allemande, qui favorise le vinaigre et le bacon, et l'américaine, qui prône plutôt la mayonnaise moutardée. Je les présente toutes les deux ici, avec, bien sûr, ma touche personnelle qui consiste à fumer-rôtir les tubercules plutôt que de les faire bouillir. Je présente d'abord la variante allemande, sucrée, acidulée et agrémentée de bacon. On peut remplacer la viande par le faux bacon de shiitakés présenté page 34, ou l'omettre tout simplement. La variante américaine suit.

INGRÉDIENTS

SALADE DE POMMES DE TERRE

1 kg de petites pommes de terre blanches ou jaunes

1 oignon moyen, pelé et coupé en quatre

2 c. à soupe d'huile d'olive vierge extra et plus pour le service

Gros sel et poivre noir fraîchement moulu également pour la sauce

SAUCE

4 tranches de bacon épais (environ 180 g), coupé sur la largeur en lamelles de 5 mm

60 ml de vinaigre de vin blanc ou de vinaigre blanc distillé

2 à 3 c. à soupe de sucre

1 c. à soupe de moutarde de type Düsseldorf ou de Dijon, ou selon votre goût

1 c. à soupe de raifort préparé

1. Fumer-rôtir les pommes de terre : les brosser sous l'eau froide avec une brosse à légumes (inutile de les peler). Les éponger avec de l'essuie-tout. Couper les plus grosses en quatre ou en deux afin que les morceaux soient tous de la même taille (environ 2,5 cm).

2. Régler le barbecue pour la cuisson indirecte et le chauffer à feu moyen-vif.

3. Déposer les pommes de terre et l'oignon dans une lèchefrite en aluminium. Les arroser d'huile d'olive, saler et poivrer généreusement.

4. Déposer la lèchefrite sur la grille du barbecue à l'écart du feu. Pour donner un goût de fumé avec un feu de charbon de bois, déposer les morceaux ou copeaux de bois sur la braise ; avec un feu sur barbecue au gaz, déposer les morceaux ou copeaux de bois dans la boîte de fumage ou sous la grille, sur un ou des brûleurs. Fermer le couvercle.

5. Laisser fumer-rôtir 30 à 40 minutes ou jusqu'à ce que les pommes de terre soient tout juste tendres. Remuer à quelques reprises pour obtenir une cuisson uniforme.

6. Déposer la lèchefrite directement au-dessus du feu et, en remuant souvent, griller les légumes environ 3 minutes ou jusqu'à ce qu'ils soient dorés et croustillants. Déposer les pommes de terre dans un grand bol à l'épreuve du feu et couvrir de papier d'aluminium pour les garder au chaud. Couper l'oignon et l'ajouter aux pommes de terre; couvrir de nouveau le bol.

7. Entre-temps, préparer la sauce: dans une grande poêle, cuire le bacon à feu moyen-vif sur le brûleur latéral du barbecue (ou sur la cuisinière) 3 ou 4 minutes ou jusqu'à ce qu'il soit doré et croustillant; le remuer durant la cuisson (il adhérera moins et sera plus croustillant si la poêle est froide en début de cuisson). À l'aide d'une écumoire, le déposer dans le bol contenant les pommes de terre (laisser le gras du bacon dans la poêle) et réserver au chaud.

8. Dans la poêle, ajouter le vinaigre et le sucre, selon votre goût, et porter à ébullition en brassant pour dissoudre le sucre. Retirer la poêle du feu et ajouter la moutarde, le raifort, du sel et du poivre, selon votre goût.

9. Verser la sauce chaude sur les pommes de terre et l'oignon tièdes, et remuer. Ajouter du sel, du poivre, l'huile d'olive et davantage de vinaigre, si besoin: la salade doit être bien relevée. Elle doit aussi être moelleuse: ajouter de l'huile d'olive si besoin. Déposer la salade dans un bol de service. Servir tiède ou à température ambiante.

VARIANTE

SALADE CRÉMEUSE DE POMMES DE TERRE FUMÉES-RÔTIES, OLIVES, CÂPRES ET MARINADES

Cette salade de pommes de terre à l'américaine, liée avec une mayonnaise moutardée, est agréablement transformée grâce au pouvoir mythique de la fumée de bois.

INGRÉDIENTS

SAUCE

60 ml de mayonnaise
2 c. à soupe de moutarde de Dijon
1 c. à soupe de vinaigre de vin rouge
2 c. à soupe d'olives farcies au piment
2 c. à soupe de câpres en saumure égouttées
2 c. à soupe de cornichons à l'aneth hachés
1 cébette parée, parties blanche et verte tranchées finement

Préparer la salade de pommes de terre en suivant la recette de la page ci-contre jusqu'à l'étape 7. Omettre le bacon. Laisser les pommes de terre et la cébette refroidir à température ambiante. Entre-temps, préparer la sauce: mélanger la mayonnaise, la moutarde, le vinaigre, les olives, les câpres, les cornichons et la cébette dans un grand bol et battre au fouet. Ajouter les pommes de terre et la cébette, en remuant pour bien les enrober de sauce. Ajouter du sel, du poivre et du vinaigre si besoin: la salade doit bien relevée. La déposer dans un bol de service et la réfrigérer jusqu'au moment de servir; elle se conservera au moins 48 heures.

SALADE DE NAPPA GRILLÉ
GINGEMBRE, CACAHUÈTES ET POIRE ASIATIQUE

QUANTITÉ 6 portions

MÉTHODE cuisson directe

PRÉPARATION 15 minutes

CUISSON 15 à 20 minutes

BARBECUE/ÉQUIPEMENT au charbon de bois, au gaz ou au bois. Plaque de cuisson avec rebord.

POUR EN SAVOIR PLUS provenant de Chine, le chou nappa a une forme allongée qui évoque une laitue gonflée aux stéroïdes ! On le trouve désormais dans la plupart des supermarchés. En ce qui concerne la pâte de piment, plusieurs possibilités s'offrent à vous : *sambal oelek* indonésien, *gochujang* coréen, voire *sriracha* thaïe.

La salade de chou est aussi populaire en Orient qu'en Occident. Pensez par exemple à la fameuse salade de papaye verte thaïlandaise ou à la salade de chou du Sichuan. Le plat proposé ici conjugue la passion des épices et l'obsession de la fumée ! Son secret consiste à carboniser le chou sur le feu, en dirigeant la fumée entre les feuilles pour lui infuser une saveur inattendue. Le chou chinois nappa convient parfaitement à la cuisson au barbecue pour au moins deux raisons : grâce à sa forme allongée, la surface d'exposition au feu, et donc à la fumée, est plus importante que celle du chou rond. En outre, ses feuilles crénelées sont moins serrées, ce qui favorise la pénétration de la fumée. Cette salade regorge des saveurs asiatiques que fournissent l'huile de sésame, le gingembre et la pâte de piment, en plus de bénéficier du croustillant que lui apportent les cacahuètes rôties.

INGRÉDIENTS

SALADE

Huile végétale pour huiler la grille

1 chou nappa d'environ 1 kg

1 poire asiatique (pomme-poire ou nashi)

2 c. à soupe d'huile de sésame grillé, pour badigeonner

2 cébettes

Gros sel et poivre noir fraîchement moulu

1 poivron rouge

2 piments jalapeños

SAUCE

2 c. à soupe de sucre blanc en poudre, ou selon votre goût

½ c. à café de sel

½ c. à café de poivre noir fraîchement moulu

1 c. à soupe de gingembre frais, pelé et émincé

1 gousse d'ail pelée et émincée

2 c. à soupe de vinaigre de riz, ou selon votre goût

3 c. à soupe d'huile de sésame grillé

2 c. à café de pâte de piment asiatique ou de sauce piquante, ou selon votre goût

80 g de coriandre fraîche, ciselée (facultatif)

50 g de cacahuètes rôties et hachées ou de graines de sésame noires ou blanches grillées

1. Régler le barbecue pour la cuisson directe et le chauffer à feu vif. Brosser ou gratter la grille et bien l'huiler.

2. Couper le chou nappa sur la longueur à l'aide d'un couteau de chef. Couper la poire en deux sur la longueur, retirer la queue et le cœur. Badigeonner légèrement d'huile de sésame le chou, la poire et les cébettes, saler et poivrer.

3. Griller le chou 2 ou 3 minutes de chaque côté, ou jusqu'à ce qu'il soit carbonisé de tous côtés. L'intérieur doit rester froid, ferme et croustillant. Le laisser refroidir sur une plaque de cuisson munie d'un rebord.

4. Griller les moitiés de poire, côté coupé dessous, 2 ou 3 minutes ou jusqu'à ce qu'elles soient marquées de noir. En les retournant à mi-cuisson, ajouter les cébettes, le poivron et les jalapeños et les faire griller 4 minutes ou jusqu'à ce qu'ils soient dorés et marqués de noir. Laisser refroidir la poire et les légumes à température ambiante sur la plaque de cuisson.

5. Préparer la sauce : dans un grand bol, écraser ensemble le sucre, le sel, le poivre, le gingembre et l'ail. Ajouter le vinaigre de riz et battre jusqu'à ce que le sel et le sucre se dissolvent. En battant, ajouter l'huile de sésame et la pâte de piment.

6. Déposer le chou sur une planche à découper. Retirer et jeter les feuilles vraiment carbonisées. À l'aide d'un couteau affûté, enlever le trognon, puis trancher finement le chou sur la largeur et le mettre dans un saladier. Ajouter la sauce. Couper la poire, le poivron et les jalapeños en bâtonnets (jeter les graines et les membranes) et les ajouter à la salade. Trancher finement les cébettes, en jetant les racines, et les ajouter à la salade. Parsemer de coriandre fraîche, si l'on désire.

7. Goûter et, si besoin, rectifier l'assaisonnement en vinaigre, en sucre et en sel. Couvrir et réfrigérer jusqu'au moment de servir. Il est préférable de servir la salade tout au plus une heure ou deux après l'avoir préparée. Garnir de cacahuètes rôties ou de graines de sésame et servir.

CHAPITRE 5

PAINS, PIZZAS, QUESADILLAS ET SANDWICHS

Bien avant l'apparition des fours, nos ancêtres faisaient cuire le pain sur des pierres chaudes posées près d'un feu ou directement dessus. Et bien avant l'arrivée des grille-pains et des minifours, on faisait cuire le pain au barbecue. Ceci nous amène à l'un de mes chapitres préférés ! Nous commencerons par faire griller du pain et des pains plats, par exemple des pitas maison, sur la braise. De là, nous passerons à la pizza, que nous cuirons avec des garnitures, de la margherita pas vraiment classique à la pizza à l'avocat et aux jalapeños. Enfin, nous attaquerons les quesadillas grillées, suivies des sandwichs, comme celui au fromage au poivron grillé et celui au « bifteck » de champignons et de seitan.

RECETTES

Pain grillé

Pain plat cuit sur la braise

Pita à la plancha

Pâte à pizza grillée

Margherita façon Raichlen

Pizza à l'avocat

Quesadillas aux piments grillés et aux crevettes nordiques

Quesadillas façon Raichlen

Quesadillas d'*elote* au maïs, poblano et fromage pepper jack grillés

Chivito de champignons

Sandwich au tofu épicé et grillé, mayonnaise à la sriracha

Sandwich au fromage au poivron grillé

Sandwich au « bifteck », façon végane, tartinade de rutabaga

PAIN GRILLÉ

QUANTITÉ 4 à 8 portions

MÉTHODE cuisson directe

PRÉPARATION 10 minutes

CUISSON 2 à 8 minutes

BARBECUE/ÉQUIPEMENT
cuisson au charbon de bois ou au gaz possible, mais le résultat sera meilleur sur un feu de bois ou enrichi de bois. Pour enrichir un feu au charbon de bois ou au gaz avec du bois (facultatif), il vous faudra des morceaux ou copeaux de bois dur (non trempés), voir page 16. Pinceau à pâtisserie.

POUR EN SAVOIR PLUS
tous les styles de pain peuvent être grillés : baguette pour les dips, pain brioché et pain de mie pour les sandwichs, tranches épaisses de pain de campagne ou pain toscan sans sel pour la bruschetta, etc. La recette qui suit convient pour la baguette, mais d'autres pains peuvent être grillés de la même façon.

Mes lecteurs connaissent mon enthousiasme pour le pain grillé. Les dips grillés et fumés, le fromage grillé, et même les soupes grillées ne présenteraient pas le même intérêt sans lui. Voici les indications de base (pour deux formats principaux, soit les tranches et les bâtonnets), que vous, intrépides pros du gril, pourrez personnaliser grâce à une palette de saveurs pratiquement illimitée. Ainsi, vous pourrez frotter une gousse d'ail sur une bruschetta à la toscane ou la chair d'une tomate mûre pour préparer le *pa amb tomàquet* catalan (pain à la tomate). Vous pourrez le faire griller avec du beurre à l'anchois (écrasez deux filets d'anchois et mélangez-les avec quelques cuillerées à soupe de beurre ramolli). Enfin, vous pouvez saupoudrer le pain de parmesan râpé ou le tartiner de gorgonzola à température ambiante. Les possibilités sont infinies !

INGRÉDIENTS

1 baguette de 38 cm de long

82 g de beurre, salé ou non, huile d'olive vierge extra, poitrine, graisse de canard ou autre corps gras alimentaire

UN OU TOUS LES AROMATES SUIVANTS

1 gousse d'ail, pelée et émincée, ou 1 échalote, pelée et émincée, ou 1 cébette parée et hachée finement

3 c. à soupe de persil plat frais, de coriandre, de ciboulette, ou du mélange des trois, ciselé

½ c. à café de zeste de citron fraîchement et finement râpé

80 g de parmesan fraîchement et finement râpé (facultatif)

Huile végétale pour huiler la grille

1. Couper la baguette en larges tranches diagonales de 1 cm à l'aide d'un couteau à pain. La couper de cette façon permet de maximiser la surface de mie qui sera exposée au feu (avec leur forme allongée, ces tranches ressemblent à des oreilles de lapin, non ?). Pour préparer des bâtonnets, couper la baguette en deux, sur la largeur, et trancher chaque moitié en quatre ou en six sur la longueur (selon le diamètre de la baguette).

2. Dans une petite casserole, à feu moyen, faire fondre le beurre ou un autre corps gras. Ajouter l'ail, les herbes et le zeste de citron et, en remuant, cuire 2 minutes ou jusqu'à ce que l'ail grésille et soit translucide. Ne pas laisser le beurre dorer ou brûler. Retirer du feu.

3. Tartiner les tranches ou les bâtonnets de pain sur toutes leurs faces de beurre aromatisé. Parsemer de fromage, si l'on désire. On peut beurrer le pain jusqu'à une heure à l'avance, puis le couvrir d'une pellicule plastique.

4. Entre-temps, régler le barbecue pour la cuisson directe et le chauffer à feu moyen-vif. Ménager une zone hors feu où déplacer le pain au cas où il commencerait à brûler. Pour enrichir un feu de charbon de bois, déposer les morceaux ou copeaux de bois sur la braise ; pour un feu sur barbecue au gaz, les déposer dans la boîte de fumage ou mettre des morceaux sous la grille, directement sur un ou des brûleurs. Brosser ou gratter la grille et bien l'huiler.

5. Déposer les tranches/bâtonnets de pain sur la grille du barbecue et, en les retournant avec une pince à mi-cuisson, les griller 1 ou 2 minutes ou jusqu'à ce qu'ils soient dorés. Surveiller attentivement le pain, qui peut s'enflammer en quelques secondes. Servir aussitôt : le pain grillé ne saurait attendre.

PAIN PLAT CUIT SUR LA BRAISE

L'idée de griller le pain m'a toujours fasciné, qu'il s'agisse du pain naan indien (cuit dans un *tandour*, four à charbon de bois en terre cuite) ou de la pizza grillée, mode lancée dans les années 1980 par le restaurant Al Forno de Rhode Island et qui, aujourd'hui, est servie partout dans le monde. Cette recette nous mènera encore plus loin, en fait aux origines mêmes du pain, quand on faisait cuire la pâte sur des pierres posées à proximité du feu, voire directement sur la braise. Le pain cuit sur la braise présente une croûte noire et une saveur fumée uniques. Sans compter l'effet théâtral de ce type de cuisson ! Le truc, c'est de griller le pain assez longtemps pour qu'il gonfle et dore, mais pas au point qu'il brûle, l'intervalle entre les deux se mesurant en secondes et non en minutes. Voici donc la recette de l'ancêtre de tous les pains plats et pizzas. Servez-le tartiné de beurre fondu ou trempé dans la sauce pimentée grillée sur la braise de la page 238.

QUANTITÉ 12 pains plats de 15 cm

MÉTHODE cuisson sur la braise

PRÉPARATION 20 minutes pour faire la pâte, plus environ 1 h 30 pour la laisser lever, et 10 minutes pour l'abaisser

CUISSON 1 à 2 minutes par pain plat

BARBECUE/ÉQUIPEMENT barbecue au charbon de bois ou au bois. Plaque de cuisson avec rebord.

POUR EN SAVOIR PLUS
idéalement, on cuit ce pain sur la braise afin d'obtenir un pain plat à la croûte et à la saveur exceptionnelles. Il est également possible de le cuire sur un barbecue au gaz ; réglez-le pour la cuisson directe et chauffez-le à feu vif.

REMARQUE : je propose trois méthodes pour préparer la pâte. Au robot de cuisine, comme ci-contre, et au batteur sur socle et à la main dans les variantes qui suivent.

INGRÉDIENTS

5 c. à café (2 sachets) de levure sèche active

1 c. à soupe de sucre

60 ml d'eau chaude

Environ 500 g de farine tout usage et plus pour abaisser

2 c. à café de gros sel

150 ml de yogourt nature

1 c. à soupe d'huile d'olive vierge extra et plus pour huiler le bol et la plaque

55 g (4 c. à soupe) de beurre non salé fondu ou d'huile d'olive vierge extra

Gros sel et graines de sésame grillées, pour le service (facultatif)

1. Dans un petit bol, bien mélanger à la fourchette la levure, le sucre et l'eau. Laisser reposer 10 minutes ou jusqu'à la formation de bulles.

2. Verser 450 g de farine et le sel dans le robot de cuisine muni d'un crochet pétrisseur et mélanger. Ajouter la préparation à la levure, le yogourt et l'huile, et pulser pendant 30 secondes à 1 minute ou jusqu'à ce que la pâte soit homogène. Elle doit être molle et humide, mais pas collante. Si elle est trop liquide, ajouter un peu de farine.

3. Déposer la pâte dans un bol huilé, en la retournant afin de l'enduire de tous côtés. Couvrir le bol d'une pellicule plastique. Laisser lever dans un endroit chaud pendant 1 heure à 1 h 30 ou jusqu'à ce qu'elle double de volume. Abaisser la pâte avec le poing, puis la laisser lever environ 30 minutes ou jusqu'à ce qu'elle ait à nouveau doublé de volume. On peut la préparer soit quelques heures avant de la griller, soit la veille et la laisser lever toute la nuit au réfrigérateur.

4. Abaisser la pâte avec le poing et la couper en 12 morceaux égaux. Sur une surface farinée, former des boules de pâte avec les mains, puis, à l'aide d'un rouleau à pâtisserie, les abaisser en disques de 15 cm. Bien fariner les disques de pâte des deux côtés pour qu'ils ne collent pas à la braise.

5. Entre-temps, préparer le barbecue pour la cuisson sur la braise. Allumer le charbon de bois dans la cheminée d'allumage. Quand les braises sont rouges, les verser sur la grille du fond du barbecue et les étendre au râteau en une couche égale. Les éventer afin de disperser les cendres, le cas échéant.

6. Déposer 2 ou 3 disques de pâte (en évitant de trop les rapprocher) directement sur la braise. Les griller pendant 30 à 60 secondes, ou jusqu'à ce qu'ils soient dorés et que le dessous se boursoufle et que le dessus gonfle. Les retourner à l'aide d'une pince à long manche et griller l'autre côté.

7. Les déposer sur une plaque de cuisson munie d'un rebord. Au besoin, enlever les cendres ou morceaux de braise à l'aide d'un pinceau à pâtisserie. Tartiner le dessus des pains de beurre fondu. Saupoudrer de gros sel, de graines de sésame, ou des deux. Servir aussitôt.

8. Répéter l'opération pour les autres disques de pâte (étapes 6 et 7).

VARIANTE

PÂTE AU BATTEUR SUR SOCLE

Équiper le batteur d'un crochet pétrisseur. Déposer la levure, le sucre et l'eau dans le bol du batteur. Bien mélanger et laisser reposer 10 minutes. Ajouter le yogourt, le sel, l'huile et 450 g de farine. Mélanger à basse vitesse pendant 3 à 5 minutes ou jusqu'à l'obtention d'une pâte lisse. Elle doit être molle et humide, mais pas collante. Si elle est trop liquide, ajouter un peu de farine. Reprendre à l'étape 3 de la recette principale.

PÂTE PÉTRIE À LA MAIN

Dans un petit bol, mélanger à la fourchette la levure, le sucre et l'eau. Laisser reposer environ 10 minutes. Déposer 450 g de farine sur le plan de travail et creuser un puits au centre. Verser la préparation de levure dans le puits, ajouter le yogourt, le sel et l'huile. Commencer à mélanger la pâte du bout des doigts, en allant du centre vers l'extérieur et en incorporant graduellement la farine. Former une boule, puis la pétrir environ 5 minutes ou jusqu'à ce que la pâte soit lisse. Ajouter de la farine si besoin. Reprendre à l'étape 3 de la recette principale.

PITA À LA PLANCHA

QUANTITÉ 8 pains pita de 15 cm

MÉTHODE cuisson indirecte

PRÉPARATION 10 minutes pour la pâte, plus 1 heure à 1 h 30 pour laisser lever la pâte, plus 5 minutes pour l'abaisser

CUISSON 3 à 5 minutes par lot

Bien avant l'arrivée de la baguette, de la brioche, du pain de campagne et de la fougasse, il y avait le pain pita. Ce pain plat gonflé provenant du Moyen-Orient pourrait bien être le plus ancien du monde. On n'a même pas besoin d'un four pour le cuire. À l'origine, il était probablement cuit sur des pierres chaudes posées à proximité d'un feu. Même aujourd'hui, dans les petits villages, il est cuit sur une plaque de métal au-dessus d'un feu de camp. Pourquoi donc, me demanderez-vous, préparer la pâte soi-même alors qu'on peut en trouver toute prête dans n'importe quel supermarché ? D'abord, parce qu'il y a ce miracle à voir la pâte gonfler quand on la met sur la pierre chaude ou la plaque de métal ! Mais aussi, parce que, lorsqu'on la fait cuire au barbecue ou sur un feu de camp, on y ajoute l'odeur réconfortante de la fumée de bois. Enfin, parce que c'est l'un des rares pains qu'on peut griller plutôt que de le cuire au four : quand on le retire du feu, brûlé à l'extérieur, gonflé et plein de vapeur à l'intérieur, on a le sentiment de goûter pour la première fois à un véritable pain pita !

INGRÉDIENTS

PÂTE

250 ml d'eau chaude

2 ½ c. à café de levure sèche active

1 c. à soupe de miel ou de sucre

250 g de farine tout usage et plus pour saupoudrer

1 ¼ c. à café de gros sel

2 c. à soupe d'huile d'olive vierge extra et plus pour huiler le bol et la plaque

70 g de farine de blé entier (ou de farine tout usage additionnelle)

FINITION (FACULTATIF)

45 g de beurre non salé fondu ou d'huile d'olive

3 c. à soupe de graines de sésame grillées ou de zaatar

1. Verser l'eau chaude dans un grand gobelet doseur. Ajouter la levure et le miel et mélanger. Ajouter 100 g de farine tout usage et mélanger jusqu'à épaississement. Laisser reposer à découvert environ 20 minutes ou jusqu'à la formation de bulles.

2. Verser la préparation dans le bol d'un robot de cuisine équipé d'un crochet pétrisseur ou d'une lame à hacher. Ajouter le sel, l'huile d'olive, la farine de blé entier et le reste de la farine tout usage (150 g). Pulser jusqu'à ce que les ingrédients forment une boule lisse. La pâte doit être molle et humide, mais pas collante. Si elle est trop liquide, ajouter un peu de farine.

3. Déposer la pâte dans un bol huilé, en la retournant afin de l'enduire de tous côtés. Couvrir le bol d'une pellicule plastique. Laisser lever dans un endroit chaud pendant 1 heure à 1 h 30 ou jusqu'à ce qu'elle ait doublé de volume. On peut la préparer quelques heures avant de la griller, voire la veille en la laissant lever toute la nuit au réfrigérateur.

4. Abaisser la pâte avec le poing et la diviser en 8 parts égales. Former des boules et les déposer sur une plaque de cuisson huilée. Couvrir d'un linge propre et laisser lever environ 20 minutes ou jusqu'à ce que la pâte soit molle et gonflée.

5. À l'aide d'un rouleau à pâtisserie légèrement fariné, sur un plan de travail légèrement fariné, abaisser les boules de pâte en disques de 15 cm de diamètre (ne pas mettre trop de farine, sinon le pain pita sera lourd). Laisser reposer 5 minutes à température ambiante.

6. Entre-temps, régler le barbecue pour une cuisson indirecte. Déposer une plancha ou une pierre à pizza sur la grille à l'écart du feu. Chauffer la grille et la plancha ou la pierre à feu vif. Facultatif: pour enrichir un feu de charbon de bois, déposer les morceaux ou copeaux de bois sur la braise; pour un feu sur barbecue au gaz, les déposer dans la boîte de fumage ou mettre des morceaux sous la grille, directement sur un ou des brûleurs.

BARBECUE/ÉQUIPEMENT

au charbon de bois, au gaz ou au bois. Robot de cuisine ou batteur sur socle (facultatif), plaques de cuisson avec rebord et plancha (voir page 15) ou pierre à pizza. Pour enrichir un feu de barbecue au charbon de bois ou au gaz, il vous faudra des morceaux ou copeaux de bois dur (non trempés), voir page 16.

POUR EN SAVOIR PLUS

il existe plusieurs manières de cuire le pain pita sur les flammes. La première est la plancha (ou l'une de ses semblables en céramique, une pierre à pizza ou le plancher d'un four à pizza). La seconde consiste à le cuire directement sur la grille du barbecue, ce qui en noircira l'extérieur plus que ce à quoi vous êtes peut-être habitué, mais qui apportera un supplément de saveur bien au-delà de ce qu'on peut attendre d'un pain pita ordinaire. Je vous propose trois méthodes pour préparer la pâte : au robot de cuisine, dans la recette principale, et au batteur sur socle et à la main, dans les variantes qui suivent.

Pains plats cuits sur la braise, prêts à servir.

7. Déposer quelques pitas sur la plancha en les espaçant de 2,5 cm. Au bout de 2 à 3 minutes, les pains doivent avoir gonflé considérablement. Les retourner avec une pince et les cuire 1 ou 2 minutes de plus, ou jusqu'à ce que le dessous soit légèrement doré. À mesure qu'ils sont prêts, les déposer sur une plaque de cuisson munie d'un rebord. Les tartiner de beurre fondu, si l'on désire, et les parsemer de graines de sésame. Ou encore les servir nature, ils seront tout aussi savoureux. S'ils ne sont pas servis aussitôt, les réserver au chaud dans un panier couvert d'un linge.

VARIANTE

PÂTE PRÉPARÉE AU BATTEUR SUR SOCLE

Verser l'eau chaude dans le batteur sur socle muni d'un crochet pétrisseur. En mélangeant, ajouter la levure et le miel, puis 100 g de farine tout usage. Bien mélanger jusqu'à l'obtention d'une pâte épaisse. Laisser reposer à découvert 20 minutes ou jusqu'à la formation de bulles. Ajouter le sel et l'huile d'olive, puis la farine de blé entier et le reste de la farine tout usage 150 g. Mélanger à basse vitesse pendant 3 à 5 minutes ou jusqu'à l'obtention d'une pâte lisse et souple. Elle doit être molle et humide, mais pas collante. Si elle est trop liquide, ajouter un peu de farine. Reprendre à l'étape 3 de la recette principale.

PÂTE PÉTRIE À LA MAIN

Verser l'eau chaude dans le bol du mélangeur. En mélangeant, ajouter la levure et le miel, puis 100 g de farine tout usage. Bien mélanger jusqu'à l'obtention d'une pâte épaisse. Laisser reposer à découvert 20 minutes ou jusqu'à la formation de bulles. Déposer le reste de farine sur le plan de travail et creuser un puits au centre. Verser la préparation de levure dans le puits, ajouter le sel et l'huile. Commencer à mélanger la pâte du bout des doigts, en allant du centre vers l'extérieur et en incorporant graduellement la farine. Former une boule, puis la pétrir environ 5 minutes ou jusqu'à ce qu'elle soit lisse. Ajouter de la farine si besoin. Reprendre à l'étape 3 de la recette principale.

PITA EN CUISSON DIRECTE

La cuisson directe donne un pain pita moins gonflé et plus croûté. C'est une bonne façon de le cuire, quelle que soit la méthode employée pour préparer la pâte.

1. Préparer la recette jusqu'à l'étape 6.

2. Régler le barbecue pour la cuisson directe et le chauffer à feu moyen-vif. Brosser ou gratter la grille et bien l'enduire d'huile végétale. Tartiner légèrement de beurre fondu les deux côtés des pitas.

3. Déposer les pitas sur la grille et les griller 1 ou 2 minutes ou jusqu'à ce que le dessous soit doré et le dessus gonflé. Les retourner et cuire 1 minute de plus. Cuire quelques pains à la fois, afin d'éviter de surcharger le barbecue.

PÂTE À PIZZA GRILLÉE

Le monde du barbecue américain a beaucoup changé après que le restaurant Al Forno de Providence, Rhode Island, a lancé l'idée de cuire la pâte à pizza directement sur les flammes (notez que j'ai écrit « directement sur les flammes », et non sur une pierre à pizza). À en juger par le nombre de fours à pizza pour barbecue ou de fours mobiles et des divers accessoires proposés dans le commerce, la pizza grillée est quasiment aussi populaire que celle qu'on trouve à la pizzeria du coin. La cuisson directe confère une texture et une saveur complètement différentes de la cuisson au four. C'est la pizza idéale pour qui aime une croûte à la fois tendre et croustillante.

REMARQUE : cette recette m'a été inspirée par Nancy Silverton de la Pizzeria Mozza, à Los Angeles.

QUANTITÉ 4 pizzas rectangulaires de 23 x 35 cm ou rondes de 30 cm

MÉTHODE cuisson directe ou sur pierre à pizza (la variante suit)

PRÉPARATION 15 minutes pour la pâte, 2 heures pour laisser lever le levain et 1 h 30 à 2 heures pour laisser lever la pâte

CUISSON 6 à 8 minutes pour la cuisson directe, 8 à 12 minutes pour la cuisson sur pierre à pizza

BARBECUE/ÉQUIPEMENT au charbon de bois, au gaz ou au bois (ne pas couvrir le barbecue au bois). Robot de cuisine équipé d'un crochet pétrisseur ou batteur sur socle muni d'un crochet pétrisseur (facultatif) et plaque de cuisson avec rebord. Cuisson sur pierre à pizza : pierre et pelle à pizza ou plaque de cuisson sans rebord (on peut se servir du dos de la plaque au besoin).

INGRÉDIENTS

LEVAIN

310 ml d'eau chaude

2 ½ c. à café (1 sachet) de levure sèche active

200 g de farine à pain

45 g de farine de blé entier (ou farine à pain additionnelle)

PÂTE

250 ml d'eau chaude

330 à 360 g de farine à pain et plus pour fariner le plan de travail

1 c. à soupe de malt (poudre ou sirop) ou de miel

2 c. à café de gros sel

Huile d'olive vierge extra pour huiler le bol et rouler la pâte

Huile végétale pour huiler la grille

1. Préparer le levain : verser l'eau dans un grand bol. Saupoudrer de la levure et la laisser se dissoudre 2 minutes. Ajouter les farines en mélangeant avec une cuillère en bois. La préparation doit ressembler à une pâte liquide. Couvrir d'une pellicule plastique et laisser reposer à température ambiante 2 heures ou jusqu'à la formation de bulles légères.

POUR EN SAVOIR PLUS
je préfère préparer moi-même ma pâte à pizza. Cela me permet d'ajouter des farines intéressantes, par exemple de seigle et de blé entier. Je prends le temps de faire mon levain : la pâte lève mieux et elle a plus de saveur qu'une simple pâte à base de levure. Je présente trois manières de préparer la pâte : au robot de cuisine, dans la recette principale, au batteur sur socle et à la main, dans les variantes qui suivent. Comme je trouve tout de même la pâte toute prête bien pratique, je ne vous jugerai pas si vous optez pour cette solution ! La cuisson au barbecue vous permettra malgré tout d'obtenir une pizza fantastique.

REMARQUE : la poudre de malt se trouve dans la plupart des supermarchés (et, bien sûr, en ligne) : elle permet d'améliorer la texture et la coloration de la croûte.

2. Préparer la pâte : au robot de cuisine muni d'un crochet pétrisseur, pulser le levain, l'eau chaude, 330 g de farine à pain, le malt et le sel pendant 3 à 5 minutes ou jusqu'à la formation d'une pâte molle et souple – elle doit à peine se détacher des parois du bocal. Si elle est trop collante, ajouter un peu de farine.

3. Sur un plan de travail fariné, pétrir la pâte 1 ou 2 minutes à la main. Former une boule et la déposer dans un bol légèrement huilé ; la tourner de manière à l'enduire complètement d'huile d'olive. Couvrir d'une pellicule plastique, puis d'un linge propre. Laisser lever pendant 1 heure à 1 h 30 ou jusqu'à ce que la pâte ait doublé de volume.

4. Sur un plan de travail légèrement fariné, abaisser la pâte avec le poing, puis la pétrir délicatement. La diviser en quatre et, avec les mains, former quatre boules, en les pétrissant jusqu'à ce qu'elles soient lisses et fermes. Déposer les quatre boules de pâte sur une plaque de cuisson munie d'un rebord farinée. Couvrir chacune d'une pellicule plastique, puis les quatre d'un linge propre, et laisser lever 30 minutes ou jusqu'à ce qu'elles aient doublé de volume. La pâte est prête à être étirée et grillée. On peut aussi la garder au réfrigérateur, enveloppée de pellicule plastique, où elle se conservera 24 heures, ou au congélateur, où elle se conservera deux semaines (dans ce cas, la décongeler une nuit au réfrigérateur). Si elle est froide, la laisser reposer à température ambiante 20 minutes avant de confectionner les pizzas, ce qui facilitera la tâche.

5. Enduire généreusement d'huile d'olive une plaque de cuisson munie d'un rebord. Y déposer une boule de pâte et la retourner quelques fois de tous côtés. Huiler ses mains, puis façonner la pâte en un rectangle d'environ 23 x 35 cm ou en un disque de 30 cm.

6. Chauffer un côté du barbecue à feu moyen-vif. Laisser l'autre côté à feu doux ou éteint. Brosser ou gratter la grille et bien l'huiler.

7. Retirer la pâte de la plaque en commençant par un côté court et la déposer sur la grille au-dessus de la partie chaude. Griller pendant 2 à 4 minutes ou jusqu'à ce que le dessous soit doré et boursouflé, et que le dessus commence à gonfler.

8. Garnir la pizza : à l'aide d'une pince ou d'une spatule, retourner la pâte et la déposer au-dessus de la partie la moins chaude du barbecue. Disposer les garnitures sur le dessus et remettre la pizza du côté chaud du barbecue. Baisser le couvercle afin de préserver la chaleur à l'intérieur. Poursuivre la cuisson pendant 2 à 4 minutes ou jusqu'à ce que les garnitures soient cuites (le fromage, s'il y en a, doit avoir fondu). Couper la pizza en quartiers ou en carrés et servir aussitôt. Procéder de la même manière pour les trois autres pizzas.

VARIANTE

PÂTE AU BATTEUR SUR SOCLE

Préparer le levain comme indiqué à l'étape 1. Munir le batteur d'un crochet pétrisseur. Verser 250 ml d'eau et ajouter 330 g de farine à pain, le malt et le sel. Mélanger à basse vitesse pendant 3 à 5 minutes ou jusqu'à la formation d'une pâte molle et souple – elle doit à peine se détacher des parois du bocal. Si elle est trop collante, ajouter un peu de farine. Reprendre la recette à l'étape 3.

PÂTE PÉTRIE À LA MAIN

Préparer le levain comme indiqué à l'étape 1. Déposer les 330 g de farine sur le plan de travail et creuser un puits au centre. Verser 250 ml d'eau chaude dans le puits, ajouter le malt et le sel, et mélanger du bout des doigts afin de dissoudre le sel. Ajouter le levain. Commencer à mélanger la pâte du bout des doigts, en allant du centre vers l'extérieur et en incorporant graduellement la farine. Former une boule, puis la pétrir environ 5 minutes ou jusqu'à ce que la pâte soit lisse. Si elle est trop collante, ajouter de la farine. Reprendre à l'étape 3 de la recette principale.

MÉTHODE DE LA PIERRE À PIZZA

1. Si la pierre est rectangulaire, préparer une pizza rectangulaire ; si elle est ronde, en préparer une ronde. Saupoudrer une pelle à pizza ou une plaque de cuisson sans rebord de farine de maïs ou de semoule de blé et y étaler la pâte (ou glisser la pelle ou la plaque sous la pâte : choisir la méthode la plus facile). Ajouter les garnitures – c'est plus facile quand la pizza est déjà sur la pelle – et suivre les indications de cuisson au barbecue données à l'étape 7.

2. Régler le barbecue pour une cuisson indirecte. Déposer la pierre à pizza au milieu de la grille et la chauffer à feu vif. Vérifier la température à la surface de la pierre à l'aide d'un thermomètre infrarouge : elle doit être de 260 °C.

3. Facultatif : pour davantage de saveur, ajouter du bois. Pour enrichir un feu de charbon de bois, déposer les morceaux ou copeaux de bois sur la braise ; pour un feu sur barbecue au gaz, déposer les morceaux ou copeaux de bois dans la boîte de fumage ou sous la grille, directement sur un ou des brûleurs.

4. Faire glisser la pizza et ses garnitures de la pelle à la pierre. Fermer le couvercle et griller la pizza à cuisson indirecte pendant 8 à 12 minutes ou jusqu'à ce que le dessous se boursoufle et dore, et que les garnitures grésillent.

5. Déposer la pizza sur une planche à découper, la couper en quartiers ou en carrés et servir aussitôt.

ASTUCE : Un truc sympa : au DC Pie de Miami, en Floride, on saupoudre le plateau de service de *panko* (chapelure japonaise) avant d'y déposer la pizza. Cela entraîne la formation de poches d'air qui ont pour effet d'empêcher la croûte de se détremper.

MARGHERITA FAÇON RAICHLEN

La voici, la pizza des premiers âges, nommée en l'honneur de la reine Marguerite de Savoie (Margherita en italien) lors de sa visite à Naples en 1889. C'est du moins ce que veut la légende. Ses trois couleurs, sauce tomate rouge, mozzarella blanche et basilic vert, rappellent celles du drapeau de l'Italie alors nouvellement unifiée. Difficile d'améliorer la margherita classique, mais je vais tenter le coup en me servant de sauce tomate fumée et de cette riche cousine de la mozzarella qu'est la burrata. Et, bien sûr, en faisant griller la pâte !

QUANTITÉ 2 pizzas rectangulaires de 23 × 37 cm ou rondes de 30 cm

MÉTHODE cuisson directe

PRÉPARATION 10 minutes, plus le temps de préparation de la pâte et de la sauce tomate fumée, le cas échéant

CUISSON 8 à 12 minutes

BARBECUE/ÉQUIPEMENT au charbon de bois, au gaz ou au bois. Plaque de cuisson sans rebord (on peut se servir du dos de la plaque au besoin).

POUR EN SAVOIR PLUS la pizza sera meilleure si on emploie de la sauce tomate fumée ou grillée, mais une sauce tomate du commerce fera aussi l'affaire. On peut aussi transformer en purée au robot de cuisine des tomates rôties en boîte.

INGRÉDIENTS

Huile végétale pour huiler la grille

La moitié d'une préparation de pâte à pizza grillée (voir page 109) ou 200 g de pâte du commerce

Huile d'olive vierge extra, pour huiler et arroser

750 ml de sauce tomate fumée (voir page 240) ou de sauce tomate grillée (voir page 241)

250 g de burrata, coupée en tranches de 1 cm (la trancher à la dernière minute afin de pouvoir récupérer la crème qui s'en échappe)

Origan séché

Flocons de piment fort

1 petite botte de basilic frais, petites feuilles entières, les plus grosses déchiquetées

1. Régler le barbecue pour la cuisson directe. Un des côtés doit être chauffé à feu moyen-vif, l'autre à feu doux ou éteint. Brosser ou gratter la grille et bien l'huiler.

2. Sur une plaque de cuisson sans rebord bien huilée, étaler la moitié de la pâte à pizza en un rectangle d'environ 23 × 37 cm ou en un disque de 30 cm. Employer généreusement l'huile d'olive en étirant la pâte.

3. Déposer la plaque avec la pâte sur le bord du barbecue. Soulever la pâte d'un côté, puis la déposer sur la grille. La griller pendant 2 à 4 minutes ou jusqu'à ce que le dessous se boursoufle et dore, et que le dessus commence à gonfler.

4. À l'aide d'une pince ou d'une spatule, retourner la pâte et la déplacer vers la partie la moins chaude du barbecue. À la louche, déposer la moitié de la sauce tomate sur la pâte. Pour ma part, je préfère la déposer ici et là plutôt qu'uniformément. Parsemer de la moitié de la burrata. À la cuillère, ajouter la crème de la burrata sur le fromage. J'ai l'habitude de laisser une partie de la pâte à découvert afin qu'on puisse l'admirer également !

La margherita façon Raichlen : il s'agit bien de burrata, et non de mozzarella.

Verser un filet d'huile d'olive sur la pizza et parsemer d'origan et de piment fort.

5. Faire glisser la pizza de nouveau sur la partie la plus chaude du barbecue. Baisser le couvercle. Poursuivre la cuisson pendant 2 à 4 minutes ou jusqu'à ce que les garnitures soient chaudes et que le fromage ait fondu.

6. Déposer la pizza sur une planche à découper et la garnir de basilic. Préparer l'autre pizza de la même manière. Couper les deux pizzas en quartiers ou en carrés et servir.

VARIANTE

CUISSON SUR LA PIERRE À PIZZA

1. Régler le barbecue pour la cuisson indirecte. Déposer la pierre à pizza au milieu de la grille et la chauffer à feu vif. Vérifier la température à la surface de la pierre à l'aide d'un thermomètre infrarouge : elle doit être de 260 °C.

2. Entre-temps, étaler la moitié de la pâte en un disque mince de 30 cm s'il s'agit d'une pierre ronde ou en un rectangle de 23 x 35 cm s'il s'agit d'une pierre rectangulaire sur une pelle à pizza ou une plaque de cuisson sans rebord saupoudrée de semoule de maïs ou de blé. Déposer à la louche la sauce tomate ici et là sur la pâte. Ajouter les tranches de burrata. Arroser d'un filet d'huile d'olive et parsemer d'origan et de piment fort.

3. Faire glisser la pizza sur la pierre chaude. Fermer le couvercle et griller pendant 5 à 8 minutes ou jusqu'à ce que le dessus gonfle et que le dessous soit croustillant et doré.

4. Déposer la pizza sur une planche à découper et parsemer de basilic frais. Préparer l'autre pizza de la même manière. Couper les deux pizzas en quartiers ou en carrés et servir.

PIZZA PUTTANESCA

QUANTITÉ 2 pizzas rectangulaires de 23 x 35 cm ou rondes de 30 cm

« Puttanesca » est le nom tristement célèbre (en français, le mot signifie, littéralement, « à la façon des putains ») d'une sauce romaine garnie de câpres, d'olives, d'anchois et de piment fort. Servie traditionnellement sur des spaghettis, elle constitue une garniture revigorante pour la pizza. Les jalapeños ne font pas partie du plat classique, et ils ne passeront certainement pas inaperçus !

Préparer les pizzas jusqu'à l'étape 4, page 113. À l'étape 4, étaler la sauce tomate fumée sur la pâte ou 750 ml d'une autre sauce, au choix. Garnir de 70 g d'olives Kalamata ou d'autres olives noires savoureuses, de 50 g de câpres égouttées, de 2 jalapeños ou serranos tranchés finement ou de 2 c. à café de flocons de piment fort, de 8 anchois dans l'huile, égouttés et coupés en morceaux de 2,5 cm, et de 2 c. à café d'origan séché. Couper des copeaux ou râper 90 g de *pecorino romano* (facultatif) au-dessus des garnitures et arroser d'un filet d'huile d'olive. Reprendre à l'étape 5 de la recette principale.

PIZZA À L'AVOCAT

Dans son restaurant Matador Room de Miami Beach, le super chef Jean-Georges Vongerichten sert cette pizza singulière, qui se situe plutôt entre la pizza et le pain grillé. C'est la manière idéale de mettre en valeur la pâte grillée. Le contraste entre la pâte, l'avocat crémeux et le jalapeño est aussi inattendu qu'excitant.

QUANTITÉ 2 pizzas rectangulaires de 23 x 35 cm ou rondes de 30 cm

MÉTHODE cuisson directe

PRÉPARATION 15 minutes, plus le temps de préparation de la pâte

CUISSON 6 à 8 minutes

BARBECUE/ÉQUIPEMENT au charbon de bois, au gaz ou au bois

POUR EN SAVOIR PLUS disposez les tranches d'avocat en éventail sur une planche à découper avant de commencer à cuire la pâte afin qu'elles soient prêtes à garnir les pizzas dès que celles-ci seront cuites.

INGRÉDIENTS

6 avocats mûrs

Jus de citron vert frais

3 ou 4 piments jalapeños ou serrano de préférence rouges, ou selon votre goût, pédoncules enlevés

Huile végétale pour huiler la grille

½ préparation de pâte à pizza grillée (voir page 109) ou autre pâte à pain

Huile d'olive vierge extra

Sel Maldon ou gros sel et poivre noir fraîchement moulu

80 g de coriandre fraîche

50 g de fromage *cotija* émietté (facultatif)

1. Couper en deux, dénoyauter et peler un avocat. Déposer les deux moitiés sur une planche à découper, côté coupé dessous. Les trancher finement sur la largeur, de l'extrémité fine à la plus grosse. Pousser les tranches de l'extrémité fine vers celles de la grosse extrémité afin de les séparer et de les présenter en éventail. Les enduire de jus de citron vert afin d'éviter qu'elles noircissent, ou presser le jus au-dessus. Répéter avec les autres avocats.

2. Trancher finement les jalapeños sur la largeur (la mandoline facilite grandement ce travail).

3. Griller directement la pâte à pizza comme décrit aux étapes 3 à 5 des pages 113-114 (omettre l'étape de la garniture, qui se fera plus tard). Les deux côtés doivent être croustillants et dorés. Les déposer sur une grille fine et tartiner le dessus d'huile d'olive.

4. Disposer les avocats tranchés en éventail sur les pizzas grillées (glisser dessous une palette métallique ou une spatule fine pour les déplacer). Parsemer des tranches de jalapeño. Presser de nouveau du jus de citron vert frais au-dessus et arroser à nouveau d'un filet d'huile d'olive. Saler et poivrer généreusement. Parsemer les pizzas de feuilles de coriandre et de *cotija* émietté, si l'on désire. Travailler rapidement pour que les pizzas restent chaudes ; sinon, les remettre 1 ou 2 minutes sur la grille pour les réchauffer, en s'assurant de ne pas cuire l'avocat. Couper en quartiers ou en carrés et servir aussitôt.

QUESADILLAS AUX PIMENTS GRILLÉS
ET AUX CREVETTES NORDIQUES

QUANTITÉ 4 portions

MÉTHODE cuisson sur la braise/cuisson directe

PRÉPARATION 15 minutes

CUISSON 20 minutes

BARBECUE/ÉQUIPEMENT
au charbon de bois, au gaz ou au bois. Pelle à pizza ou plaque de cuisson sans rebord (on peut se servir du dos d'une plaque au besoin).

POUR EN SAVOIR PLUS
la crevette nordique est une petite crevette douce et saumurée qui vit dans les eaux froides de l'Atlantique Nord. On la trouve fraîche et surgelée au Canada, et surgelée aux États-Unis. On peut employer d'autres variétés de crevettes, selon l'endroit où l'on se trouve.

J'ai créé ces quesadillas pour le Festi-Grîles de la Côte-Nord, qui se tient à Sept-Îles, au Québec. Mon objectif était d'opposer la douceur fumée des poblanos et des cébettes carbonisées à la douceur saumurée d'une spécialité locale, la crevette nordique (ou de Matane). Et d'apporter un peu de chaleur tex-mex dans le froid nordique ! Pour une saveur résolument fumée, grillez les piments et les cébettes directement sur la braise. Sur un barbecue au gaz, grillez-les à feu vif. Voyez l'idée générale de cette recette et ne vous astreignez pas à la respecter à la cuillerée à café près. À défaut de crevettes, on peut utiliser des dés de homard ou du crabe cuit (idéalement frais, mais décongelés si surgelés). Si le poblano est trop fort pour vos papilles, remplacez-le par des poivrons jaunes ou rouges carbonisés. On peut aussi ajouter des grains de maïs grillé ou des tomates cuites sur les flammes.

INGRÉDIENTS

Huile végétale pour huiler la grille

1 gros piment poblano ou 1 poivron jaune ou rouge

1 ou 2 gros piments jalapeños

1 botte de cébettes parées

42 g de beurre fondu

8 tortillas de blé de 20 cm de diamètre

350 g de cheddar râpé grossièrement

350 g de petites crevettes nordiques (crevettes de Matane)

80 g de coriandre fraîche

Gros sel et poivre noir fraîchement moulu

1. Régler le barbecue pour la cuisson sur la braise. À l'aide d'un râteau de barbecue, étendre les braises en une couche uniforme et les éventer afin de disperser les cendres, le cas échéant. Sinon, régler le barbecue pour la cuisson directe et le chauffer à feu vif ; brosser ou gratter la grille et bien l'huiler.

2. Disposer le poblano, le jalapeño et les cébettes sur la braise. En les retournant avec une pince, les griller jusqu'à ce qu'ils soient carbonisés de tous côtés, soit 1 ou 2 minutes pour le jalapeño et les cébettes, 2 ou 3 minutes de chaque côté pour le poblano. Les laisser refroidir sur une plaque de cuisson. On peut aussi cuire les

légumes directement sur les flammes jusqu'à ce qu'ils soient bien dorés ; le temps de cuisson pourrait être alors un peu plus long.

3. Gratter la peau vraiment carbonisée des piments et ôter les pédoncules. Couper le poblano en deux sur la longueur, gratter et jeter les membranes et les graines, et le couper en dés de 5 mm. Trancher finement le jalapeño sur la largeur (pour des quesadillas moins piquantes, jeter les graines). Gratter et jeter les parties vraiment brûlées des cébettes. Trancher finement le reste.

4. Tartiner de beurre fondu un côté de 4 tortillas et déposer celles-ci sur une pelle à pizza ou une plaque de cuisson sans rebord, côté beurré dessous. Les garnir de fromage, crevettes, poblanos, jalapeño, cébettes et coriandre. Saler et poivrer. Couvrir chaque quesadilla d'une seconde tortilla et tartiner le dessus du reste du beurre.

5. Régler le barbecue pour la cuisson directe et le chauffer à feu moyen-vif. Brosser ou gratter la grille et bien l'huiler.

6. Faire glisser délicatement les quesadillas sur la grille du barbecue et les griller 1 ou 2 minutes de chaque côté ou jusqu'à ce qu'elles soient bien dorées des deux côtés et que le fromage ait fondu et bouillonne (se servir de la pelle ou d'une grosse spatule pour tourner les quesadillas afin que leur cuisson soit uniforme). Les déposer sur une planche à découper, les couper en quartiers et servir.

QUESADILLAS FAÇON RAICHLEN

La quesadilla est le premier plat mexicain que j'ai appris à cuisiner et, à la maison, elle est souvent au menu du midi. Hautement personnalisable, elle peut être farcie de tout ce que vous avez sous la main, du moment qu'il y a du fromage pour lier la farce et des piments pour la relever !

QUANTITÉ 2 portions ; peut être multipliée à volonté

MÉTHODE cuisson directe

PRÉPARATION 10 minutes

CUISSON 6 à 8 minutes

BARBECUE/ÉQUIPEMENT au charbon de bois, au gaz ou au bois. Plaque de cuisson sans rebord (on peut se servir du dos de la plaque au besoin).

POUR EN SAVOIR PLUS repliez les tortillas de 20 cm et plus pour former des quesadillas en demi-lune. S'il s'agit de petites tortillas, employez-en 2 par portion (donc 4 en tout) et superposez-les comme vous le feriez pour un sandwich.

INGRÉDIENTS

30 g de beurre fondu ou d'huile d'olive vierge extra

2 tortillas de 20 à 25 cm de blé ou de maïs, ou 4 petites de 15 cm

60 ml de crème aigre (facultatif)

125 g de cheddar ou de pepper jack, ou tout autre fromage à faire fondre, tranché finement ou râpé grossièrement

1 cébette parée, parties blanche et verte tranchées finement

1 ou 2 piments jalapeños, pédoncules enlevés et tranchés finement (pour des quesadillas moins piquantes, enlever les graines)

80 g de coriandre fraîche, ciselée

100 g de dés de tomate ou d'avocat (facultatif)

Huile végétale pour huiler la grille

1. Tartiner légèrement de beurre fondu un côté des tortillas et les déposer, côté beurré dessous, sur une plaque de cuisson sans rebord. Étaler de la crème aigre, si l'on désire, sur la moitié de la surface. Parsemer de fromage, de cébette, de jalapeño, de coriandre et de tomate ou d'avocat, si l'on veut. Replier la tortilla en deux de manière à obtenir une demi-lune. Préparer l'autre quesadilla de la même manière.

2. Entre-temps, régler le barbecue pour la cuisson directe et le chauffer à feu moyen-vif. Brosser ou gratter la grille et bien l'huiler.

3. Faire glisser délicatement les quesadillas sur la grille et les cuire 1 ou 2 minutes ou jusqu'à ce que le dessous soit doré et que le fromage commence à fondre. À l'aide d'une spatule large, les retourner délicatement et cuire l'autre côté. Les couper en quartiers et servir.

VARIANTE

QUESADILLAS RANCHEROS

Pour combler les gros appétits, on transforme ces quesadillas en *huevos rancheros*. Griller les quesadillas (utiliser 2 petites tortillas par portion et non 1 grande pliée en deux) comme décrit à l'étape 1. Une fois cuites, les garnir de haricots frits et de sauce piquante (au choix). Entre-temps, faire frire 2 œufs dans une poêle chaude huilée et les déposer sur la garniture des quesadillas. Mes remerciements à Josiah Citrin, chef propriétaire de Charcoal Venice, à Los Angeles, pour l'idée !

QUESADILLAS D'*ELOTE*
AU MAÏS, POBLANO ET FROMAGE PEPPER JACK GRILLÉS

QUANTITÉ 4 portions

MÉTHODE cuisson directe

PRÉPARATION 20 minutes

CUISSON 16 minutes

BARBECUE/ÉQUIPEMENT
au charbon de bois, au gaz ou au bois. Pelle à pizza ou plaque de cuisson sans rebord (on peut se servir du dos de la plaque si besoin).

POUR EN SAVOIR PLUS
chez moi, les quesadillas sont des plats minute souvent préparés avec des restes. Je ne suggérerai donc pas de griller du maïs expressément pour ce plat. (Si vous aimez le maïs grillé autant que moi, il vous en reste probablement quelques épis provenant d'une séance de cuisson précédente...) Accessoirement, la prochaine fois que vous cuirez sur la braise, profitez-en pour faire rôtir quelques poblanos en plus et conservez-les au réfrigérateur ou au congélateur. Leur saveur légèrement piquante et fumée est toujours utile.

Comment les Nord-Américains ont-ils pu vivre sans *elote* (l'épi de maïs enduit d'assaisonnement au chili et de jus de citron vert de la cuisine de rue mexicaine)? Si vous avez parcouru mes précédents livres, vous savez comment le préparer; sinon, je parie qu'il y a un restaurant dans votre quartier qui serait heureux d'éclairer votre lanterne. Ce qui, pour ma part, m'intéresse tout particulièrement, c'est la dynamique des saveurs de ce plat: le maïs doux, la mayonnaise piquante, le fromage salé et piquant, réunis par le feu. Cette dynamique réapparaît ici sous forme de quesadilla.

REMARQUE: aussi savoureux soit-il, le *cotija* ne fond pas facilement. J'en ai remplacé une partie par du pepper jack, qui fond suffisamment pour lier la préparation.

INGRÉDIENTS

- Huile végétale pour huiler la grille
- 3 épis de maïs épluchés
- 60 g de beurre fondu, salé ou non
- Gros sel et poivre noir fraîchement moulu
- 1 gros piment poblano
- 8 tortillas de blé de 20 cm
- 4 c. à soupe de mayonnaise
- 250 g de pepper jack râpé grossièrement
- 125 g de *cotija* émietté ou râpé (ou davantage de pepper jack)
- 150 g de coriandre fraîche
- 2 piments serranos ou jalapeños, pédoncules enlevés et tranchés finement (pour des quesadillas moins piquantes, retirer les graines)

1. Régler le barbecue pour la cuisson directe et le chauffer à feu vif. Brosser ou gratter la grille et bien l'huiler.

2. Enduire légèrement les épis de maïs de beurre fondu (il en faudra environ 1 c. à soupe), saler et poivrer. Déposer sur la grille du barbecue. En les retournant avec une pince, les griller 2 ou 3 minutes de chaque côté, ou jusqu'à ce qu'ils soient dorés de tous côtés. En même temps, griller le poblano 3 ou 4 minutes de chaque côté, ou jusqu'à ce qu'il soit carbonisé de tous côtés.

3. Laisser refroidir le maïs et le poblano sur une planche à découper. Prélever les grains de maïs sur les épis (pour ce faire, déposer le maïs à plat sur la planche à découper et séparer les grains de l'épi à l'aide d'un couteau de chef). À l'aide d'un couteau d'office, gratter la peau brûlée du poblano. Le couper en deux sur la longueur, puis gratter et jeter les membranes, les graines et le pédoncule. Couper le poblano en lanières de 5 mm. On peut préparer le maïs et le poblano 24 heures à l'avance et les réfrigérer.

4. Au moment de cuire les quesadillas, régler le barbecue pour la cuisson directe (s'il ne l'est pas déjà) et le chauffer à feu moyen-vif. Tartiner de beurre fondu un côté de 4 tortillas et les déposer sur une pelle à pizza ou une plaque de cuisson sans rebord, côté beurré dessous. Tartiner le dessus de mayonnaise et parsemer des fromages, du maïs et du poblano grillés, de coriandre et des serranos (le choix des deux variétés de piments s'explique par le fait que l'un est grillé et tendre, l'autre cru et croustillant, et qu'ils n'ont pas la même intensité). Couvrir les quesadillas des 4 autres tortillas et tartiner le dessus de beurre fondu.

5. Faire glisser délicatement les quesadillas sur la grille du barbecue et les cuire 1 ou 2 minutes de chaque côté, ou jusqu'à ce qu'elles soient dorées des deux côtés et que le fromage ait fondu et bouillonne (employer la pelle à pizza ou une large spatule pour tourner les quesadillas afin que leur cuisson soit uniforme). Les déposer sur une planche à découper, les couper en quartiers et servir.

CHIVITO DE CHAMPIGNONS

Le *chivito* est un spectaculaire sandwich au bifteck que l'on prépare en Uruguay. Ce qu'il fait dans un livre portant sur la cuisson des légumes au barbecue ? Eh bien, dans cette variante, on remplace le bifteck par des champignons de Paris grillés ! Je vous jure, il y a peu de chances que quiconque se rende compte de la substitution quand vous, pro du grill, aurez garni le petit pain de poivron et d'oignon grillé, d'œufs durs, de fromage fondu, de laitue, de tomate, de mayonnaise et de champignons ! Je le vois comme l'ultime sandwich club végétarien.

QUANTITÉ 2 portions ; peut être multipliée à volonté

MÉTHODE cuisson directe

PRÉPARATION 20 minutes

CUISSON 20 minutes

BARBECUE/ÉQUIPEMENT au charbon de bois, au gaz ou au bois. Plaque de cuisson avec rebord et cure-dent en bois.

INGRÉDIENTS

2 gros champignons de Paris bruns
1 petit oignon pelé
Huile d'olive vierge extra
Gros sel et poivre noir fraîchement moulu
Origan séché
Flocons de piment fort (facultatif)
Huile végétale pour huiler la grille
1 gros poivron rouge
4 tranches fines de bacon ou de pancetta (facultatif)
2 tranches (60 g) de monterey jack, de provolone ou de fauxmage tel que Chao ou Daiya
2 petits pains ronds, coupés en deux
3 c. à soupe de mayonnaise ou de mayonnaise végane
2 feuilles de laitue Boston
2 œufs durs, écalés et coupés en tranches de 5 mm
1 tomate rouge bien mûre, coupée en tranches fines

1. Essuyer les chapeaux des champignons à l'aide d'un essuie-tout humide et couper et jeter les pieds. Déposer les chapeaux sur une plaque de cuisson munie d'un rebord.

2. Couper l'oignon en tranches de 1 cm. Piquer un cure-dent ou une brochette en bambou sur le côté des tranches afin de les empêcher de se défaire. Déposer les tranches d'oignon sur la plaque.

3. Enduire d'huile d'olive les deux côtés des champignons et des tranches d'oignon, et assaisonner généreusement de sel, de poivre, d'origan et de flocons de piment fort, si l'on désire.

4. Régler le barbecue pour la cuisson directe et le chauffer à feu moyen-vif. Brosser ou gratter la grille et bien l'huiler.

5. Déposer le poivron rouge sur la grille et, en le retournant avec une pince, le griller 3 ou 4 minutes de chaque côté, ou jusqu'à ce qu'il soit bien doré de tous côtés et tendre. Le laisser refroidir sur une planche à découper, puis le couper en quatre quartiers; retirer et jeter le pédoncule, les membranes et les graines.

6. En les retournant à mi-cuisson avec une pince, griller les tranches de bacon, si l'on désire, pendant 2 à 4 minutes de chaque côté ou jusqu'à ce qu'elles grésillent et soient dorées. Remuer le bacon régulièrement pour éviter qu'il s'enflamme. L'égoutter sur de l'essuie-tout.

POUR EN SAVOIR PLUS

les Uruguayens débattent de la bonne composition du *chivito* de la même manière que les habitants de Kansas City argumentent sur celle de la sauce barbecue. Certains optent pour les œufs frits plutôt que durs, d'autres ajoutent de l'oignon grillé à la place ou en plus du poivron. La coutume veut qu'on y ajoute du bacon ou du jambon et, à la maison, nous respectons cette pratique. Pour une variante végétarienne, optez pour le faux bacon de shiitakés de la page 34, ou omettez carrément le bacon; le *chivito* sera tout de même très savoureux.

REMARQUE: si votre barbecue est assez grand, vous pourrez cuire le poivron, le bacon, les champignons et l'oignon en même temps.

7. Déposer les champignons (lamelles dessous) et les tranches d'oignon sur la grille du barbecue et les cuire 3 ou 4 minutes de chaque côté, ou jusqu'à ce qu'ils grésillent et soient bien dorés. Retourner les champignons et les couvrir des tranches de fromage. Fermer le couvercle et poursuivre la cuisson 3 ou 4 minutes ou jusqu'à ce que le fromage ait fondu et que le dessous des champignons grésille et soit doré.

8. À la dernière minute, griller les petits pains, côté coupé dessous, 1 ou 2 minutes ou jusqu'à ce qu'ils soient légèrement dorés.

9. Tartiner de mayonnaise le côté coupé des pains. Déposer une feuille de laitue sur la moitié inférieure, puis un champignon grillé, 2 morceaux de poivron grillé, de l'oignon, des tranches d'œuf, des tranches de tomate et du bacon. Saler légèrement, poivrer et parsemer d'origan et de flocons de piment fort, si l'on veut.

10. Couvrir des autres moitiés de pain, couper le sandwich en deux et se préparer à connaître le nirvana des sandwichs !

SANDWICH AU TOFU ÉPICÉ ET GRILLÉ

MAYONNAISE À LA SRIRACHA

QUANTITÉ 2 portions ; peut être multipliée à volonté

MÉTHODE cuisson directe (avec ajout de fumée)

PRÉPARATION 20 minutes pour l'assemblage, 24 heures pour congeler et décongeler le tofu (facultatif)

CUISSON 6 à 10 minutes

Votre serviteur, accro du barbecue et auteur de titres résolument carnivores tels que *Les pros du barbecue* et *Les pros du fumoir*, a un aveu à vous faire : il aime le tofu. Beaucoup. Assez pour en griller à la maison chaque semaine. Voici un truc qui a révolutionné, pour moi, sa cuisson au barbecue : congelez-le, puis pressez-le pour en extraire tout le liquide. On obtient ainsi une consistance plus ferme et plus sèche qu'avec le tofu frais (autre avantage : on peut toujours en garder à portée de main au congélateur). Cependant, si vous manquez de temps, faites-le griller frais !

INGRÉDIENTS

1 paquet (350 à 450 g) de tofu extra-ferme, égoutté

2 c. à soupe d'huile d'olive vierge extra ou de beurre fondu (ou d'huile à la braise, voir page 250) + 2 c. à soupe pour l'oignon et les petits pains

2 c. à soupe de marinade sèche (voir page 251, ou opter pour une marinade sèche du commerce

Huile végétale pour huiler la plancha

1 petit oignon doux ou cébette, coupé(e) en tranches de 1 cm

4 tranches fines de cheddar, de provolone ou de fauxmage tel que Chao ou Daiya, coupées aux dimensions du tofu tranché

4 petits pains briochés ou petits pains de blé entier pour burger, coupés en deux

GARNITURES

4 à 6 c. à soupe de mayonnaise à la sriracha (voir REMARQUE) ou autre condiment, comme la sauce barbecue ou la sriracha (facultatif)

4 feuilles de laitue

1 tomate rouge bien mûre, coupée en tranches fines

8 tranches de cornichon sucré

1. Facultatif: congeler le tofu égoutté toute la nuit.

2. Le lendemain, décongeler le tofu à température ambiante (il faudra 2 à 4 heures) et bien l'égoutter.

3. Couper le tofu en tranches de 1 cm. Presser fermement les tranches entre les mains afin d'en extraire le plus de liquide possible, ou les presser environ 30 minutes entre deux planches à découper relevées à une extrémité par un objet de 5 cm de hauteur afin qu'elles soient en pente et que le liquide du tofu puisse s'écouler.

4. Éponger les deux côtés des tranches de tofu avec de l'essuie-tout. Les enduire d'huile d'olive et les assaisonner généreusement de marinade sèche.

5. Entre-temps, régler le barbecue pour la cuisson directe et le chauffer à feu vif. Déposer une plancha sur la grille et bien la chauffer. Brosser ou gratter la plancha pour la nettoyer. Facultatif: pour enrichir un feu de charbon de bois, déposer les morceaux ou copeaux de bois sur la braise; pour un feu sur barbecue au gaz, déposer les morceaux ou copeaux de bois dans la boîte de fumage ou sous la grille, directement sur un ou des brûleurs.

6. Huiler la plancha et y déposer le tofu et les tranches d'oignon. Fermer le couvercle afin de retenir la fumée. Griller pendant 3 à 5 minutes ou jusqu'à ce que le dessous du tofu soit doré et croustillant et le dessous des oignons, doré. Retourner le tofu et les oignons à l'aide d'une spatule mince. Couvrir le tofu de fromage et poursuivre la cuisson jusqu'à ce que le fromage ait fondu. Au moment de retirer le tofu et l'oignon de la grille,

BARBECUE/ÉQUIPEMENT

au charbon de bois, au gaz ou au bois; s'il s'agit d'un barbecue au charbon de bois ou au gaz, il vous faudra aussi des morceaux ou copeaux de bois dur (non trempés), voir page 16; une plancha ou une poêle en fonte pour saisir le tofu (facultatif)

POUR EN SAVOIR PLUS

on peut, bien sûr, griller du tofu extra-ferme sur la grille du barbecue, mais, pour ma part, je préfère me servir d'une plancha (voir page 15): on obtient ainsi une croûte plus intéressante, sans compter que le tofu est moins susceptible d'adhérer à la grille ou de se défaire. Pour un tofu grillé-fumé, utilisez un barbecue au charbon de bois et ajoutez des morceaux ou copeaux de bois dur (non trempés) sur la braise. Autre manière d'ajouter de la saveur: le griller sur un feu de bois, ou encore l'arroser d'huile à la braise (voir page 250) en cours de cuisson.

tartiner les côtés coupés des petits pains d'huile ou de beurre et les griller sur la plancha ou directement sur la grille 1 ou 2 minutes ou jusqu'à ce qu'ils soient dorés.

7. Pour assembler les sandwichs, étaler un peu de mayonnaise à la sriracha sur la moitié inférieure des petits pains. Couvrir d'une feuille de laitue, du tofu avec son fromage fondu, d'oignon grillé, d'une tranche de tomate et de tranches de cornichon. Ajouter environ 1 c. à soupe de sauce barbecue et une giclée de sriracha, si l'on veut. Couvrir des autres moitiés de pain. Ce sandwich ne déplaira pas aux plus convaincus des carnivores.

REMARQUE : pour préparer la mayonnaise à la sriracha, mélanger à parts égales de la sauce sriracha et de la mayonnaise (ordinaire ou végane).

SANDWICH AU FROMAGE AU POIVRON GRILLÉ

QUANTITÉ 2 sandwichs ; peut être multipliée à volonté

MÉTHODE cuisson directe/ cuisson à la plancha

PRÉPARATION 10 minutes, plus le temps nécessaire pour préparer le fromage au poivron

CUISSON 10 minutes

BARBECUE/ÉQUIPEMENT charbon de bois, gaz ou bois, au choix

Plat réconfortant ou hérésie culinaire ? En dépit de son nom, le *grilled cheese*, ou sandwich au fromage fondant, est presque toujours cuit à la poêle, et pratiquement jamais au barbecue. Nous allons changer la donne et solliciter le pouvoir des flammes afin d'enrichir la saveur des ingrédients : du pain brioché beurré et le fromage au poivron le plus savoureux et le plus fondant qui soit grâce à la cuisson des poivrons grillés sur la braise. Ce fabuleux sandwich croustillant au fromage coulant comporte également deux autres ingrédients essentiels qui nous viennent du Sud, soit la tomate verte grillée et le piment mariné. Les carnivores pourront ajouter au sandwich du bacon ou du jambon cru grillé. Merci au restaurant Husk de Nashville pour l'inspiration.

POUR EN SAVOIR PLUS c'est le fromage au poivron qui rend ce sandwich irrésistible. Dans un monde idéal, on le préparerait avec des poivrons rouges grillés sur la braise (voir page 59) plutôt que d'utiliser des poivrons en conserve.

REMARQUE : à défaut de tomates vertes, on peut prendre des tomates rouges mûres, mais il ne faut pas les griller. Enfin, pour un supplément de saveur, grillez ces sandwichs sur un feu de bois ou enrichi de bois (voir page 16).

INGRÉDIENTS

- 3 c. à soupe d'huile d'olive vierge extra ou de beurre fondu
- 1 grosse tomate verte, pédoncule enlevé et coupée en tranches de 1 cm
- Gros sel et poivre noir fraîchement moulu
- 2 tranches fines de jambon cru ou 2 tranches de bacon épais (facultatif)
- Huile végétale pour huiler la grille
- 4 tranches de pain brioché ou de pain blanc artisanal
- 100 g de fromage au poivron, de préférence maison (voir page 56), à température ambiante
- 50 g de piments marinés (forts ou doux, au choix)
- Paprika fumé

1. Régler le barbecue pour la cuisson directe et le chauffer à feu moyen-vif. Chauffer une zone à feu moyen et réserver une zone sans feu.

2. Badigeonner légèrement d'huile d'olive les deux côtés des tranches de la tomate verte, saler et poivrer. Badigeonner légèrement d'huile les deux côtés des tranches de jambon, si désiré.

3. Brosser ou gratter la grille et bien l'huiler. Griller les tranches de tomate au-dessus de la zone chaude du barbecue 2 ou 3 minutes de chaque côté, ou jusqu'à ce qu'elles soient dorées et tendres. Griller le jambon au-dessus de la zone chaude du barbecue 2 ou 3 minutes de chaque côté, ou jusqu'à ce qu'il soit doré. Laisser refroidir les tomates et le jambon sur une grille ; le jambon raffermira en refroidissant.

4. Tartiner légèrement d'huile d'olive un côté des tranches de pain. Déposer 2 tranches, côté huilé dessous, sur le plan de travail. Tartiner de fromage au poivron. Couvrir des piments marinés, des tomates vertes grillées et du jambon croustillant. Saupoudrer de paprika fumé. Couvrir de la seconde tranche de pain, côté huilé dessus. Procéder de la même manière pour faire le second sandwich.

5. À l'aide d'une spatule, faire glisser délicatement les sandwichs sur la grille, en les plaçant en diagonale par rapport aux barreaux. Les griller 1 ou 2 minutes ou jusqu'à ce que le dessous soit doré. À l'aide de la spatule, retourner délicatement les sandwichs et les griller jusqu'à ce que le fromage ait fondu. Couper les sandwichs en deux et servir aussitôt.

SANDWICH AU « BIFTECK »
FAÇON VÉGANE, TARTINADE DE RUTABAGA

J'ai promis à mon éditeur que ce livre ne porterait pas sur le végétarisme. Que j'éviterais les recettes avec substituts de viande, comme le faux bacon ou le faux poulet. Difficile de faire plus carnivore que le classique *Philly cheesesteak* ! (Oublions le fait que le bifteck est souvent une tranche coriace de viande industrielle et le fromage à l'avenant.) Quand j'ai goûté à celui qu'a créé le super chef végane Rich Landau de Philadelphie, j'ai su qu'il me faudrait faire une entorse à la règle. Ce superbe sandwich extrêmement savoureux marie seitan (protéine de blé), champignons riches en umami, épices à steak de Montréal et tamari ; le « fromage » à tartiner piquant et acidulé a comme ingrédient principal du… rutabaga ! C'est un excellent *Philly cheesesteak*, un sandwich de référence, le genre qui mérite qu'on se rende à Philadelphie spécialement pour le goûter, et d'autant meilleur qu'on peut le préparer à la maison et le servir à un ami ou un membre végane de la famille.

QUANTITÉ 8 portions

MÉTHODE cuisson à la plancha (avec ajout de fumée)

PRÉPARATION 20 minutes, plus 30 minutes pour faire bouillir le rutabaga

CUISSON 8 minutes

BARBECUE/ÉQUIPEMENT au charbon de bois, au gaz ou au bois. Une plancha ou une grande poêle en fonte et des morceaux ou copeaux de bois dur (non trempés), voir page 16.

INGRÉDIENTS

450 g de seitan

450 g d'un mélange de champignons (de Paris, pleurotes, cremini…), nettoyés et parés

125 ml de sauce Worcestershire végane ou ordinaire

60 ml d'huile de carthame ou autre huile végétale

2 c. à soupe de tamari

2 c. à soupe d'épices à steak de Montréal

1 ou 2 gousses d'ail pelées et émincées

1 c. à soupe de poivre noir fraîchement moulu, ou selon votre goût

1 c. à soupe de levure alimentaire

1 c. à café de sauge séchée, émiettée

Huile végétale pour huiler la plancha

8 petits pains à sandwich, coupés en deux

Tartinade de rutabaga (voir recette page suivante) ou 8 tranches de fromage américain, de provolone ou de fromage végane, tel que Chao ou Daiya

POUR EN SAVOIR PLUS il vous faudra quelques ingrédients spéciaux qui, si vous n'êtes ni végane ni végétarien, pourraient vous être inconnus ou vous sembler carrément déplaisants. Ainsi, le seitan est un aliment protéiné préparé avec du gluten de blé (il ressemble un peu à du tofu, mais en plus dense). On le trouve dans les magasins de produits naturels. La levure alimentaire est une levure désactivée (on ne peut donc pas s'en servir pour faire de la bière ou du pain) à saveur de noisette et de fromage, ce qui la rend populaire autant auprès des véganes que des non-véganes. On la trouve également dans les magasins de produits naturels. La sauce Worcestershire renferme normalement des anchois, mais on en trouve une variante qui en est exempte (les marques Annie's ou Wizard's, par exemple). Le chef Rich Landau fait griller son sandwich sur une plaque en fonte. Pour ma part, je me sers d'une plancha posée sur le barbecue dans lequel j'ajoute du bois dur afin de générer de la fumée.

1. Trancher finement le seitan et les champignons. Les déposer dans un grand bol. Ajouter la sauce Worcestershire, l'huile, le tamari, les épices à steak de Montréal, l'ail, le poivre, la levure alimentaire et la sauge. Réfrigérer et laisser mariner au moins 2 heures ou jusqu'au lendemain. Plus le temps de marinade sera long, plus savoureux sera le plat.

2. Régler le barbecue pour la cuisson directe et le chauffer à feu moyen-vif. Mettre à chauffer une plancha sur la grille. La gratter ou la brosser et bien l'huiler. Facultatif (pour une saveur fumée) : pour enrichir un feu de charbon de bois, déposer les morceaux ou copeaux de bois sur la braise ; pour un feu sur barbecue au gaz, déposer les morceaux ou copeaux de bois dans la boîte de fumage ou sous la grille, directement sur un ou des brûleurs.

3. Déposer la préparation au seitan en une seule couche sur la plancha. Fermer le couvercle du barbecue afin de conserver la fumée et cuire environ 2 minutes. Ouvrir le couvercle et retourner la préparation à l'aide d'une spatule. Fermer de nouveau le couvercle et le garder fermé 2 minutes de plus, puis l'ouvrir et, en retournant la préparation à la spatule, poursuivre la cuisson pendant 6 à 8 minutes ou jusqu'à ce qu'elle soit dorée.

4. Déposer la préparation à la cuillère dans les petits pains. Garnir de tartinade de rutabaga et servir.

TARTINADE DE RUTABAGA

QUANTITÉ environ 125 ml

Que servir avec un *Philly cheesesteak* végane sinon une tartinade végane – composée de rutabaga, moutarde, curcuma, miso et levure alimentaire – piquante, colorée et à l'étonnante saveur de cheddar?

REMARQUE : le rutabaga, un gros légume de la famille du navet, a une peau violette dans le haut et crème dans le bas, et une chair jaune. Sa saveur légèrement terreuse rappelle le fromage. Vous êtes sceptique? Eh bien, laissez-moi vous dire que je préfère, et de loin, cette tartinade aux préparations fromagères en bocal ou en boîte !

INGRÉDIENTS

450 g de rutabagas pelés et coupés en morceaux de 2,5 cm

1 gousse d'ail pelée et émincée

250 ml de mayonnaise végane, telle que Nasoya ou Earth Balance, ou de mayonnaise ordinaire

50 g de miso blanc

50 g de levure alimentaire

2 c. à café de moutarde de Dijon

1 c. à café de vinaigre de xérès, ou selon votre goût

1 c. à café de curcuma moulu

1 c. à café de gros sel

1 c. à café de poivre blanc

1. Déposer les rutabagas et l'ail dans une grande casserole, ajouter de l'eau jusqu'à 2,5 cm au-dessus des légumes et porter à ébullition. Cuire environ 30 minutes ou jusqu'à ce que les rutabagas soient très tendres (on pourra alors facilement les écraser à la fourchette). Égoutter les légumes au-dessus d'un bol de manière à récupérer le liquide. Réserver celui-ci.

2. Au robot de cuisine, réduire en purée lisse les rutabagas, la mayonnaise, le miso, la levure alimentaire, la moutarde, le vinaigre, le curcuma, le sel et le poivre, en ajoutant assez de liquide de cuisson pour obtenir une consistance de pâte à tartiner. Rectifier l'assaisonnement en vinaigre et en sel : la préparation doit être piquante et bien relevée. Laisser refroidir à température ambiante, couvrir et réfrigérer jusqu'au moment de servir. La tartinade se conservera au moins 3 jours au réfrigérateur dans un récipient fermé.

REMARQUE : il y aura plus de tartinade que ce qui est nécessaire pour les sandwichs. On peut la tartiner sur du pain ou en garnir des pommes de terre grillées.

CHAPITRE 6

PETITES ASSIETTES DE LÉGUMES

Ce chapitre nous amène au cœur de cet ouvrage, avec les légumes grillés, particulièrement ceux qui sont assez petits pour servir d'amuse-gueules ou d'entrées, ou que l'on peut regrouper pour constituer un repas. Certains ressemblent à des tapas espagnoles, par exemple les topinambours *bravos* et les fagots d'asperges au cabrales et au jambon serrano. D'autres rappellent plutôt la cuisine de rue, comme le maïs grillé et les brocolis nains façon saté thaï. Certains enrichiront votre répertoire de brochettes, comme les brochettes de pommes de terre à l'arménienne (elles sont vraiment épatantes) ou les brochettes salées-sucrées de choux de Bruxelles, bacon et dattes, servies avec un beurre au miel et à la sauge. D'autres enfin vous ouvriront les portes d'un nouvel univers en matière de légumes grillés, comme ces panais fumés-rôtis garnis de câpres croquantes. Toutes ces recettes nous rappellent que, bien qu'on puisse cuire à la vapeur, faire bouillir, sauter ou frire les légumes, leur saveur est inégalable quand on les grille !

Recettes

Artichauts grillés, mayonnaise à la harissa

Fagots d'asperges grillées au cabrales et au jambon serrano

Brocolis nains façon saté thaï

Brochettes de choux de Bruxelles, bacon et dattes, beurre au miel et à la sauge

Carottes grillées et pesto de fanes

Quatuor de maïs grillé

Poireaux grillés à la grecque, fromage de brebis et pruneaux

Tranches de courge delicata grillées, bacon et sirop d'érable

Fenouil grillé et gorgonzola

Topinambours *bravos*

Panais fumés-rôtis et câpres croustillantes

Bananes plantain grillées, sirop de canne et sucre turbinado

Brochettes de pommes de terre à l'arménienne

Champignons en grappe à saveur umami

ARTICHAUTS GRILLÉS
MAYONNAISE À LA HARISSA

QUANTITÉ 4 portions

MÉTHODE cuisson directe

PRÉPARATION 10 minutes pour apprêter les artichauts, plus 10 à 15 minutes pour les faire bouillir

CUISSON 6 à 8 minutes

BARBECUE/ÉQUIPEMENT au charbon de bois, au gaz ou au bois. Grille posée sur une plaque de cuisson avec rebord et morceaux ou copeaux de bois dur (non trempés), voir page 16.

POUR EN SAVOIR PLUS optez pour de gros artichauts charnus, sauf en saison où vous pourrez griller les petits artichauts poivrade (que vous couperez en deux ; inutile de les blanchir). Vous trouverez à la page 210 des indications pour la cuisson directe des artichauts sans blanchiment préalable. La cuisson sera un peu plus longue, mais les légumes y gagneront nettement en saveur.

On nous enseigne dans les écoles de cuisine qu'il ne faut jamais, au grand jamais, faire bouillir la viande avant de la griller au barbecue. Mais ce n'est pas le cas pour les artichauts, qui gagnent grandement à être blanchis (cuisson rapide dans l'eau bouillante) avant d'être grillés. Ce légume est par nature dense et sec ; le blanchiment attendrit et humidifie ses fibres coriaces tout en favorisant l'absorption de la saveur fumée produite par le feu de bois ou enrichi de bois. La fumée se trouve piégée entre les feuilles et fournit ainsi une saveur de barbecue qu'on n'associe généralement pas à ce légume. Comme dip, je propose une mayonnaise épicée à la harissa, mais le beurre à la braise (voir page 251), la *salsa brava* (voir page 242) ou l'aïoli fumé (voir page 246) constituent d'excellents substituts.

INGRÉDIENTS

1 citron jaune

4 gros artichauts

4 litres d'eau

Gros sel

Huile végétale pour huiler la grille

125 ml d'huile d'olive vierge extra

1 gousse d'ail pelée et émincée

Poivre noir fraîchement moulu

Mayonnaise à la harissa (voir recette ci-dessous) + 1 c. à soupe de harissa pour le service

1 c. à soupe de ciboulette fraîche ciselée (facultatif)

1. Râper finement le zeste de citron et le réserver. Couper le citron en deux.

2. À l'aide de ciseaux de cuisine, couper les pointes dures des feuilles d'artichaut. Couper une tranche de 3 mm à la base de la tige (le reste de la tige est comestible). À l'aide d'un couteau de chef, couper les artichauts en deux sur la longueur. Raccourcir le haut des artichauts de 1 cm. À l'aide d'une cuillère ordinaire ou à melon, gratter et jeter le foin (les fibres situées juste au-dessus du cœur). Frotter les côtés coupés des artichauts avec le citron afin d'éviter qu'ils noircissent.

3. Dans une grande casserole, porter l'eau et 4 c. à café de sel à ébullition.

4. Cuire les artichauts dans l'eau bouillante pendant 10 à 15 minutes ou jusqu'à ce qu'ils soient tendres. Vérifier le degré de cuisson à l'aide d'une brochette en métal : elle doit les percer en rencontrant une légère résistance. Ne pas trop cuire les artichauts : ils doivent rester fermes. Égoutter dans une passoire et refroidir sous l'eau froide. Les déposer sur une grille posée sur une plaque de cuisson munie d'un rebord pour finir de les égoutter. À cette étape, on peut les réfrigérer jusqu'à 24 heures.

5. Régler le barbecue pour la cuisson directe et le chauffer à feu vif. Sur un barbecue au charbon de bois, déposer des morceaux ou copeaux de bois dur sur la braise. Dans le cas d'un barbecue au gaz, déposer quelques morceaux de bois dans la boîte de fumage ou directement sur les brûleurs, sous la grille. Quant au barbecue au bois, il suffit de l'allumer : ne pas laisser les flammes s'éteindre, car elles fument et, ce faisant, apportent une saveur fumée au plat. Brosser ou gratter la grille et bien l'huiler.

6. Mélanger le zeste de citron, l'huile d'olive et l'ail. Enduire les côtés coupés des artichauts d'huile au citron et à l'ail et en badigeonner un peu le dessus des feuilles. Saler et poivrer. Déposer les moitiés d'artichauts, côté coupé dessous, sur la grille, en diagonale par rapport aux barreaux. Les griller environ 2 minutes, puis les tourner d'un quart de tour pour les marquer dans l'autre sens. Griller 2 minutes de plus ou jusqu'à ce que les côtés coupés soient dorés. Arroser le dessus d'huile en en mettant aussi sous les feuilles.

7. Quand le dessous est bien doré, retourner les artichauts et griller l'autre côté, en arrosant à nouveau d'huile au citron et à l'ail. Les cuire pendant 2 à 4 minutes de plus, soit 6 à 8 minutes en tout, ou jusqu'à ce qu'ils grésillent, soient dorés des deux côtés et se laissent facilement percer par une fourchette. Les déposer dans une ou des assiettes, côté coupé dessus. À la cuillère, déposer de la mayonnaise à la harissa dans la partie creuse. Ajouter une goutte de sauce harissa au centre, puis parsemer de ciboulette, si désiré. Accompagner du reste de mayonnaise à la harissa.

MAYONNAISE À LA HARISSA

QUANTITÉ un peu plus de 250 ml

La harissa est une sauce piquante composée d'ail, d'épices et de piments forts qui sont rôtis afin d'en enrichir la saveur. Pour une variante intéressante, remplacez-la par une pâte de chili du Sud-Est asiatique. Pour une sauce encore plus insolite, remplacez le zeste et le jus de citron par 2 c. à soupe de citron confit au sel émincé, un produit mariné classique du Maroc. On le trouve dans les épiceries fines, dans certains supermarchés et en ligne.

INGRÉDIENTS

- 250 ml de mayonnaise
- 3 c. à soupe de sauce harissa, ou selon votre goût
- ½ c. à café de zeste de citron jaune fraîchement et finement râpé + 1 c. à soupe de jus de citron frais (ou 2 c. à soupe de citron confit émincé)

Dans un bol, en battant bien, mélanger la mayonnaise, la sauce harissa et le zeste et le jus de citron (ou le citron confit). Réfrigérer dans un récipient fermé jusqu'à utilisation. La mayonnaise épicée se conservera au moins 3 jours.

FAGOTS D'ASPERGES GRILLÉES
AU ROQUEFORT ET AU JAMBON SERRANO

QUANTITÉ 4 à 8 portions

MÉTHODE cuisson directe

PRÉPARATION 15 minutes

CUISSON 6 minutes

BARBECUE/ÉQUIPEMENT cuisson sur barbecue au charbon de bois ou au gaz. Ficelle de boucher.

POUR EN SAVOIR PLUS optez pour de grosses asperges vertes. En saison (donc au printemps), les asperges blanches seront également délicieuses. Le jambon serrano est plus doux que le prosciutto ; à mon avis, le meilleur est le jabugo, suivi du pata negra. Cependant, toutes les variétés conviennent pour cette recette (le bacon aussi, d'ailleurs, qui constituera une excellente variante).

REMARQUE : pour une variante sans viande, enveloppez les asperges dans des feuilles de vigne.

J'ai un véritable enthousiasme pour les asperges grillées. J'aime la façon dont la chaleur vive et sèche du feu rend les tiges croquantes sans les ramollir, contrairement à la cuisson à l'eau ou à la vapeur. J'aime aussi la douceur et la saveur de noisette et de fumée que le feu apporte au légume. Ici, les asperges bénéficient d'un traitement au bleu de cabrales et d'un enveloppement salé-sucré au jambon serrano.

INGRÉDIENTS

24 grosses asperges vertes (environ 750 g)

60 à 90 g de roquefort ou gorgonzola

8 tranches très fines de jambon serrano (environ 180 g)

Huile végétale pour huiler la grille

Huile d'olive vierge extra

Poivre noir fraîchement moulu

1. Casser le bout fibreux des asperges (qui représente environ le quart de la tige – voir page 36). Ou encore, peler le quart inférieur des tiges à l'aide d'un économe. Couper le fromage en 8 fines lanières d'environ 7,5 × 0,5 × 0,5 cm.

2. Déposer une tranche de jambon serrano sur le plan de travail. Déposer 2 asperges au bas de la tranche. Les couvrir d'une lanière de fromage puis d'une troisième asperge. En commençant par le bas, rouler l'ensemble serré et le tenir en place à l'aide de ficelle de boucher. Il s'agit de former un fagot bien ordonné qui, vu de l'extrémité, ressemble à une pyramide. On peut préparer les fagots quelques heures à l'avance. Dans ce cas, les conserver à couvert au réfrigérateur.

3. Au moment de servir, régler le barbecue pour la cuisson directe et le chauffer à feu moyen-vif. Brosser ou gratter la grille et bien l'huiler.

4. Badigeonner légèrement d'huile d'olive tous les côtés des fagots d'asperges. Les poivrer (le sel est inutile, étant donné que le jambon et le fromage sont déjà salés). Les disposer sur la grille, en diagonale par rapport aux barreaux. En les retournant avec une pince, les griller 2 minutes de chaque côté, soit 6 minutes en tout, ou jusqu'à ce que le jambon serrano soit croustillant, que les asperges soient dorées et que le fromage ait fondu et bouillonne. Les déposer dans une assiette, couper les ficelles et servir.

BROCOLIS NAINS FAÇON SATÉ THAÏ

Le brocoli nain, ou Broccolini, est l'un des légumes que je préfère pour la cuisson au barbecue, particulièrement quand il est mariné, grillé et accompagné de sauce à la manière d'un saté thaï. La marinade joue sur le contraste entre la nature crémeuse du lait de coco, les épices du curry et l'étonnante saveur salée de la sauce de poisson (les végétariens peuvent la remplacer par de la sauce soja), tandis que la cuisson au barbecue lui apporte de jolies marques noires et une irrésistible saveur fumée. La sauce thaïe gagne en saveur grâce aux arachides grillées et aux échalotes croustillantes. Ceux qui n'aiment pas la famille du brocoli pourraient bien changer d'idée après avoir goûté ce plat.

QUANTITÉ 2 à 4 portions

MÉTHODE cuisson directe

PRÉPARATION environ 10 minutes

CUISSON 6 à 10 minutes

BARBECUE/ÉQUIPEMENT au charbon de bois, au gaz ou au bois. Lèchefrite jetable en aluminium ou plat allant au four et plaque de cuisson avec rebord.

POUR EN SAVOIR PLUS deux possibilités pour le curry : le massaman thaï, une pâte jaune conditionnée, ou le curry indien en poudre façon Madras.

REMARQUE : cette préparation convient également pour les asperges.

INGRÉDIENTS

BROCOLIS NAINS ET HUILE À L'ÉCHALOTE

450 g de brocolis nains

60 ml d'huile végétale et plus pour huiler la grille

2 grosses échalotes, pelées et coupées en tranches fines (80 g)

SAUCE À L'ARACHIDE

2 gousses d'ail pelées et émincées

1 c. à soupe de gingembre frais, pelé et émincé

80 g de coriandre fraîche ciselée

2 à 3 c. à soupe de pâte de curry jaune massaman thaï, ou 1 c. à soupe de curry en poudre, ou selon votre goût

250 ml de lait de coco non sucré (entier ou allégé, selon votre goût)

2 c. à soupe de sauce de poisson asiatique ou de sauce soja, ou selon votre goût

½ c. à café de zeste de citron vert fraîchement et finement râpé

1 c. à soupe jus de citron vert frais, ou selon votre goût

1 c. à soupe de cassonade, ou selon votre goût

Poivre noir fraîchement moulu

40 g de beurre d'arachide crémeux

60 à 125 ml de bouillon de légumes ou de poulet, ou d'eau

Gros sel

40 g d'arachides grillées, hachées grossièrement

1. Couper l'extrémité des brocolis nains et les déposer dans une lèchefrite ou un plat allant au four juste assez grand pour les contenir.

2. Chauffer l'huile à feu moyen dans une casserole. Y déposer une échalote ; l'huile est à la bonne température (180 °C sur un thermomètre à friture) si des bulles se forment tout autour. Ajouter le reste des échalotes et, en remuant avec une écumoire, les frire 2 ou 3 minutes ou jusqu'à ce qu'elles soient dorées et croustillantes. Si nécessaire, procéder en plusieurs fois pour éviter de surcharger la casserole. Égoutter les échalotes frites dans une assiette tapissée d'essuie-tout. Verser la moitié de l'huile dans un petit bol supportant la chaleur et réserver pour arroser les brocolis.

3. Préparer la sauce à l'arachide : ajouter l'ail, le gingembre et la moitié de la coriandre dans l'huile à l'échalote qui reste dans la casserole et les faire frire environ 2 minutes ou jusqu'à ce qu'ils soient dorés et parfumés. Ajouter la pâte de curry et frire 1 minute. Ajouter le lait de coco, la sauce de poisson, le zeste et le jus de citron vert, la cassonade et le poivre, selon votre goût. Laisser mijoter environ 2 minutes ou jusqu'à ce que la préparation soit bien parfumée, en battant pour bien mélanger les ingrédients. En battant, ajouter le beurre d'arachide et 60 ml de bouillon de légumes. En fouettant bien, laisser mijoter la sauce environ 3 minutes ou jusqu'à ce qu'elle soit bien parfumée. Si elle est trop épaisse, ajouter un peu de bouillon. Rectifier l'assaisonnement en sel et poivre. Réserver la sauce au chaud durant la cuisson des brocolis.

4. Entre-temps, régler le barbecue pour la cuisson directe et le chauffer à feu moyen-vif. Brosser ou gratter la grille et bien l'huiler.

5. Badigeonner d'huile à l'échalote réservée tous les côtés des brocolis, saler et poivrer. Les déposer sur la grille et, en les retournant souvent avec une pince, les faire griller pendant 3 à 5 minutes ou jusqu'à ce qu'ils soient dorés et croustillants à l'extérieur et tendres à l'intérieur. Arroser d'huile à l'échalote en cours de cuisson.

6. Pour servir, disposer les brocolis dans une assiette. À l'aide d'une cuillère, les arroser de sauce chaude à l'arachide. Parsemer des échalotes frites, des arachides et du reste de coriandre fraîche. Il est permis, voire conseillé, de les consommer avec les doigts !

BROCHETTES DE CHOUX DE BRUXELLES, BACON ET DATTES
BEURRE AU MIEL ET À LA SAUGE

Choux de Bruxelles. Bacon. Dattes. Sauge. Quatre ingrédients à la saveur prononcée qu'on ne songerait peut-être pas à réunir dans un même plat, et pourtant ! C'est un mélange des plus efficaces. On peut cuire les choux de Bruxelles entièrement au barbecue, mais j'ai remarqué que les blanchir en adoucit la saveur et en fait un réel faire-valoir pour les autres ingrédients. Pour compléter ce tableau gustatif, je suggère une sauce composée de beurre à la sauge frite, au miel et au piment calabrais.

INGRÉDIENTS

450 g de choux de Bruxelles

1 botte de sauge fraîche

250 g de dattes Medjool dénoyautées, coupées en deux sur la longueur

3 litres d'eau

Gros sel

4 ou 5 tranches d'1 cm d'épaisseur de poitrine fumée coupées en morceaux de 2,5 cm

80 g de beurre doux

1 gousse d'ail pelée et écrasée avec le côté plat de la lame d'un couteau (facultatif)

1 à 2 c. à café de piment calabrais émietté, de pâte de piment calabrais ou de flocons de piment fort

Poivre noir fraîchement moulu

Huile végétale pour huiler la grille

2 c. à soupe de miel, ou selon votre goût

1. Si besoin, couper les gros choux de Bruxelles sur la hauteur et jeter les feuilles flétries. Laisser les petits entiers. Déposer une feuille de sauge contre le côté coupé des moitiés de dattes (réserver 8 feuilles pour le beurre aromatisé).

2. Dans une grande casserole, verser l'eau, saler et porter à forte ébullition. Y blanchir les choux de Bruxelles 1 minute. Égoutter dans une passoire, rincer à l'eau froide et égoutter de nouveau. Éponger les choux de Bruxelles à l'aide d'essuie-tout.

3. Enfiler les choux de Bruxelles sur des brochettes, en alternance avec les moitiés de datte à la sauge et les morceaux de bacon.

4. Faire fondre le beurre dans une petite casserole. Ajouter l'ail, si l'on désire, les feuilles de sauge réservées

QUANTITÉ 4 portions

MÉTHODE cuisson directe

PRÉPARATION 15 minutes

CUISSON 8 à 12 minutes

BARBECUE/ÉQUIPEMENT au charbon de bois, au gaz ou au bois. Brochettes en bambou ou en métal.

POUR EN SAVOIR PLUS on trouve des choux de Bruxelles pratiquement toute l'année, mais ils sont à leur apogée après le premier gel, particulièrement les petits, qui arrivent sur les étals des marchés à l'automne. Optez de préférence pour des dattes Medjool dénoyautées. Il est plus facile de les trancher en les mettant debout. Les dattes Medjool proviennent d'Israël ou de Jordanie. Choisissez de la poitrine fumée de votre charcutier. Le piment calabrais, piquant et à saveur fumée, se trouve sous forme de poudre ou de pâte dans les épiceries italiennes. On peut le remplacer par des flocons de piment fort.

et le piment calabrais, et cuire à feu moyen-vif jusqu'à ce que le beurre et la sauge commencent à dorer. Veiller à ne pas les laisser brûler. Jeter l'ail. Badigeonner légèrement de beurre aromatisé (il en restera dans la casserole ; le réserver pour arroser) tous les côtés des brochettes, saler et poivrer.

5. Régler le barbecue pour la cuisson directe et le chauffer à feu moyen-vif, en préservant une zone hors flammes. Brosser ou gratter la grille et bien l'huiler.

6. Déposer les brochettes sur la grille. Faire griller 2 ou 3 minutes de chaque côté, ou jusqu'à ce que le bacon soit croustillant et les choux de Bruxelles, tendres. Arroser de beurre à l'ail et à la sauge en cours de cuisson, pendant 8 à 12 minutes en tout.

REMARQUE : la graisse de bacon et la préparation au beurre peuvent s'enflammer. Au besoin, déplacer les brochettes au-dessus de la zone de sécurité afin d'éteindre les flammes.

7. Déposer les brochettes dans une ou des assiettes. Ajouter le miel dans le reste de beurre aromatisé et cuire à feu moyen-vif 1 minute ou jusqu'à ce que la préparation soit sirupeuse. À la cuillère, arroser les brochettes de cette préparation.

CAROTTES GRILLÉES
ET PESTO DE FANES

QUANTITÉ 6 à 8 portions

MÉTHODE cuisson directe

PRÉPARATION 15 minutes

CUISSON 12 à 20 minutes

Josiah Citrin est un chef étoilé de Venice, en Californie, mais quand il s'agit de flammes, c'est Prométhée en personne ! Dans son restaurant, il ne cuisine que sur des barbecues au charbon de bois, des kamados ou au four. Donc, quand un chef pyromane comme Citrin choisit pour la couverture de son magnifique livre *Charcoal* la photo non pas d'un bifteck bien grillé ou d'un poulet fumé-rôti, mais bien celle de carottes grillées, on comprend que cette humble racine s'est élevée au statut de vedette culinaire. Ce que plusieurs ignorent, c'est que les fanes de carotte sont non seulement comestibles, mais aussi absolument délicieuses, particulièrement quand elles sont transformées en pesto avec du citron et des noisettes. Par ailleurs, la cuisson des carottes au barbecue a pour effet d'en accentuer la saveur et la douceur.

BARBECUE/ÉQUIPEMENT
au charbon de bois, au gaz ou au bois, mais, idéalement, sur un feu de bois ou enrichi de bois. Pour enrichir un feu de charbon de bois ou au gaz, il vous faudra des morceaux ou copeaux de bois dur (non trempés), voir page 16. Cure-dent ou brochette en bois et plaque de cuisson avec rebord.

POUR EN SAVOIR PLUS
je privilégie les carottes de variétés anciennes de diverses couleurs – jaune, violette et, évidemment, orange – et idéalement bio. Optez pour des racines avec fanes pour pouvoir faire le pesto. Comme tous les légumes denses, la carotte doit être grillée à feu moyen, de préférence sur un feu de bois ou enrichi de bois. Pour le pesto, on peut employer les fruits à coque de son choix, noix de Grenoble, noix de pécan, amandes, noix de macadamia, pistaches ou pignons. Si possible, utilisez une huile tirée du même fruit à coque, bien que toute bonne huile convienne. J'ajoute parfois une poignée de menthe fraîche ou de basilic pour varier le pesto.

INGRÉDIENTS

2 bottes de carottes (environ 900 g) parées et fanes réservées

60 ml d'huile d'olive vierge extra et plus pour arroser

Gros sel et poivre noir fraîchement moulu

Huile végétale pour huiler la grille

2 gousses d'ail pelées, enfilées sur un cure-dent

40 g de menthe fraîche, ou de basilic frais, haché(e) grossièrement (facultatif)

80 g de noisettes, noix ou pignons, grillés

80 g de parmesan frais finement râpé et plus pour saupoudrer (facultatif)

1 c. à café de zeste de citron jaune fraîchement et finement râpé

2 c. à soupe de jus de citron frais, ou selon votre goût

60 ml d'huile de noisette, de noix ou d'olive

2 à 4 c. à soupe d'eau chaude, ou selon besoin

Fromage fraîchement râpé, au choix (facultatif)

1. Gratter les carottes sans les éplucher et bien les sécher. Les badigeonner légèrement d'huile d'olive, saler et poivrer.

2. Régler le barbecue pour la cuisson directe et le chauffer à feu moyen. Brosser ou gratter la grille et bien l'huiler. Pour enrichir un feu de charbon de bois, déposer les morceaux ou copeaux de bois sur la braise ; pour un feu sur un barbecue au gaz, déposer les morceaux ou copeaux de bois dans la boîte de fumage ou sous la grille, directement sur un ou des brûleurs. Déposer les carottes et l'ail sur la grille et, en les retournant souvent, les griller jusqu'à ce que les légumes soient dorés de tous côtés et tout juste tendres. Il faudra 3 à 5 minutes pour l'ail. Quand il est cuit, le laisser refroidir sur une plaque de cuisson munie d'un rebord, puis enlever le cure-dent et le hacher grossièrement. La cuisson des carottes demandera 12 à 20 minutes.

3. Pendant qu'elles cuisent, préparer le pesto : bien laver les fanes à l'eau froide, les secouer et jeter les tiges grossières. Hacher grossièrement et en mesurer 160 g bien tassées (s'il en manque, ajouter de la menthe ou du basilic frais). Au robot de cuisine, hacher finement les noisettes. Ajouter l'ail et les fanes de carotte, et hacher finement. Ajouter le fromage, le zeste et le jus de citron. Ajouter graduellement 60 ml d'huile d'olive et d'huile de noisette. Le pesto doit être épais mais se verser facilement; si besoin, ajouter un peu d'eau. Saler et poivrer selon votre goût: le pesto doit être bien relevé.

4. Mettre quelques cuillerées de pesto dans une ou des assiettes et y déposer les carottes grillées. Ou encore, disposer les carottes dans une ou des assiettes et les garnir de pesto, en servant le reste dans un bol à part. Et je ne dirais pas non à une garniture de fromage fraîchement râpé.

REMARQUE: il y aura probablement plus de pesto que nécessaire pour les carottes. Le reste pourra être servi sur d'autres légumes grillés ou sur des pâtes. Il se conservera au moins 3 jours au réfrigérateur dans un récipient fermé.

VARIANTE

CAROTTES FUMÉES-RÔTIES

Le fumage-rôtissage (dans une lèchefrite jetable en aluminium avec fumée de bois) est une autre excellente façon de cuire les carottes.

1. Régler le barbecue pour la cuisson indirecte et le chauffer à feu moyen-vif. Déposer les carottes et l'ail en une seule couche dans la lèchefrite. Arroser d'huile d'olive en remuant les carottes et l'ail pour bien les enrober, puis saler et poivrer généreusement de tous côtés.

2. Déposer la lèchefrite sur la grille du barbecue, à l'écart du feu. Pour enrichir un feu de charbon de bois, déposer les morceaux ou copeaux de bois sur la braise; pour un feu sur un barbecue au gaz, déposer les morceaux ou copeaux de bois dans la boîte de fumage ou sous la grille, directement sur un ou des brûleurs. Fermer le couvercle. En les retournant avec une pince à plusieurs reprises, fumer-rôtir les carottes 30 minutes ou jusqu'à ce qu'elles soient tendres. L'ail sera cuit au bout de 15 minutes. Le retirer avec une pince et le réserver pour le pesto.

3. Déposer la lèchefrite contenant les carottes directement au-dessus du feu et, en les retournant avec une pince, les cuire pendant 3 à 5 minutes ou jusqu'à ce qu'elles soient croquantes et dorées.

QUATUOR DE MAÏS GRILLÉ

QUANTITÉ 4 épis ; peut être multipliée à volonté

MÉTHODE cuisson directe ou cuisson sur la braise

PRÉPARATION 10 minutes

CUISSON 8 à 12 minutes

BARBECUE/ÉQUIPEMENT au charbon de bois, au gaz ou au bois. Ficelle de boucher (facultatif), triple épaisseur de papier d'aluminium pour protéger les feuilles de maïs du feu, plaque de cuisson avec rebord, gants isothermes ou brosse à poils durs (pour la cuisson sur la braise, page 147).

POUR EN SAVOIR PLUS autrefois, il fallait attendre le mois d'août pour trouver au marché du maïs bien frais. Bien que ce soit toujours le meilleur, l'arrivée de nouvelles variétés, permet d'en profiter pratiquement partout et en tout temps.

Durant ma jeunesse, le maïs grillé ne faisait pas partie de mes classiques. Ce n'est que lorsque j'ai commencé à faire des recherches pour mes livres que j'ai découvert à Trinidad les épis de maïs cuits au charbon de bois et arrosés de beurre aromatisé au *chadon beni* (terme employé dans les Caraïbes pour désigner le panicaut fétide, qu'on appelle souvent coriandre longue), au Cambodge le maïs grillé arrosé de lait de coco et de sauce de poisson et, bien sûr, au Mexique le désormais célèbre *elote* (maïs grillé tartiné de mayonnaise et parsemé de *cotija* piquant et d'assaisonnement au chili). De nos jours, presque tout le monde fait griller du maïs, et ce, avec raison, car rien ne vaut un feu vif pour intensifier sa douceur naturelle tout en lui conférant une irrésistible saveur de caramel fumé. Sans compter le contraste si alléchant du jaune et du noir. De même que le craquement des grains qui se fait entendre quand on le grille. Bien que j'aie beaucoup écrit sur le sujet au fil des ans, je découvre encore de nouvelles manières de l'apprêter.

Maïs grillé sur la braise dans ses feuilles.

MAÏS CUIT SUR LA BRAISE

Voici le maïs préhistorique, grillé de la façon la plus primitive qui soit, c'est-à-dire sur la braise. Contrairement aux autres méthodes présentées dans ces pages, il garde ses feuilles et ses soies. Ce sont elles qui alimentent le feu en fumée et permettent à celle-ci de s'infiltrer profondément entre les grains.

INGRÉDIENTS

4 épis de maïs, avec feuilles et soies intactes (ne pas faire tremper)

55 g de beurre doux fondu

Fleur de sel et poivre noir fraîchement moulu

1. Régler le barbecue pour la cuisson sur la braise. À l'aide d'un râteau de barbecue, étendre les braises en une couche uniforme et les éventer afin de disperser les cendres, le cas échéant.

2. Déposer le maïs sur la braise. Le griller environ 2 minutes de tous côtés, soit 8 minutes en tout, ou jusqu'à ce que les feuilles et les soies soient entièrement carbonisées.

3. Déposer les épis sur une plaque de cuisson munie d'un rebord. En portant des gants isothermes ou à l'aide d'une brosse à poils durs, retirer les feuilles et les soies brûlées et, le cas échéant, les cendres.

4. Déposer les épis dans une ou des assiettes et les badigeonner de beurre fondu. Saler et poivrer généreusement de tous côtés. Impossible d'obtenir un meilleur maïs que celui-là…

ELOTE D'ÉMILIE-ROMAGNE (MAÏS GRILLÉ AVEC AIL, BASILIC ET FROMAGE)

Les Mexicains cuisinent le maïs avec du fromage depuis des siècles (voir les *esquites*, page 78). Ceci m'a amené à me demander quel goût aurait l'*elote* s'il avait été inventé en Italie (et, en passant, si les Italiens faisaient griller le maïs, ce qu'ils commencent finalement à faire). Imaginez du maïs grillé fumé-sucré servi avec un beurre à l'ail grésillant et du basilic parfumé. La seule décision à prendre ici, c'est si vous emploierez du parmesan doux ou du *pecorino romano*, un fromage de brebis acidulé et piquant. Quel que soit votre choix, veillez à ce qu'il ait l'authenticité d'un fromage importé d'Italie.

INGRÉDIENTS

Huile végétale pour huiler la grille

4 épis de maïs avec leurs feuilles

55 g de beurre doux

1 gousse d'ail pelée et émincée

4 feuilles de basilic ciselées

Sel et poivre noir fraîchement moulu

120 g de parmesan ou de *pecorino romano* fraîchement et finement râpé

1. Régler le barbecue pour la cuisson directe et le chauffer à feu vif. Brosser ou gratter la grille et bien l'huiler.

2. Entre-temps, éplucher le maïs : couper les pointes des feuilles et les tirer vers l'arrière comme pour peler une banane, de manière à exposer tout l'épi, y compris la base. Attacher les feuilles avec une ficelle de boucher, de façon à former une sorte de poignée pour tenir le maïs. On peut aussi n'employer qu'une ou deux bandes de feuilles pour confectionner la poignée et jeter les autres. Retirer et jeter les soies (les fins filaments se trouvant entre les feuilles et l'épi).

3. Faire fondre le beurre dans une petite casserole. Ajouter l'ail et le basilic, et cuire à feu moyen-vif 2 minutes ou jusqu'à ce que la préparation soit parfumée mais non dorée.

4. Badigeonner légèrement les épis de beurre aromatisé, saler et poivrer. Déposer les épis sur la grille, en glissant une triple épaisseur de papier d'aluminium sous les feuilles nouées afin d'éviter qu'elles brûlent. En les tournant toutes les minutes environ, griller les épis jusqu'à ce que les grains soient bien dorés. Ils peuvent émettre le craquement caractéristique du maïs qui éclate, ce qui ne pose aucun problème. Arroser les épis en cours de cuisson avec le beurre aromatisé. Le temps de cuisson total sera de 8 à 12 minutes.

5. Déposer les épis dans une ou des assiettes et les badigeonner encore de beurre à l'ail et au basilic. Les parsemer de fromage râpé et servir.

MAÏS GRILLÉ
BEURRE AU WASABI ET SÉSAME

On sert le maïs grillé dans les *robatayaki* (restaurants servant des grillades) japonais, particulièrement quand le maïs doux d'Hokkaido est en saison. Voyez-le comme un substitut du *sushi nigiri*.

INGRÉDIENTS

Huile végétale pour huiler la grille

4 épis de maïs avec leurs feuilles

2 c. à café de wasabi en tube ou en poudre

55 g de beurre doux

2 c. à café de sauce soja

2 c. à soupe de graines de sésame grillées

1. Régler le barbecue pour la cuisson directe et le chauffer à feu vif. Brosser ou gratter la grille et bien l'huiler.

2. Entre-temps, éplucher le maïs : couper les pointes des feuilles et les tirer vers l'arrière comme pour peler une banane, de manière à exposer tout l'épi, y compris la base. Attacher les feuilles avec une ficelle de boucher, de façon à former une sorte de poignée pour tenir le maïs. On peut aussi n'employer qu'une ou deux bandes de feuilles pour confectionner la poignée et jeter les autres. Retirer et jeter les soies (les fins filaments se trouvant entre l'enveloppe et l'épi).

3. Déposer s'il est en poudre, le wasabi dans un petit bol. Ajouter 2 c. à café d'eau et remuer pour former une pâte. Laisser reposer 5 minutes afin que le wasabi développe sa saveur.

4. Dans une petite casserole, à feu moyen, faire fondre le beurre. Retirer la casserole du feu et ajouter la sauce soja et la pâte de wasabi.

5. Badigeonner légèrement les épis de beurre au wasabi et les déposer sur la grille, en glissant une triple épaisseur de papier d'aluminium sous les feuilles nouées afin d'éviter qu'elles brûlent. En les tournant toutes les minutes environ, griller les épis jusqu'à ce que les grains soient bien dorés. Ils peuvent émettre le craquement caractéristique du maïs qui éclate, ce qui ne pose aucun problème. Arroser les épis en cours de cuisson avec le beurre aromatisé. Le temps de cuisson total sera de 8 à 12 minutes.

6. Déposer les épis dans une ou des assiettes et les badigeonner encore de beurre au wasabi. Les parsemer de graines de sésame et servir.

MAÏS GRILLÉ
CURRY THAÏ ET NOIX DE COCO GRILLÉE

Cette recette doit plus à mon imagination qu'à ce qu'on trouve dans la cuisine de rue thaïlandaise. J'aime les effets exaltants de la pâte de curry rouge sur le maïs doux fumé. Vous en trouverez en boîte ou en pot dans les marchés asiatiques, au rayon des produits internationaux des supermarchés ou en ligne.

INGRÉDIENTS

Huile végétale pour huiler la grille

4 épis de maïs avec leurs feuilles

1 c. à soupe de pâte de curry thaï rouge

125 ml de lait de coco non sucré

80 g de noix de coco non sucrée, râpée et grillée

1. Régler le barbecue pour la cuisson directe et le chauffer à feu vif. Brosser ou gratter la grille et bien l'huiler.

2. Entre-temps, éplucher le maïs : couper les pointes des feuilles et les tirer vers l'arrière comme pour peler une banane, de manière à exposer tout l'épi, y compris la base. Attacher les feuilles avec une ficelle de boucher, de façon à former une sorte de poignée pour tenir le maïs. On peut aussi n'employer qu'une ou deux bandes de feuilles pour confectionner la poignée et jeter les autres. Retirer et jeter les soies (les fins filaments se trouvant entre les feuilles et l'épi).

3. Dans une petite casserole, à feu moyen, porter graduellement à ébullition la pâte de curry et le lait de coco, en battant afin de dissoudre la pâte.

4. Badigeonner légèrement les épis de la préparation au curry et les déposer sur la grille, en glissant une triple épaisseur de papier d'aluminium sous les feuilles nouées afin d'éviter qu'elles brûlent. En les tournant toutes les minutes environ, griller les épis jusqu'à ce que les grains soient bien dorés. Ils peuvent émettre le craquement caractéristique du maïs qui éclate, ce qui ne pose aucun problème. Arroser les épis en cours de cuisson avec le beurre aromatisé. Le temps de cuisson total sera de 8 à 12 minutes.

5. Déposer les épis dans une ou des assiettes et les badigeonner encore de préparation au curry. Les parsemer de noix de coco grillée et servir.

POIREAUX GRILLÉS À LA GRECQUE
FROMAGE DE BREBIS ET PRUNEAUX

QUANTITÉ 4 entrées ou plats d'accompagnement

MÉTHODE cuisson directe

PRÉPARATION 20 minutes

CUISSON 4 à 6 minutes

BARBECUE/ÉQUIPEMENT au charbon de bois, au gaz ou au bois. Casserole profonde et panier à vapeur ou marguerite, et une lèchefrite jetable en aluminium robuste ou un plat allant au four.

POUR EN SAVOIR PLUS il vous faut un fromage piquant et salé assez ferme pour être râpé, par exemple le kasséri, le kefalotýri ou le mizithra vieilli. Vous les trouverez dans les épiceries grecques ou en ligne. On peut aussi le remplacer par un fromage de brebis plus facile à trouver, comme le *pecorino romano* italien.

En Grèce, la coutume consistant à faire griller les aliments est vieille comme le monde. On trouve même une recette de bœuf grillé dans l'*Iliade* d'Homère. Vous connaissez certainement les grands classiques grecs, comme le souvláki (chiche-kebab), les côtelettes d'agneau grillées et le *gyros*, mais les légumes grillés de ce pays vous sont peut-être moins familiers. Heureusement, Diane Kochilas est là pour nous instruire ! Cette experte est née en Amérique mais installée à Athènes. Ses poireaux grillés, adaptés d'une ancienne recette macédonienne, associent ail noirci et fumé, pruneaux doux, fromage salé et vinaigre balsamique grec. Sans oublier le zeste de citron fraîchement râpé pour sa couleur vive. Il existe deux façons de faire griller un légume fibreux comme le poireau : la méthode espagnole (voir page 93), qui consiste à faire brûler les feuilles extérieures pour ne servir que le cœur fondant, et la cuisson dans l'eau ou à la vapeur pour l'attendrir, avant de le saisir sur le feu. Diane a recours à la deuxième méthode, et c'est ce qui m'a inspiré cette recette.

INGRÉDIENTS

- 4 poireaux de 2,5 cm de diamètre, parés et lavés (voir REMARQUE page 95)
- 6 c. à soupe d'huile d'olive vierge extra, de préférence grecque
- Gros sel et poivre noir fraîchement moulu
- 2 c. à soupe de vinaigre balsamique
- ½ c.à café de zeste de citron jaune, fraîchement et finement râpé
- 1 c. à soupe de jus de citron frais
- 4 pruneaux dénoyautés, coupés en petits dés
- Huile végétale pour huiler la grille
- 150 g de fromage de brebis ferme (kasséri, kefalotýri, mizithra vieilli ou *pecorino romano*)

1. Verser 2,5 cm d'eau dans une grande casserole ou une marguerite et porter à ébullition à feu vif. Déposer les poireaux dans le panier à vapeur, couvrir et cuire à la vapeur 10 minutes ou jusqu'à ce qu'ils soient tout juste tendres. Les déposer dans une lèchefrite ou un plat allant au four et les arroser de 3 c. à soupe d'huile d'olive. Saler et poivrer généreusement. On peut cuire les poireaux une journée à l'avance et les réfrigérer jusqu'au moment de préparer le plat.

2. Entre-temps, dans un petit bol, fouetter 3 c. à soupe d'huile d'olive, le vinaigre balsamique, le zeste et le jus de citron. En battant, ajouter les dés de pruneaux, puis saler et poivrer, selon votre goût. La sauce doit être bien relevée (on peut la préparer quelques heures à l'avance et la conserver à température ambiante).

3. Régler le barbecue pour la cuisson directe et le chauffer à feu vif. Brosser ou gratter la grille et bien l'huiler.

4. Déposer les poireaux sur la grille, en diagonale par rapport aux barreaux. En les retournant avec une pince à mi-cuisson, les griller 2 à 4 minutes de chaque côté, jusqu'à ce qu'ils soient dorés et striés de noir de tous côtés.

5. Disposer les poireaux dans une assiette de service. Les arroser à la cuillère de sauce aux pruneaux. Râper le fromage au-dessus des poireaux. Servir les poireaux chauds ou à température ambiante.

REMARQUE : pour une sauce plus piquante et plus acidulée, remplacer le vinaigre balsamique par du vinaigre de vin rouge.

TRANCHES DE COURGE DELICATA GRILLÉES

BACON ET SIROP D'ÉRABLE

QUANTITÉ 4 portions

MÉTHODE cuisson directe

PRÉPARATION 10 minutes

CUISSON 15 à 20 minutes

MÉTHODE cuisson directe ou à la plancha

BARBECUE/ÉQUIPEMENT au charbon de bois, au gaz ou au bois.

Autour de la deuxième semaine d'octobre, les marchés fermiers débordent de courges. Butternut allongée, courge poivrée crénelée, kabocha d'un orange vif, courge turban et, ma préférée, la delicata. Imaginez un beau cylindre beige strié de veines vert foncé et fermé par des extrémités arrondies. Cependant, c'est la saveur qui me séduit réellement : elle est douce, crémeuse, délicate (d'où le nom), avec une note de patate douce. On accentue cette douceur avec du sirop d'érable et on contrebalance avec du bacon sauté, ce dernier apportant son yang salé au yin sucré de la préparation. La cuisson au barbecue a pour effet de dorer la délicate peau comestible, qui contraste agréablement avec la chair tendre et crémeuse.

INGRÉDIENTS

2 courges delicata (environ 750 g en tout)

30 g de beurre

2 tranches de poitrine fumée, coupées en lardons de 5 mm

Gros sel et poivre noir fraîchement moulu

Huile végétale pour huiler la grille

3 c. à soupe de sirop d'érable (de préférence foncé)

1. Couper et jeter les bouts arrondis de la courge (enlever l'équivalent de 5 mm). Couper la courge en tranches de 1 cm tout au plus. À l'aide d'un couteau ou d'une cuillère, gratter la pulpe fibreuse et les graines. Ces dernières pourront être réservées pour un rôtissage ultérieur, voir REMARQUE.

2. Dans une petite poêle, à feu moyen-vif, faire fondre le beurre, puis frire les lardons 3 minutes ou jusqu'à ce qu'il soit doré et croustillant. Retirer la poêle du feu.

3. Badigeonner les deux côtés des tranches de courge de beurre fondu et de gras des lardons en laissant les morceaux dans la poêle. Saler et poivrer des deux côtés.

4. Régler le barbecue pour la cuisson directe sur deux zones. Chauffer une zone à feu moyen et l'autre à feu vif. Brosser ou gratter la grille et bien l'huiler.

5. Déposer les tranches de courge sur la grille au-dessus de la zone de cuisson à feu moyen et les griller jusqu'à ce qu'elles soient légèrement dorées et tendres (vérifier à l'aide d'une brochette en bambou). Il faudra 5 à 8 minutes de cuisson de chaque côté. Veiller à ne pas laisser brûler !

6. Entre-temps, ajouter le sirop d'érable dans la poêle avec les lardons et mélanger. Enduire le dessus des tranches de courge de la partie liquide de cette préparation. Quand le dessous grésille et est doré, retourner les tranches et arroser le dessus de la préparation au sirop d'érable et aux lardons.

7. Déposer les tranches de courge grillées dans une ou des assiettes. Les arroser à la cuillère du reste de préparation au sirop d'érable et aux lardons (y compris les lardons) et servir aussitôt.

REMARQUE : pour faire rôtir les graines de courge, bien les rincer et retirer la pulpe fibreuse, puis les éponger. Les déposer dans une lèchefrite jetable en aluminium et les arroser d'un peu d'huile d'olive. Saler et poivrer généreusement, puis remuer. Régler le barbecue pour la cuisson indirecte et le chauffer à feu moyen-vif. En les remuant de temps à autre, griller les graines 15 minutes ou jusqu'à ce qu'elles soient dorées et croustillantes.

POUR EN SAVOIR PLUS

d'autres courges d'hiver conviennent également pour cette recette, notamment la poivrée, la *sweet dumpling* (patidou) et la kabocha. Ceux qui ne mangent pas de viande peuvent, par ailleurs, remplacer la poitrine fumée et son gras par du beurre. Ceux qui ne consomment pas de produits laitiers peuvent mélanger le sirop d'érable avec de l'huile de sésame ou de l'huile d'olive vierge extra. Il y a deux méthodes pour cuire la courge : par cuisson directe sur un feu à deux zones (feu moyen pour la cuisson de la courge, puis feu vif pour saisir le glaçage), ou à la plancha.

FENOUIL GRILLÉ
ET GORGONZOLA

QUANTITÉ 4 portions

MÉTHODE cuisson directe

PRÉPARATION 10 minutes

CUISSON 6 à 8 minutes

BARBECUE/ÉQUIPEMENT
au charbon de bois, au gaz ou au bois. Pour plus de saveur, faites griller sur un feu de bois ou enrichi de bois. Pour enrichir un feu de charbon de bois ou de bois, il vous faudra des morceaux ou copeaux de bois dur (non trempés), voir page 16.

POUR EN SAVOIR PLUS
le bulbe de fenouil doit être bien ferme. S'il est vendu avec ses feuilles, gardez celles-ci pour farcir un poisson ou pour les déposer sur le feu de charbon de bois ou de bois afin de générer de la fumée à saveur anisée.

REMARQUE le gorgonzola se présente en deux saveurs, le *dolce* et le *piccante*. Le premier est tendre et doux, comme son nom l'indique, tandis que le second est plus acidulé et plus piquant. Tous deux conviennent ici.

Croisez du céleri avec de la réglisse et vous obtiendrez du fenouil. Faites-le cuire au barbecue et vous aurez une révélation. Ce légume à saveur d'anis peut absorber les parfums de fumée et de feu sans perdre son agréable croustillant. Nul ne le réussit aussi bien que mon ami et maître du gril Alfio Sapienza. Il le grille assez longtemps pour lui conférer une saveur de brûlé, mais assez brièvement pour préserver sa texture croustillante. Il l'associe au gorgonzola *dolce*, un bleu crémeux de Lombardie qui apporte au fenouil doux un contraste salé. Les baies (facultatif) explosent de saveur en bouche.

INGRÉDIENTS

- 2 bulbes de fenouil moyens
- 30 g de beurre fondu, de préférence salé, ou d'huile d'olive vierge extra (de préférence toscane)
- Sel et poivre noir fraîchement moulu
- Huile végétale pour huiler la grille
- 125 g de gorgonzola ou de gorgonzola *dolce*, tranché finement (voir REMARQUE)
- 1 c. à soupe de ciboulette fraîche émincée
- 1 c. à café de baies rose (facultatif)

1. Couper les tiges des bulbes de fenouil (les conserver pour une séance ultérieure de cuisson au barbecue – voir Pour en savoir plus). Enlever au couteau une fine tranche côté racine, puis jeter les premières feuilles si elles sont flétries ou abîmées. En tenant les bulbes debout, les couper de haut en bas en tranches d'environ 5 mm d'épaisseur. Badigeonner légèrement de beurre fondu les deux côtés des tranches, saler et poivrer.

2. Entre-temps, régler le barbecue pour la cuisson directe et le chauffer à feu moyen-vif. Brosser ou gratter la grille et bien l'huiler. Pour enrichir un feu de charbon de bois, déposer les morceaux ou copeaux de bois sur la braise ; pour un feu sur un barbecue au gaz, déposer les morceaux ou copeaux de bois dans la boîte de fumage ou sous la grille, directement sur un ou des brûleurs.

3. Déposer les tranches de fenouil sur la grille, en diagonale par rapport aux barreaux. Les griller 3 ou 4 minutes ou jusqu'à ce que le dessous soit doré, en les tournant d'un quart de tour à mi-cuisson. Si les tranches ne cuisent pas assez rapidement, augmenter la température du feu.

4. Retourner les tranches de fenouil. Les couvrir d'une fine tranche de gorgonzola. Fermer le couvercle pour préserver la chaleur et faire fondre le fromage. Poursuivre la cuisson 3 ou 4 minutes ou jusqu'à ce que le dessous soit grillé et que le fromage commence à fondre, en les tournant d'un quart de tour à mi-cuisson. Le temps de cuisson total sera de 6 à 8 minutes.

5. Disposer les tranches de fenouil dans une ou des assiettes. Parsemer de ciboulette et de baies rose, si l'on désire. Servir aussitôt.

TOPINAMBOURS *BRAVOS*
(TOPINAMBOURS ET SAUCE TOMATE ÉPICÉE ET GRILLÉE)

Le topinambour est peut-être le secret le mieux gardé de la planète barbecue. Ce tubercule bosselé possède une saveur douce qui peut rappeler celle de l'artichaut, en plus terreux. Il devient croustillant à la cuisson, tout comme la pomme de terre, et sa chair poreuse absorbe les saveurs comme une éponge. Ici, on le prépare à la manière des *patatas bravas* catalanes, avec une sauce aux noix et à la tomate épicée et grillée, comme le veut la coutume. Quant à son autre nom « artichaut de Jérusalem », il résulte d'une déformation de l'italien *girasole*, qui signifie tournesol, plante à laquelle le topinambour est apparenté. De *girasole* à Jérusalem, il n'y avait qu'un pas… auditif à faire. Voilà pour la leçon d'étymologie d'aujourd'hui. Passons maintenant à table !

QUANTITÉ 4 portions

MÉTHODE fumage-rôtissage (cuisson indirecte avec fumée de bois) ou cuisson indirecte suivie de cuisson directe

PRÉPARATION 5 minutes

CUISSON environ 45 minutes

BARBECUE/ÉQUIPEMENT
cuisson au charbon de bois ou au gaz possible, mais on obtiendra une meilleure saveur fumée sur un barbecue au charbon de bois. Brosse à légumes à poils durs, lèchefrite jetable en aluminium de 23 x 33 cm et morceaux ou copeaux de bois dur (trempés), voir page 16.

POUR EN SAVOIR PLUS
on trouve des topinambours toute l'année, mais c'est d'octobre à avril qu'ils ont le plus de saveur, idéalement après un premier gel. Ici, ils sont fumés-rôtis (grillés par cuisson indirecte avec fumée de bois). Pour plus de saveur encore, les griller directement sur la braise.

INGRÉDIENTS

1 kg de topinambours

4 à 8 gousses d'ail, non pelées (facultatif, selon qu'on aime l'ail ou pas)

2 c. à soupe d'huile d'olive vierge extra, de préférence espagnole et plus au besoin

Gros sel et poivre noir fraîchement moulu

2 c. à soupe de persil plat frais, ciselé, pour le service

Salsa brava (voir page 242)

Aïoli fumé (facultatif ; voir page 246)

1. Brosser les topinambours sous l'eau froide à l'aide d'une brosse à légumes à poils durs (inutile de les peler). Les éponger avec un essuie-tout. Couper les plus gros, le cas échéant, en deux ou en quatre afin que tous les morceaux soient de la même grosseur.

2. Régler le barbecue pour la cuisson indirecte et le chauffer à feu moyen-vif.

3. Déposer les topinambours et l'ail, si l'on désire, en une seule couche dans une lèchefrite jetable en aluminium. En remuant, ajouter l'huile d'olive, puis saler et poivrer généreusement.

4. Déposer la lèchefrite contenant les topinambours sur la grille à l'écart du feu. Pour enrichir un feu de charbon de bois, déposer les morceaux ou copeaux de bois sur la braise ; pour un feu sur un barbecue au gaz, les déposer dans la boîte de fumage ou mettre des morceaux sous la grille, directement sur un ou des brûleurs. Fermer le couvercle.

5. Fumer-rôtir les topinambours environ 40 minutes ou jusqu'à ce qu'ils soient dorés et presque tendres. Les remuer à l'occasion pour que leur cuisson soit uniforme.

6. Déposer la lèchefrite directement au-dessus du feu et, en remuant souvent, griller les topinambours à cuisson directe au-dessus du feu pendant 3 à 5 minutes ou jusqu'à ce que l'extérieur soit bien doré et croustillant.

7. Disposer les topinambours dans un bol de service peu profond ou dans des assiettes et parsemer de persil. Les arroser à la cuillère de *salsa brava* ou servir celle-ci à côté. Pour un plat vraiment décadent, arroser d'aïoli fumé.

PANAIS FUMÉS-RÔTIS
ET CÂPRES CROUSTILLANTES

QUANTITÉ 4 portions

MÉTHODE fumage-rôtissage (cuisson indirecte avec fumée de bois)

PRÉPARATION 10 minutes

CUISSON 40 à 60 minutes

BARBECUE/ÉQUIPEMENT
cuisson au charbon de bois ou au gaz possible, mais le résultat sera meilleur sur un feu de charbon de bois. Lèchefrite jetable en aluminium de 23 x 33 cm et morceaux ou copeaux de bois dur (trempés), voir page 16.

POUR EN SAVOIR PLUS
le panais a l'air d'une carotte blanche, mais la ressemblance s'arrête là. Plus gros à une extrémité que la carotte, il doit être coupé pour donner des morceaux de taille égale. Il est également plus tendre et plus doux, et requiert donc du sel et du croquant (fourni ici par les câpres frites) pour contrebalancer une partie de son sucre. Ce légume se trouve pratiquement toute l'année, mais il est meilleur en automne et en hiver.

Il est possible de transformer le panais, ce légume-racine, en un plat fin. Il sera cuit en deux temps, comme c'est souvent le cas pour les légumes denses : d'abord indirectement dans une lèchefrite en aluminium afin de l'attendrir ; puis directement au-dessus du feu pour le dorer et le caraméliser. Ajoutez des câpres croquantes et salées et une douce bouffée de fumée, et vous pourriez vous retrouver à déguster le meilleur plat de panais de votre vie !

REMARQUE : pour plus de croustillant, cuire les panais du début à la fin dans la lèchefrite, ce qui demandera environ 10 minutes. Il faudra toutefois les remuer souvent à l'aide d'une pince.

INGRÉDIENTS

1 kg de panais épluchés, extrémités parées

2 c. à soupe d'huile d'olive vierge extra et plus au besoin

Sel et poivre noir fraîchement moulu

3 c. à soupe de câpres en saumure égouttées

40 g de beurre doux

1. Couper les panais en deux sur la largeur. Couper la partie la plus épaisse en deux ou en quatre sur la longueur afin d'avoir des morceaux de taille à peu près égale.

2. Régler le barbecue pour la cuisson indirecte et le chauffer à feu moyen-vif.

3. Déposer les panais en une seule couche dans une lèchefrite en aluminium. En remuant, ajouter l'huile d'olive, puis saler et poivrer généreusement.

4. Déposer la lèchefrite sur la grille à l'écart du feu. Pour enrichir un feu de charbon de bois, déposer les morceaux ou copeaux de bois sur la braise ; pour un feu sur barbecue au gaz, les déposer dans la boîte de fumage ou mettre des morceaux sous la grille, directement sur un ou des brûleurs. Fermer le couvercle afin de retenir chaleur et fumée.

5. En les retournant avec une pince à quelques reprises afin que leur cuisson soit uniforme, fumer-rôtir les panais pendant 30 à 40 minutes ou jusqu'à ce qu'ils soient tout juste tendres.

6. Ouvrir le couvercle et déposer la lèchefrite directement au-dessus du feu et, en les retournant avec une pince, griller les panais pendant 3 à 5 minutes ou jusqu'à ce qu'ils soient bien dorés et croustillants.

7. Entre-temps, faire frire les câpres : dans une petite casserole, faire fondre le beurre à feu moyen-vif. Ajouter les câpres et, en remuant avec une cuillère, les frire environ 3 minutes.

8. Déposer les panais et leur jus de cuisson dans une assiette (ou les servir directement dans la lèchefrite). Les garnir de câpres frites et de beurre, et servir.

BANANES PLANTAIN GRILLÉES

SIROP DE CANNE ET SUCRE ROUX

Si la banane plantain est une nouveauté pour certains, elle est depuis longtemps primordiale pour alimenter une grande partie de la population mondiale. On la consomme à tous les stades de maturité, de dure et verte avec un goût amidonné, comme une pomme de terre, à molle et noire (pensez à une banane trop mûre). Celle qu'il vous faut ici est vendue sous le nom espagnol de *pinton* : elle est à demi mûre et possède une peau jaune marquée de noir, stade auquel sa saveur s'approche de celle de la banane tout en étant encore assez ferme pour supporter la chaleur vive du barbecue. Si vous la connaissez mal ou pas du tout, sachez que c'est un fruit qui mérite vraiment d'être goûté, particulièrement quand il est badigeonné de sirop de canne artisanal et carbonisé au barbecue ! Ajoutez de la cannelle et un peu de sucre roux, et vous vous demanderez pourquoi vous n'avez pas découvert ou apprécié la banane plantain plus tôt. Servez-la en entrée ou comme accompagnement. Vous pourriez même la flamber au rhum brun et la servir au dessert, avec de la crème glacée.

QUANTITÉ 4 à 8 portions

MÉTHODE cuisson directe

PRÉPARATION 10 minutes

CUISSON 6 à 8 minutes

BARBECUE/ÉQUIPEMENT au charbon de bois, au gaz ou au bois.

POUR EN SAVOIR PLUS
on trouve des bananes plantain dans les épiceries antillaises et dans certains supermarchés. La peau doit être jaune et noire. Si elles sont vertes, laissez-les mûrir à température ambiante : cela peut demander jusqu'à dix jours. Si vous les aimez vraiment sucrées, laissez-les mûrir jusqu'à ce que la peau noircisse. Pour le sirop de canne à sucre, recherchez une marque artisanale.

INGRÉDIENTS

Huile végétale pour huiler la grille

4 bananes plantain à demi mûres (à la peau jaune marquée de noir)

55 g de beurre (de préférence salé)

4 c. à soupe de sirop de canne foncé

½ c. à café de cannelle moulue et plus pour saupoudrer

4 c. à soupe de sucre roux

1. Régler le barbecue pour la cuisson directe et le chauffer à feu vif. Brosser ou gratter la grille et bien l'huiler.

2. Parer les extrémités des bananes plantain, mais ne pas les peler. Les couper en deux sur la longueur.

3. Dans une petite casserole, à feu moyen-vif, porter à ébullition le beurre, le sirop de canne et la cannelle. Badigeonner légèrement de ce sirop les côtés coupés des bananes plantain.

4. Déposer les moitiés de bananes plantain sur la grille, côté coupé dessous, et les griller environ 3 minutes ou jusqu'à ce qu'elles soient dorées, en les tournant d'un quart de tour à mi-cuisson.

5. Retourner les bananes plantain. Les badigeonner de nouveau de sirop et les saupoudrer de sucre roux. Baisser le couvercle et poursuivre la cuisson jusqu'à ce que le sucre soit croustillant et que les bananes plantain soient tendres (vérifier avec un cure-dent). Une fois cuite, la chair se détachera de la peau, ce qui prendra 3 à 5 minutes.

6. Déposer les bananes plantain dans une ou des assiettes. Enlever et jeter la pelure. Arroser les bananes plantain du reste du sirop et servir.

VARIANTE

BANANES PLANTAIN GRILLÉES À LA CORIANDRE, À L'AIL ET AUX OIGNONS VERTS

La banane plantain est l'un de ces fruits-légumes caméléons qu'on peut servir sucrés en accompagnement (à l'instar de la patate douce confite) ou salés comme féculent (comme les pommes de terre rôties). Ici, elle est aromatisée à l'ail, aux oignons verts et à la coriandre. Optez pour des bananes plantain à la peau jaunâtre avec très peu de taches noires.

INGRÉDIENTS

Huile végétale pour huiler la grille

115 g de beurre doux ou d'huile d'olive vierge extra

2 gousses d'ail pelées et émincées

2 oignons verts, parties verte et blanche parées et émincées

80 g de coriandre fraîche ciselée

Sel et poivre noir fraîchement moulu

4 bananes plantain à demi mûres

1. Chauffer le barbecue à feu vif. Brosser ou gratter la grille et bien l'huiler.

2. Dans une petite casserole, à feu moyen-vif, faire fondre le beurre. Ajouter l'ail, les oignons verts et 40 g de coriandre. En remuant souvent, cuire 2 minutes ou jusqu'à ce que l'ail libère son arôme et commence à dorer. Saler et poivrer selon votre goût.

3. Couper les bananes plantain en deux comme décrit à l'étape 2 de la recette principale. Badigeonner les côtés coupés de beurre aromatisé.

4. Griller les bananes plantain, côté coupé dessous, comme décrit à l'étape 4 (voir page 162). Les retourner et les griller en les arrosant à nouveau de beurre aromatisé. Vérifier le degré de cuisson comme décrit à l'étape 5 (voir page 162).

5. Servir les bananes plantain en les arrosant du reste du beurre aromatisé et en les parsemant du reste de la coriandre.

BROCHETTES DE POMMES DE TERRE À L'ARMÉNIENNE

L'idée est tellement simple qu'on se demande pourquoi on n'y a pas pensé plus tôt. On prend d'abord des tranches épaisses de pomme de terre (du genre chips bien musclées). On les badigeonne de mayonnaise (je n'y aurais pas pensé) et on les assaisonne d'épices moyen-orientales (forcément du piment d'Alep et du sumac), puis on les met à griller sur du charbon de bois brûlant. Résultat: des pommes de terre croustillantes sur les bords, tendres au centre et infusées d'épices parfumées et de saveur fumée.

QUANTITÉ 2 à 4 portions

MÉTHODE cuisson directe

PRÉPARATION 10 minutes

CUISSON 16 à 20 minutes

BARBECUE/ÉQUIPEMENT
charbon de bois, gaz ou bois (les Arméniens ont un faible pour le barbecue au charbon de bois, mais je préfère le bois). Brochettes plates en métal ou en bambou (idéalement de 5 mm de large) et plaque de cuisson avec rebord.

INGRÉDIENTS

- 2 grosses pommes de terre à cuire au four, lavées et grattées (750 g en tout)
- 60 ml de mayonnaise, ou selon besoin
- 1 c. à soupe d'huile d'olive vierge extra
- 2 c. à café de gros sel
- 2 c. à café de poivre noir fraîchement moulu
- 2 c. à café de paprika doux ou fumé
- 2 c. à café de piment d'Alep ou de paprika fort (ou de paprika doux additionnel)
- 1 c. à café de sumac (facultatif)
- Huile végétale pour huiler la grille, si cuisson directe sur la grille
- Zeste de citron jaune fraîchement et finement râpé pour la garniture (facultatif)

POUR EN SAVOIR PLUS il faut de grosses pommes de terre, par exemple des charlottes. Par souci d'authenticité, vous devriez utiliser du piment d'Alep, piment fort originaire de Syrie, et du sumac, une poudre acidulée tirée de la baie rouge d'un arbuste. À défaut, on peut assaisonner les pommes de terre avec du paprika, du sel et du poivre : le résultat sera quand même remarquable.
REMARQUE : les Arméniens cuisent traditionnellement leurs brochettes sur un *mangal*, un barbecue dépourvu de grille. Cela élimine le risque, faible, que les pommes de terre adhèrent aux barreaux de la grille. Si vous désirez reproduire la technique sur un barbecue occidental, déposer deux briques réfractaires sur la grille, l'une devant, l'autre derrière, et déposer les brochettes dessus. Pour ma part, je grille ces brochettes directement sur la grille sans rencontrer le moindre problème.

1. Couper les pommes de terre en tranches de 7 mm. Les enfiler en biais (à travers les faces coupées) sur des brochettes en métal. Elles peuvent se toucher ou se chevaucher légèrement. Le but est de maximiser la surface plate des pommes de terre qui sera exposée au feu.

2. Dans un petit bol, mélanger la mayonnaise et l'huile d'olive. Dans un autre petit bol, mélanger avec les doigts le sel, le poivre, le paprika, le piment d'Alep et le sumac, si l'on désire.

3. En travaillant au-dessus d'une plaque de cuisson munie d'un rebord, badigeonner les deux côtés des pommes de terre de la préparation de mayonnaise, puis les saupoudrer d'épices. Il en restera peut-être, auquel cas on les ajoutera en fin de cuisson.

4. Régler le barbecue pour la cuisson directe et le chauffer à feu moyen-vif. Si la cuisson est faite directement sur la grille (voir Pour en savoir plus), bien la brosser, ou la gratter et l'huiler.

5. Déposer les pommes de terre sur la grille. En les retournant à plusieurs reprises, les griller pendant 8 à 10 minutes de chaque côté ou jusqu'à ce qu'elles soient dorées et tendres.

6. Disposer les pommes de terre dans une ou des assiettes et retirer les brochettes (ne jamais rien consommer directement sur une brochette de métal chaude). La saveur des pommes de terre ainsi cuites ne ressemble à rien d'autre.

REMARQUE : râper du zeste de citron frais au-dessus de ses pommes de terre avant de les servir est une excellente idée.

On enfile les tranches de pomme de terre en biais.

CHAMPIGNONS EN GRAPPE À SAVEUR UMAMI

Capables d'absorber facilement les sauces au beurre et la fumée de bois, les champignons sont nés pour être grillés ! Certains champignons en grappe sont si gros qu'on peut les servir comme des rôtis végétaux. Toutes les espèces sont riches en saveur umami, ce goût complexe de saveurs salée, terreuse et carnée associées au glutamate, un acide aminé présent dans divers autres aliments, tels que les fruits de mer, la tomate mûre et le parmesan. Pour exalter cette saveur, vous arroserez les champignons grillés de mon beurre umami, composé de sauce soja et d'algue nori. REMARQUE : je sers généralement une grappe de 125 g par personne.

QUANTITÉ 4 portions

MÉTHODE cuisson directe

PRÉPARATION 10 minutes

CUISSON 6 à 8 minutes

BARBECUE/ÉQUIPEMENT au charbon de bois, au gaz ou au bois. Grille posée sur une plaque de cuisson avec rebord.

POUR EN SAVOIR PLUS plusieurs espèces de champignons poussent en grappe, dont la poule des bois (*Grifola frondosa*) rare, l'enokitaké ou collybie à pied velouté (*Flammulina velutipes*) et le pleurote en huitre (*Pleurotus ostreatus*). Cependant, la saveur de tout champignon comestible grillé avec ce beurre riche en umami sera fabuleuse (celle du bifteck aussi, d'ailleurs). On trouve assez facilement des enokis et des pleurotes au supermarché. Les marchés sont généralement un bon endroit pour trouver également d'autres espèces.

INGRÉDIENTS

500 (4 fois 125) g de champignons en grappe

Huile végétale pour huiler la grille

1 grande feuille d'algue nori (ou 4 petites feuilles de nori grillé)

80 g de beurre doux à température ambiante

2 c. à café de sauce soja, ou selon votre goût

1 c. à soupe de graines de sésame grillées, ou 1 c. à café d'huile de sésame grillé

50 g de parmesan frais, râpé finement (facultatif)

1. Parer l'extrémité des pieds des champignons en laissant la grappe entière.

2. Régler le barbecue pour la cuisson directe et le chauffer à feu moyen-vif. Brosser ou gratter la grille et bien l'huiler.

3. Si on utilise une grande feuille de nori, la griller quelques secondes de chaque côté sur la grille du barbecue. La laisser refroidir sur une grille posée sur une plaque de cuisson munie d'un rebord.

4. Préparer le beurre umami : émietter la feuille de nori dans un bol ou la hacher finement. Ajouter le beurre, la sauce soja et les graines de sésame, et battre jusqu'à ce que la préparation soit crémeuse.

5. Badigeonner de beurre umami tous les côtés des champignons. En les retournant souvent avec la pince, les griller pendant 6 à 8 minutes ou jusqu'à ce qu'ils grésillent et soient dorés. Les arroser de beurre durant la cuisson, puis encore au moment de servir. Servir chaud. Qui aime mélanger les cultures culinaires peut saupoudrer de parmesan.

CHAPITRE 7

PLATS DE RÉSISTANCE

Nous voici rendus à la « viande » métaphorique de notre thème, à savoir ces plats grillés assez substantiels pour être considérés comme des plats principaux. Certains contiennent effectivement de la viande, par exemple la papillote à la mode cajun (avec andouille) et les roulades de courgette (farcies de pepperoni et de provolone), mais la plupart en sont exempts, par exemple le chou romanesco à la sauce romesco, ou ma variante de l'aubergine au parmesan, grillée sur une planche de cèdre carbonisée. D'autres sont des variantes de plats classiques familiaux, tels que le chou-fleur à la mode de Nashville ou la courge poivrée fumée-rôtie farcie d'un flan crémeux au parmesan. Quant à la paella de légumes grillés, elle est assez consistante pour se qualifier non seulement comme plat principal, mais comme repas complet à elle seule ! Allumez donc votre barbecue : dans ce chapitre, les bonnes choses ne se présentent pas seulement en petit format.

RECETTES

Chou romanesco à la sauce romesco

Choux de Bruxelles rôtis, huile au curcuma et aux feuilles de curry

Le petit déjeuner du gaucho

Papillote à la mode cajun

Méchoui de chou-fleur aux épices marocaines et *chermoula*

Chou-fleur à la mode de Nashville

Aubergine au parmesan sur planche de cèdre

Pommes de terre façon Raichlen

Patates douces cuites sur la braise, *dukkah* et yogourt au citron

Courge poivrée fumée et flan au parmesan

Courge grillée deux fois et pralin de graines de citrouille

Courge butternut, sauce teriyaki thaïe

Roulades de courgette au pepperoni, au provolone et à la sauge

Polenta cuite sur le feu et mélange de champignons grillés

Paella de légumes grillés

CHOU ROMANESCO
À LA SAUCE ROMESCO

QUANTITÉ 4 portions

MÉTHODE cuisson directe

PRÉPARATION 15 minutes

CUISSON 6 à 9 minutes

BARBECUE/ÉQUIPEMENT
au charbon de bois, au gaz ou au bois (ce sera meilleur sur un feu de bois). On peut aussi enrichir un feu de charbon de bois ou un barbecue au gaz avec des morceaux ou copeaux de bois dur (non trempés), voir page 16.

POUR EN SAVOIR PLUS
La recette est simple, mais il faut griller, en plus du chou romanesco, les ingrédients de la sauce. Planification, donc! Vous pouvez faire comme moi et préparer la sauce à l'avance, par exemple lors d'une précédente séance de cuisson.

Le chou romanesco est une variété de chou-fleur qui donne l'impression d'avoir été croisée avec du brocoli. Ce légume a la forme d'un cône, est de couleur chartreuse et possède une saveur et une texture remarquables, qui diffèrent sensiblement de celles de son proche parent. Sans compter qu'il présente un grand intérêt pour les mathématiciens, car il est constitué d'un ensemble d'inflorescences pyramidales disposées en couronnes spiralées selon la suite de Fibonacci (ainsi nommée en l'honneur d'un Italien du Moyen Âge). Sa forme géométrique est dite fractale: chacune des inflorescences reproduit la forme pyramidale du chou-fleur entier, mais à une échelle progressivement et géométriquement plus petite. En ce qui concerne la suite de Fibonacci, il s'agit d'une formule mathématique selon laquelle sont disposés divers éléments de la nature, dont le coquillage d'un nautile, les graines de tournesol et, bien sûr, les inflorescences du chou romanesco. Que vous ayez tout compris ou pas, cela ne peut que maximiser votre plaisir à servir ce légume grillé avec sa riche sauce romesco, une merveille du pays catalan. Conseil: préparez la sauce à l'avance pour pouvoir vous concentrer sur la cuisson du chou romanesco.

INGRÉDIENTS

- 750 g à 1 kg de chou romanesco (2 ou 3 têtes)
- Gros sel, sel
- Huile végétale pour huiler la grille
- Huile d'olive vierge extra
- Poivre noir fraîchement moulu
- Cumin moulu
- Sauce romesco (voir recette ci-dessous)

1. Parer les feuilles à la base des choux romanesco et couper les têtes en quatre quartiers.

2. Dans une grande casserole, porter 3 litres d'eau salée à ébullition. Faire bouillir les choux romanesco 2 minutes, les égoutter, les rincer sous l'eau froide, les égoutter de nouveau, puis les éponger avec un essuie-tout.

3. Régler le barbecue pour la cuisson directe et le chauffer à feu moyen-vif. Idéalement, la cuisson se fera sur un feu de bois. Pour enrichir un feu de charbon de bois, déposer les morceaux ou copeaux de bois sur la braise; pour un feu sur un barbecue au gaz, déposer les morceaux ou copeaux de bois dans la boîte de fumage ou sous la grille, directement sur un ou des brûleurs. Brosser ou gratter la grille et bien l'huiler.

4. Badigeonner légèrement d'huile d'olive tous les côtés des quartiers de chou romanesco, puis assaisonner généreusement de sel, de poivre et de cumin. Déposer les quartiers de chou romanesco sur la grille et, en les retournant avec une pince, les griller de tous côtés pendant 6 à 9 minutes en tout (2 ou 3 minutes de chaque côté, considérant qu'il y en a 3) ou jusqu'à ce qu'ils soient tendres et bien dorés.

5. Étaler la sauce romesco sur une ou des assiettes. Disposer le chou romanesco grillé dessus et servir.

SAUCE ROMESCO

QUANTITÉ 750 ml à 1 litre, selon la taille des tomates

MÉTHODE cuisson directe

PRÉPARATION 15 minutes, plus 30 minutes pour le trempage des piments

CUISSON 15 minutes

BARBECUE/ÉQUIPEMENT au charbon de bois, au gaz ou au bois. Brochette en bois et robot de cuisine.

POUR EN SAVOIR PLUS les Marcona sont des amandes rondes frites provenant d'Espagne dont la saveur de beurre diffère de celle des amandes de Californie (lesquelles conviennent également). Le niora est un piment foncé, rond, aromatique mais peu piquant, produit en Espagne. On peut le remplacer par le poblano ou le pasilla.

On pourrait dire que la sauce romesco est l'âme de la Catalogne, car elle est essentielle pour de nombreux légumes grillés dont les calçots, ces oignons verts grillés populaires dans toute la région (voir page 165). Non seulement elle accompagne divers plats grillés, mais elle est elle-même composée d'ingrédients grillés qui lui confèrent toute sa saveur. Certaines variantes sont épaisses comme du pesto, et d'autres liquides comme une vinaigrette, mais toutes possèdent la douce saveur fumée des poivrons, des oignons grillés, de l'ail et des piments, ainsi que le goût acidulé du vinaigre de xérès. La consistance et la texture de la sauce constituent une autre de ses caractéristiques, les amandes et le pain grillé (facultatif; il sert d'épaississant) en faisant une sauce dans laquelle on croque agréablement! Ici, je la sers avec des choux romanesco, mais elle peut accompagner une foule d'autres légumes – poireaux, asperges, artichauts et brocolis grillés, notamment. En réalité, il est difficile d'en imaginer un qui ne brillerait pas en sa présence!

INGRÉDIENTS

3 piments niora, ou 1 poblano, ou 1 pasilla

Huile végétale pour huiler la grille

4 tomates rouges moyennes, bien mûres

2 poivrons rouges

1 oignon moyen, pelé et coupé en quatre, et enfilé sur une brochette en bois

4 gousses d'ail, pelées et enfilées sur un cure-dent en bois

80 g d'amandes Marcona ou d'amandes grillées

2 c. à café de paprika fumé ou de paprika doux

125 ml d'huile d'olive vierge extra, ou plus si besoin

2 c. à soupe de vinaigre de xérès, ou de vinaigre de riz, ou selon votre goût

Sel et poivre noir fraîchement moulu

1. Dans un petit bol, couvrir les piments séchés d'eau et les laisser tremper environ 30 minutes ou jusqu'à ce qu'ils soient tendres, en les retournant une ou deux fois. Les égoutter en réservant le liquide de trempage. Enlever le pédoncule et les graines. Les déchiqueter en morceaux de 2,5 cm.

2. Entre-temps, régler le barbecue pour la cuisson directe et le chauffer à feu vif. Brosser ou gratter la grille et bien l'huiler.

3. Déposer les tomates, les poivrons et l'oignon sur la grille et, en les retournant avec une pince, les griller 2 ou 3 minutes de chaque côté, soit 6 à 9 minutes en tout, ou jusqu'à ce qu'ils soient carbonisés de tous côtés. Griller l'ail 1 ou 2 minutes de chaque côté, ou jusqu'à ce qu'il soit doré.

REMARQUE : si les gousses commencent à brûler, glisser du papier d'aluminium dessous. Retirer les légumes du barbecue à mesure qu'ils sont cuits et les écrire à la suite sur une planche à découper.

4. Gratter la peau brûlée des poivrons, des tomates et de l'oignon (on peut laisser quelques lamelles de peau brûlée : elles conféreront couleur et saveur à la sauce). Enlever le pédoncule et les graines des poivrons. Couper l'extrémité dure des tomates et l'extrémité côté racines de l'oignon et les jeter. Retirer l'ail de la brochette. Couper les légumes en morceaux de 2,5 cm

5. Au robot de cuisine, moudre les amandes en poudre fine, en pulsant. Ajouter les légumes grillés, le paprika fumé et les nioras égouttés, et transformer en purée lisse. Ajouter graduellement l'huile d'olive, le vinaigre de xérès et suffisamment de liquide de trempage des nioras pour obtenir une sauce épaisse mais qui se verse facilement. Ajouter le sel, le poivre et du vinaigre selon votre goût : la sauce doit être bien relevée.

6. Étaler à la cuillère la sauce romesco sur une ou des assiettes et y déposer les choux romanesco grillés. Ou encore, à la cuillère, arroser les choux romanesco de sauce, et servir le reste dans un petit bol. Dans le cas peu probable où il y aurait des restes, les garder au réfrigérateur dans un récipient fermé. La sauce se conservera au moins 3 jours.

CHOUX DE BRUXELLES RÔTIS
HUILE AU CURCUMA ET AUX FEUILLES DE CURRY

QUANTITÉ 8 portions

MÉTHODE cuisson à la broche

PRÉPARATION 5 minutes

CUISSON 40 À 60 minutes

BARBECUE/ÉQUIPEMENT
cuisson au charbon de bois ou au gaz possible, mais le résultat sera meilleur sur un feu de bois ou enrichi au bois. Fil métallique (non gainé), pinceau à pâtisserie, lèchefrite jetable en aluminium robuste et morceaux ou copeaux de bois dur (trempés), voir page 16.

POUR EN SAVOIR PLUS
Vous trouverez des tiges de choux de Bruxelles chez les producteurs, certains marchés, dans les cueillettes à la ferme ou en vente en ligne. Le plus grand défi consistera à fixer la tige de choux de Bruxelles sur la broche de la rôtissoire. Comme il est impossible de percer la tige, il faudra passer la broche entre les choux, parallèlement à la tige et le plus près possible de celle-ci. Fixer les extrémités à l'aide des dents de la broche. Puis fixer la partie centrale à l'aide de fil métallique.

Fin novembre, les tiges de choux de Bruxelles arrivent à maturité. Si vous les cultivez vous même, vous pensez peut-être comme moi que ce serait amusant de cuire une tige complète de choux de Bruxelles à la broche? Laissons donc le feu rôtir les petits choux et les rendre croustillants à souhait et bien dorés, alors que la lente rotation de la broche permettra une cuisson uniforme. Un ou deux morceaux de bois dur ou une poignée de copeaux ajoutés au feu permettront à la fumée de leur donner une belle couleur bronze. Pour contraster avec la saveur de chou, vous les arroserez d'huile colorée au curcuma. Tant mieux si vous pouvez aussi trouver des feuilles de curry, qui proviennent d'un arbre subtropical indien. Elles conféreront une saveur acidulée et aromatique au plat. À défaut, optez pour la coriandre ou la menthe.

INGRÉDIENTS

1 tige de choux de Bruxelles d'environ 50 cm de long et 13 cm de large, de 1,4 à 2,3 kg, soit environ 50 à 60 choux

6 c. à soupe d'huile d'olive vierge extra ou d'huile végétale

80 g de beurre doux

1 c. à soupe de poudre de curcuma

2 cébettes, parées et tranchées finement

8 feuilles de curry équeutées, ou 3 c. à soupe de coriandre ou de menthe fraîche ciselée

Sel et poivre noir fraîchement moulu

1. Enlever les feuilles abîmées des choux de Bruxelles, si besoin. Rincer la tige à l'eau froide et l'égoutter. Passer la broche entre les choux en veillant à ce que la tige soit le plus près possible de la broche (il faudra peut-être retirer quelques choux). Fixer les extrémités à l'aide des dents de la broche (penser à mettre la première dent sur la broche avant d'enfiler les choux). Fixer avec du fil métallique autour des dents et des extrémités de la tige de manière à ce qu'elle reste en place quand la broche tourne. Fixer le milieu de la tige en l'entourant de fil métallique. Respirer: la partie difficile est terminée.

2. Préparer l'huile au curcuma : dans une casserole moyenne, à feu moyen-vif, chauffer l'huile et le beurre. Quand la préparation grésille, ajouter le curcuma, les cébettes et les feuilles de curry. Frire 4 minutes ou jusqu'à ce que les feuilles soient parfumées et croustillantes. Déposer la tige de choux de Bruxelles et la broche sur une plaque de cuisson munie d'un rebord ou sur une planche à découper et la badigeonner de tous côtés de la préparation au curcuma, puis saler et poivrer généreusement.

3. Régler le barbecue pour la cuisson à la broche et le chauffer à feu moyen-vif.

4. Déposer la broche avec la tige de choux de Bruxelles sur le barbecue au-dessus d'une lèchefrite en aluminium (pour récupérer les choux qui tomberont). Pour enrichir un feu de charbon de bois, déposer les morceaux ou copeaux de bois sur la braise ; pour un feu sur un barbecue au gaz, les déposer dans la boîte de fumage ou mettre des morceaux sous la grille, directement sur un ou des brûleurs. Baisser le couvercle et, en les arrosant toutes les 10 minutes d'huile au curcuma, rôtir les choux de Bruxelles à la broche environ 40 minutes ou jusqu'à ce qu'ils soient dorés et tendres (ils doivent se laisser percer facilement par une brochette en métal).

5. Déposer la tige de choux de Bruxelles dans une grande assiette et retirer la broche. À l'aide d'un couteau et d'une fourchette de service, retirer les choux de la tige. Les arroser du reste d'huile au curcuma et servir.

LE PETIT DÉJEUNER DU GAUCHO

(CHAMPIGNONS GRILLÉS, ŒUFS, JAMBON ET *CHIMICHURRI* AUX RAISINS SECS DORÉS)

Je suis loin d'être certain que ce petit déjeuner consistant ait déjà été servi dans les camps de gauchos des pampas de l'Argentine. Cependant, ces champignons grillés marinés au *chimichurri* et garnis d'œufs frits et de jambon cru ne peuvent que réveiller votre cow-boy intérieur, quel que soit le moment de la journée ! Notez de l'ajout de raisins sultana (raisins secs dorés) au champignons – une note sucrée inattendue dans la sauce à bifteck argentine à l'ail, au vinaigre et au persil.

QUANTITÉ 4 portions

MÉTHODE cuisson directe

PRÉPARATION 15 minutes, plus 15 minutes pour mariner les champignons

CUISSON 15 minutes

INGRÉDIENTS

CHIMICHURRI

40 g de raisins secs dorés

250 ml d'eau bouillante

Environ 250 ml d'huile d'olive vierge extra

1 botte de persil plat, lavé, égoutté et effeuillé

40 g d'origan frais ou de coriandre

3 gousses d'ail pelées

3 c. à soupe de vinaigre de xérès, ou selon votre goût

2 c. à soupe de jus de citron jaune frais

½ c. à café de flocons de piment fort

Sel et poivre noir fraîchement moulu

CHAMPIGNONS

4 très gros champignons de Paris

Huile d'olive vierge pour badigeonner le jambon

125 g de jambon serrano ou de prosciutto, coupé en tranches fines

Huile végétale pour huiler la grille

4 gros œufs, de préférence bio

Pain grillé, en tranches ou en bâtonnets, pour servir (facultatif ; voir page 102)

1. Préparer le *chimichurri* : dans un bol supportant la chaleur, couvrir les raisins secs d'eau bouillante et ajouter 2 c. à soupe d'huile d'olive. Laisser les raisins tremper 15 minutes ou jusqu'à ce qu'ils soient gonflés et tendres.

2. Hacher finement le persil, l'origan et l'ail au robot de cuisine. Ajouter graduellement 180 ml d'huile d'olive, le vinaigre de xérès, le jus de citron et les flocons de piment fort. Bien égoutter les raisins secs et les ajouter au *chimichurri*. Pulser pour mélanger en veillant à laisser les raisins secs à peu près entiers. Saler et poivrer selon votre goût et ajouter du vinaigre de xérès si besoin : le *chimichurri* doit être bien relevé.

3. Ôter les pieds des champignons et essuyer les chapeaux à l'aide d'un essuie-tout humide. À la cuillère, former 4 « lits » de *chimichurri* dans une lèchefrite ou un plat allant au four et y déposer les champignons, partie arrondie dessous. Ajouter à la cuillère un peu de *chimichurri* dans chacun des chapeaux en l'étalant (réserver le reste pour le service). Laisser les champignons mariner 15 minutes à température ambiante.

4. Badigeonner légèrement d'huile d'olive les deux côtés des tranches de jambon serrano.

5. Entre-temps, régler le barbecue pour la cuisson directe et le chauffer à feu moyen-vif. Pour enrichir un feu de charbon de bois, déposer les morceaux ou copeaux de bois sur la braise ; pour un feu sur un barbecue au gaz, les déposer dans la boîte de fumage ou mettre des morceaux sous la grille, directement sur un ou des brûleurs. Brosser ou gratter la grille et bien l'huiler.

BARBECUE/ÉQUIPEMENT

cuisson au gaz ou au charbon de bois possible, mais le petit déjeuner sera meilleur cuit sur un feu de bois ou enrichi au bois. Pour enrichir un feu de charbon de bois ou un feu sur un barbecue au gaz, il vous faudra des morceaux ou copeaux de bois dur (non trempés), voir page 16. Lèchefrite jetable en aluminium ou plat allant au four.

POUR EN SAVOIR PLUS

il est bien sûr possible de frire les œufs à la poêle, ce que vous êtes tout à fait libre de faire ! Si vous ne consommez pas de viande, remplacez le jambon serrano grillé par le faux bacon de shiitakés, voir page 34. Ou omettez-le tout simplement.

Un œuf mis à frire au-dessus d'un feu de bois, dans une cuillère conçue à cet effet.

6. Déposer les tranches de jambon serrano sur la grille et, en les retournant à mi-cuisson, les griller 1 ou 2 minutes de chaque côté, ou jusqu'à ce que le jambon grésille et soit légèrement doré. Les laisser refroidir sur une grille : elles deviendront croustillantes en refroidissant.

7. Retirer les champignons de la marinade et les faire griller, côté lamelles dessous, puis côté chair, pendant 2 à 4 minutes de chaque côté, ou jusqu'à ce qu'ils grésillent et soient tendres et légèrement croustillants tout autour. Les réserver au chaud sur le bord du barbecue.

8. Déposer une poêle épaisse de 25 cm sur la grille ou sur le brûleur latéral et bien la chauffer (pour vérifier si elle est assez chaude, y jeter quelques gouttes d'eau : elles doivent s'évaporer en 1 ou 2 secondes). Ajouter de l'huile d'olive à hauteur de 3 mm et chauffer jusqu'à ce qu'elle soit chaude et qu'elle frémisse. Ajouter les œufs et les frire 2 ou 3 minutes ou jusqu'à ce qu'ils soient dorés et que leur pourtour soit croustillant (pour des œufs cuits des deux côtés, les retourner au bout d'environ 2 minutes).

9. Pour servir, déposer les champignons sur une ou des assiettes, côté bombé dessous, et couvrir chacun d'un œuf frit. Déposer à la cuillère un peu de *chimichurri* sur les œufs et émietter le jambon serrano au-dessus. Servir avec du pain grillé, si l'on désire, pour saucer les œufs et le reste de *chimichurri*.

PAPILLOTE À LA MODE CAJUN

QUANTITÉ 4

MÉTHODE cuisson sur la braise ou cuisson directe

PRÉPARATION 15 minutes

CUISSON 8 à 10 minutes

BARBECUE/ÉQUIPEMENT cuisson au charbon de bois, au gaz ou au bois. Quatre feuilles de papier d'aluminium robuste de 45 x 60 cm et brochette en bambou (pour vérifier le degré de cuisson).

Autrefois méthode de cuisson de base dans les camps scouts, la papillote est de retour ! Elle a été adoptée par des maîtres du gril réputés, de Nashville. Quand ils organisent un barbecue, ils arrivent avec tout leur matériel : foyers, croix pour *asado*, crochets pour poulet, broche à rôtir le porc, etc. Les légumes tels que l'oignon, le poivron, le gombo et la tomate cerise sont emballés dans de grandes papillotes en papier d'aluminium et grillés directement sur la braise. Ceci permet de contourner le seul inconvénient de la papillote traditionnelle, c'est-à-dire le fait que les légumes cuisent à la vapeur plutôt que de rôtir. Si vous cuisez au charbon de bois ou sur un feu de camp, déposez directement les papillotes sur la braise. Dans le cas d'un barbecue au gaz, chauffez-le à la plus haute température possible. Pour un rappel de la manière de monter un feu de camp, voir page 20.

INGRÉDIENTS

- 80 g de beurre doux à température ambiante, ou d'huile d'olive vierge extra
- 1 gros oignon doux, pelé et coupé en tranches de 5 mm
- 1 gros poivron rouge, pédoncule enlevé, épépiné et coupé en tranches de 5 mm
- 1 gros piment poblano, pédoncule enlevé, épépiné et coupé en tranches de 5 mm
- 450 g de gombos frais, parés (une vingtaine)
- 1 courgette coupée en tranches de 5 mm
- 300 g de tomates cerises coupées en deux
- 450 g d'andouille ou de saucisses fumées, coupées en tranches fines (facultatif)
- Épices créoles ou cajun au choix
- 4 tiges de basilic
- 4 tiges de thym ou autres herbes

1. Étendre un papier d'aluminium de 30 x 60 cm sur le plan de travail, côté étroit vers soi. Étaler une fine couche de beurre au milieu de la moitié inférieure en laissant un bord de 5 cm. Déposer sur la partie beurrée le quart des tranches d'oignon, de poivron et de piment, des gombos, des tranches de courgette, des tomates cerises et des saucisses, si l'on désire. Assaisonner généreusement d'épices créoles ou cajun et garnir de tiges de basilic et de thym. Étaler du beurre sur la moitié supérieure du papier d'aluminium. Replier la moitié supérieure sur la partie inférieure et replier les bords trois fois de manière à fermer hermétiquement les papillotes. Répéter pour les trois autres papillotes.

2. Régler le barbecue au charbon de bois pour la cuisson sur la braise. Quand les braises sont rouges, les étaler en une couche uniforme avec le râteau et les éventer afin de disperser les cendres, le cas échéant. On peut aussi régler le barbecue au gaz pour la cuisson directe et le chauffer à feu vif.

3. Déposer les papillotes sur la braise (ou sur la grille du barbecue au gaz). En les retournant avec une pince (veiller à ne pas déchirer le papier), les griller pendant 4 à 5 minutes de chaque côté, ou jusqu'à ce que le papier d'aluminium soit noir et que les légumes soient tendres. Pour vérifier la cuisson, percer le dessus d'une papillote à l'aide d'une brochette en bambou : si le gombo et l'oignon se laissent percer facilement, c'est que tous les légumes sont cuits.

4. Servir les papillotes dans de grandes assiettes. Les ouvrir à l'aide d'une fourchette en faisant attention : la vapeur qui s'en échappe est très chaude.

POUR EN SAVOIR PLUS

Le gombo appelé aussi okra est un légume dont le goût ressemble à celui de l'aubergine avec une texture gluante une fois cuit. Vous le trouverez dans les épiceries africaines ou asiatiques, parfois dans certains supermarchés. Si vous n'arrivez pas à en trouver, remplacez-le dans cette recette par des asperges vertes ou des aubergines. Le papier d'aluminium doit être robuste ; il est vendu en rouleaux de 30 cm de large. La garniture de ces papillotes n'a de limites que votre imagination. J'ai employé des légumes et des assaisonnements à la cajun, mais tout mélange de légumes et d'herbes convient. J'ai également préparé des variantes sans viande mais, grâce à l'ajout de quelques tranches d'andouille, elles devraient plaire aux carnivores. À vous de voir.

MÉCHOUI DE CHOU-FLEUR
AUX ÉPICES MAROCAINES ET *CHERMOULA*

QUANTITÉ 4 portions en accompagnement ou en entrée, 2 en plat de résistance

MÉTHODE cuisson à la broche/ cuisson indirecte

PRÉPARATION 15 minutes

CUISSON 1 heure à 1 h 30

BARBECUE/ÉQUIPEMENT
charbon de bois, gaz ou broche sur barbecue au bois, au charbon de bois ou au gaz.

POUR EN SAVOIR PLUS
la cuisson du chou-fleur à la broche lui confère une consistance assez ferme pour qu'on puisse le couper facilement dans l'assiette. Pour ma part, j'aime les légumes un peu croquants, mais si ce n'est pas votre cas, vous pouvez blanchir le chou-fleur 5 minutes dans de l'eau bouillante légèrement salée avant de le cuire à la broche. Dans ce cas, la cuisson sera plutôt de 30 à 40 minutes.

REMARQUE à défaut d'une broche de cuisson, optez pour la cuisson indirecte.

Quelle réussite inattendue : longtemps délaissé, ce légume était déconsidéré. Aujourd'hui, on le retrouve dans les restaurants à la mode. Il a en effet attiré l'attention de chefs, et je crois qu'il doit sa réussite à trois facteurs. D'abord, sa forme et sa taille : c'est le légume qui ressemble le plus à un rôti (l'équivalent d'une épaule de porc). Ensuite, sa texture, assez ferme pour supporter la cuisson sur la broche ou indirecte, comme peu de légumes peuvent le faire. Enfin, sa saveur, légèrement terreuse et douce, assez différente du brocoli ou du chou, mais suffisamment familière pour qu'on sache qu'il appartient à cette famille. Ces caractéristiques en font un ingrédient idéal pour un méchoui, habituellement réservé à l'agneau. Le méchoui, évidemment, est le barbecue marocain au cours duquel on cuit des agneaux entiers à la broche au-dessus de fosses ou de feux de camp. Dans cette variante sans viande, nous assaisonnons le chou-fleur d'épices marocaines classiques et le servons avec une *chermoula*, une vinaigrette épicée à la tomate.

INGRÉDIENTS

CHOU-FLEUR ET MARINADE

1 gros chou-fleur, de préférence bio

1 c. à soupe de gros sel

1 c. à soupe de poivre noir fraîchement moulu

2 c. à café de curcuma moulu

2 c. à café de cumin moulu

2 c. à café de paprika fumé espagnol ou de paprika doux

½ c. à café de cannelle

125 ml d'huile d'olive vierge extra

CHERMOULA

1 gousse d'ail pelée et émincée

2 grosses tomates rouges bien mûres

3 c. à soupe de coriandre fraîche, ou de persil, ciselé(e)

½ c. à café de zeste de citron jaune fraîchement et finement râpé

2 c. à soupe de jus de citron frais, ou selon votre goût

125 ml d'huile d'olive vierge extra

Sel et poivre noir fraîchement moulu selon votre goût

1. Régler le barbecue pour la cuisson à la broche et le chauffer à feu moyen-vif.

2. Retirer, si besoin, les feuilles vertes du chou-fleur. Couper la tige au ras de la tête. Enfiler le chou-fleur sur la broche (celle-ci doit traverser le chou-fleur de haut en bas).

REMARQUE : pour faciliter la chose, percer au préalable un trou dans la tige du chou-fleur à l'aide d'une fine brochette en métal. Fixer le chou-fleur sur la broche à l'aide des dents de celle-ci.

3. Préparer la marinade : dans un petit bol, à la fourchette ou avec les doigts, mélanger le sel, le poivre, le curcuma, le cumin, le paprika et la cannelle. Réserver 2 c. à café pour la *chermoula*. Ajouter l'huile d'olive dans le reste du mélange et battre à la fourchette. Badigeonner le chou-fleur de tous côtés avec la marinade.

Chou-fleur cuit à la broche : tellement savoureux qu'on devrait toujours en cuire deux à la fois...

4. Enfiler le chou-fleur sur la broche du barbecue et, en l'arrosant toutes les 15 minutes avec la marinade, le griller 1 heure à 1 h 30 ou jusqu'à ce qu'il soit bien grillé à l'extérieur et tendre à l'intérieur (désolé pour ce grand écart dans les temps de cuisson, mais les choux-fleurs ne cuisent pas tous de la même façon).

5. Entre-temps, préparer la *chermoula* : dans un bol, mélanger l'ail et 1 c. à café du mélange d'épices réservé. Écraser avec le dos d'une cuillère en bois pour former une pâte. Couper les tomates en deux sur la largeur, les râper grossièrement et les ajouter dans le bol (jeter la peau). Ajouter le reste des épices réservées, la coriandre, le zeste et le jus de citron. En battant, ajouter un filet d'huile d'olive. Vérifier l'assaisonnement en sel et en poivre et rectifier si besoin (comme la marinade en contient, il n'en manquera sans doute pas). À la toute fin, ajouter en battant le reste de la marinade.

6. Vérifier le degré de cuisson du chou-fleur à l'aide d'une brochette en métal, qui doit le percer facilement, puis, quand il est cuit, le retirer délicatement de la broche et le déposer sur une assiette, côté tige dessous. Le couper en tranches, en quartiers ou en inflorescences et le servir en l'arrosant de *chermoula* à l'aide d'une cuillère.

CHOU-FLEUR À LA MODE DE NASHVILLE

Le sandwich au poulet chaud de Nashville est l'un des plats régionaux emblématiques des États-Unis (voir Pour en savoir plus). Bien que l'idée de le transformer en sandwich chaud au chou-fleur puisse sembler invraisemblable aux yeux de certains habitants du Tennessee, ce légume a plus ou moins la forme et les dimensions d'un poulet et convient donc au fumage-rôtissage. Sans compter que la pâte piquante à base de piment de Cayenne et d'ail convient particulièrement à sa saveur légèrement terreuse. De plus, pourquoi le poulet s'approprierait-il tous les plaisirs ? Mise en garde : il y a une bonne quantité de piment de Cayenne dans cette recette. J'ai indiqué une échelle, mais même au plus bas échelon, il est piquant ! Mettez-en plus ou moins, selon votre résistance.

QUANTITÉ 2 à 4 portions

MÉTHODE fumage-rôtissage (cuisson indirecte avec fumée de bois)

PRÉPARATION 10 minutes, 4 à 12 heures pour faire mariner le chou-fleur

CUISSON 1 heure à 1 h 30

BARBECUE/ÉQUIPEMENT cuisson au charbon de bois ou au gaz possible, mais le résultat sera meilleur sur un feu de bois ou enrichi au bois. Lèchefrite jetable en aluminium et morceaux ou copeaux de bois dur (trempés), voir page 16.

POUR EN SAVOIR PLUS le poulet épicé de Nashville est associé au populaire Prince's Hot Chicken Shack (où j'ai goûté au poulet probablement le plus douloureusement incendiaire de mon existence). André Prince Jeffries, la propriétaire, en attribue l'invention à son grand-oncle, Thornton Prince, qui avait la réputation d'être un homme à femmes. Un jour, alors qu'il rentrait à la maison après une nuit passée en ville, sa petite amie jalouse aurait parsemé le poulet frit de son déjeuner d'une dose massive de piment de Cayenne. Au lieu d'en être mortifié, il aurait vu là une belle occasion de faire des affaires. Aujourd'hui encore, les longues files d'attente à l'extérieur de son restaurant attestent de son masochisme et de sa clairvoyance ! La recette

INGRÉDIENTS

1 gros chou-fleur, de préférence bio

MARINADE (FACULTATIF)

- 500 ml de babeurre
- 2 c. à soupe de piment de Cayenne, ou selon votre goût
- 1 c. à soupe de paprika doux
- 2 c. à café d'ail en poudre
- 2 c. à café d'oignon en poudre
- 2 c. à café de sel
- 2 c. à café de poivre noir fraîchement moulu
- 2 c. à soupe d'huile végétale et plus pour huiler la grille

SAUCE

- 2 c. à soupe de piment de Cayenne, ou selon votre goût
- 2 c. à café de cassonade
- 1 c. à café de paprika doux
- 1 c. à café d'ail en poudre
- 1 c. à café d'oignon en poudre
- 1 c. à café de sel
- 1 c. à café de poivre noir fraîchement moulu
- 125 ml d'huile d'olive vierge extra ou d'huile végétale
- 30 g de beurre doux fondu (ou davantage d'huile d'olive)

1. Retirer les feuilles du chou-fleur et couper une tranche de 3 mm au bas de la tige.

2. Pour la marinade (facultative), piquer le chou-fleur avec une fourchette ou une brochette de métal sur toute sa surface afin d'en favoriser l'absorption et le déposer dans un grand sac en plastique refermable ou un bol profond. Dans un bol, battre à la fourchette le babeurre, le piment de Cayenne, le paprika, l'ail et l'oignon en poudre, le sel, le poivre et l'huile. Verser cette marinade sur le chou-fleur. Bien fermer le sac plastique, classique exige de mariner le poulet (ici, le chou-fleur) pendant 12 heures dans du babeurre avant de le cuire. Cela confère certainement de la saveur au plat, mais il faut alors ajouter une journée de plus au temps de préparation. C'est donc facultatif. Pour un chou-fleur plus tendre, le faire bouillir 5 minutes dans de l'eau légèrement salée avant de le griller.

le remuer pour enrober le chou-fleur et laisser mariner au moins 4 heures, de préférence toute une nuit, au réfrigérateur, en le retournant à quelques reprises.

3. Régler le barbecue pour la cuisson indirecte et le chauffer à feu moyen-vif. Brosser ou gratter la grille et bien l'huiler.

4. Entre-temps, préparer la sauce : dans un petit bol, mélanger le piment de Cayenne, la cassonade, le paprika, l'ail et l'oignon en poudre, le sel et le poivre. En battant, ajouter l'huile d'olive et le beurre fondu. La sauce doit être épaisse mais se verser facilement.

5. Si le chou-fleur a été mariné, bien l'égoutter. Le déposer sur la grille du barbecue à l'écart du feu et au-dessus d'une lèchefrite. Pour enrichir un feu de charbon de bois, déposer les morceaux ou copeaux de bois sur la braise ; pour un feu sur un barbecue au gaz, déposer les morceaux ou copeaux de bois dans la boîte de fumage ou sous la grille, directement sur un ou des brûleurs.

6. Griller indirectement le chou-fleur 1 heure à 1 h 30 ou jusqu'à ce qu'il soit doré et tendre, en l'arrosant de sauce toutes les 20 minutes. Le déposer dans une assiette et l'arroser à la cuillère du reste de sauce. Le couper en tranches épaisses, en quartiers ou en inflorescences et servir.

AUBERGINE AU PARMESAN SUR PLANCHE DE CÈDRE

QUANTITÉ 4 portions

MÉTHODE cuisson directe/ cuisson indirecte

PRÉPARATION 15 minutes, plus le temps nécessaire pour la préparation de la sauce tomate

CUISSON 2 à 4 minutes pour carboniser la planche, plus 4 à 6 minutes pour griller les aubergines et 10 à 15 minutes pour assembler le plat

Je pars du principe que si un aliment est savoureux quand il est cuit au four, frit ou sauté, alors il sera divin grillé ! Je n'aurais jamais imaginé cuisiner un jour l'aubergine au parmesan sur le barbecue. Une autre de mes règles veut que, si la cuisson au barbecue n'améliore pas sensiblement un plat qu'on fait normalement cuire au four, frire ou sauter, il vaut mieux s'en tenir à la méthode habituelle. En effet, ce n'est pas parce qu'on peut cuire pratiquement n'importe quoi au barbecue qu'on doit le faire ! Or, il se trouve que ce type de cuisson améliore l'aubergine au parmesan pour au moins quatre raisons. D'abord, on élimine ainsi beaucoup d'huile – et de panure gorgée d'huile. Ensuite, on peut y ajouter une agréable saveur fumée en la préparant avec de la sauce tomate fumée (voir page 240). Puis, la planche de cèdre carbonisée ajoute une autre couche de saveur, en plus d'être très à la mode ! Enfin, ma variante grillée est beaucoup plus rapide et facile à préparer que le plat classique, et beaucoup moins salissante, sans compter que sa saveur est plus pure.

BARBECUE/ÉQUIPEMENT
cuisson au charbon de bois ou au gaz possible, mais le résultat sera meilleur sur un feu de bois ou enrichi au bois. Quatre planches de cèdre non traité de 15 x 15 cm ou 2 longues planches, ainsi qu'une plaque de cuisson avec rebord.

POUR EN SAVOIR PLUS
avez-vous déjà remarqué que l'aubergine au parmesan a plus souvent le goût de panure que d'autre chose ? C'est que la plupart des grosses aubergines vendues au supermarché ont été sélectionnées pour leur taille et leur durée de conservation, au détriment du goût. Il vaut donc la peine de partir à la recherche d'aubergines minces, de préférence bio, au marché ou dans une épicerie italienne ou moyen-orientale afin de pouvoir apprécier l'aubergine au parmesan pour son goût. Côté fromage, j'ai remplacé la mozzarella par de la burrata riche en crème. La burrata est une mozzarella que les fromagers enrichissent de caillé crémeux et de crème. Délicieux !

REMARQUE : on trouve des planches de cèdre non traitées dans les quincailleries et la plupart des jardineries, magasins de bricolage ainsi qu'en ligne.

INGRÉDIENTS

1 ou 2 aubergines petites ou moyennes (environ 350 g en tout – il en faut 12 tranches)

Huile d'olive vierge extra pour badigeonner et arroser

Sel et poivre noir fraîchement moulu

Flocons d'origan séché

Huile végétale pour huiler la grille

350 g de burrata fraîche, tranchée (crème réservée), ou de mozzarella

500 ml de sauce tomate fumée (voir page 240) ou de sauce tomate avec morceaux

80 g de parmesan frais, râpé finement

4 feuilles de basilic ciselées (facultatif)

80 g de chapelure sèche, de préférence maison (facultatif)

1. Régler le barbecue pour la cuisson directe et le chauffer à feu vif. Carboniser les planches de cèdre d'un côté environ 2 minutes ou le temps qu'elles noircissent et fument, mais pas suffisamment pour qu'elles s'enflamment. Réserver et laisser refroidir sur une surface supportant chaleur.

2. Entre-temps, couper l'aubergine en tranches de 5 mm. Badigeonner légèrement les deux côtés des tranches d'huile d'olive, puis saler, poivrer et parsemer d'origan.

3. Brosser ou gratter la grille du barbecue et bien l'huiler.

4. Déposer les tranches d'aubergine sur la grille. En les retournant avec une pince à mi-cuisson, les griller 2 ou 3 minutes de chaque côté ou jusqu'à ce qu'elles soient dorées des deux côtés et tendres au centre. Ou encore, les cuire sur une plancha préchauffée. Les laisser refroidir sur une plaque de cuisson munie d'un rebord.

5. Assemblage : déposer une tranche d'aubergine sur chacune des planches (2 s'il s'agit de planches plus longues). Couvrir d'une tranche de burrata (ajouter également de la crème à la cuillère), puis d'une bonne cuillerée de sauce tomate. Parsemer de parmesan et d'une pincée de basilic, si l'on désire. Ajouter une deuxième couche d'aubergine, de burrata, de sauce tomate, de parmesan et de basilic. Terminer par une tranche d'aubergine. Pour une touche croustillante, parsemer la tranche du dessus de chapelure et l'arroser d'huile d'olive. On peut assembler les aubergines au parmesan quelques heures à l'avance et les réfrigérer pour les griller à la dernière minute.

6. Remettre les planches sur la grille, cette fois à l'écart du feu. Griller les aubergines indirectement pendant 10 à 15 minutes ou jusqu'à ce que la sauce tomate bouillonne, que le fromage fonde et que le dessus soit doré. Servir sur les planches.

POMMES DE TERRE À MA FAÇON
(FUMÉES ET FARCIES À L'ITALIENNE)

Les pommes de terre farcies et cuites au four sont dans la culture américaine, mais j'ai concocté cette variante italienne alors que j'enregistrais une émission pour la télévision de ce pays. L'idée de départ était simple : voyager en Italie avec une équipe de télé et répertorier les pros du gril locaux ainsi que leurs spécialités. Ensuite, me rendre dans une villa en Toscane pour créer les variantes Raichlen de ces recettes. D'où ces pommes de terre, fumées-rôties dans la plus pure tradition américaine, mais farcies de garnitures italiennes classiques telles que *guanciale*, basilic et taleggio. Pour une variante sans viande, omettre le porc et arroser les pommes de terre de 15 g de beurre fondu ou de 1 c. à soupe d'huile d'olive avant de les cuire. Résultat : un plat réconfortant (pommes de terre cuites au four), succulent (salami et fromage italiens) et odorant (fumée de bois).

INGRÉDIENTS

Huile végétale pour huiler la grille

4 grosses pommes de terre à cuire au four de 350 à 400 g chacune

180 g de *guanciale* fumé ou ordinaire, de pancetta fumée coupé(e) en lamelles de 5 mm

Sel et poivre noir fraîchement moulu

70 g de beurre froid

2 cébettes parées, parties blanche et verte tranchées finement

12 feuilles de basilic frais, roulées et finement ciselées

250 g de taleggio, de provolone ou de gruyère froid, coupé en cubes de 1 cm

125 ml de crème fraîche

40 g de parmesan fraîchement et finement râpé (facultatif)

1. Régler le barbecue pour la cuisson indirecte et le chauffer à feu moyen-vif. Brosser ou gratter la grille et bien l'huiler.

2. Frotter les pommes de terre de tous côtés à l'aide d'une brosse à légumes à poils durs. Bien les rincer et les éponger avec un essuie-tout. Les piquer généreusement avec une fourchette.

QUANTITÉ 4 portions

MÉTHODE fumage-rôtissage (cuisson indirecte avec fumée de bois)

PRÉPARATION 15 minutes

CUISSON 1 h 30

BARBECUE/ÉQUIPEMENT
cuisson au charbon de bois ou au gaz possible, mais le résultat sera meilleur sur un feu de bois ou enrichi au bois. Brosse à légumes à poils durs, morceaux ou copeaux de bois dur (trempés), voir page 16, poêle de 25 cm et lèchefrite jetable en aluminium.

POUR EN SAVOIR PLUS
il importe d'abord de se familiariser avec quelques ingrédients de la cuisine italienne. Le *guanciale* est composé de joue de porc saumurée (une sorte de super-bacon). On le trouve sur les marchés italiens (en cherchant bien, on peut même le trouver fumé). On peut le remplacer par de la pancetta (poitrine de porc saumurée), du *prosciutto*, ou l'omettre carrément. Quant au taleggio, c'est un fromage de vache à pâte semi-ferme et à croûte lavée qui tire son nom de la vallée du Taleggio en Lombardie, dans le nord de l'Italie. Il possède une texture crémeuse, une saveur

piquante et une croûte rose orangé. Parmi les autres bons choix, quoiqu'avec des caractéristiques différentes, citons le provolone piquant, le *pecorino romano* ou le gruyère.

3. Cuire le *guanciale* : le déposer dans une poêle froide de 25 cm de diamètre et le faire frire 3 minutes ou jusqu'à ce qu'il soit doré et croustillant. Le déposer dans un grand bol. Laisser le gras dans la poêle.

4. Enduire tous les côtés des pommes de terre du gras de *guanciale* réservé, puis saler et poivrer généreusement.

5. Déposer les pommes de terre sur la grille à l'écart du feu et au-dessus d'une lèchefrite. Pour enrichir un feu de charbon de bois, déposer les morceaux ou copeaux de bois sur la braise ; pour un feu sur barbecue au gaz, déposer les morceaux ou copeaux de bois dans la boîte de fumage ou sous la grille, directement sur un ou des brûleurs. Fermer le couvercle. Fumer-rôtir les pommes de terre 1 heure ou jusqu'à ce qu'elles soient tendres. Pour vérifier le degré de cuisson, percer le dessus d'une pomme de terre avec une fine brochette en métal ou en bambou. Elle doit se laisser transpercer facilement.

6. Déposer les pommes de terre sur une planche à découper et les couper en deux sur la hauteur. À l'aide d'une cuillère, prélever la chair en laissant une couche de 5 mm.

REMARQUE : il vaut mieux effectuer cette opération quand les pommes de terre sont encore très chaudes. Hacher très grossièrement la chair et la déposer dans le bol avec le *guanciale*.

7. Couper 70 g de beurre en dés et les ajouter aux pommes de terre. Ajouter les cébettes, le basilic et le fromage, et mélanger délicatement. À l'aide d'une spatule en caoutchouc, incorporer délicatement la crème fraîche, saler et poivrer selon votre goût : la préparation doit être bien relevée. Remuer le moins possible afin de préserver la consistance grossière des pommes de terre, sans les transformer en purée.

8. Farcir de la préparation les pommes de terre évidées. Parsemer de parmesan, si l'on désire, et garnir d'une fine tranche de beurre. On peut préparer les pommes de terre jusqu'à 24 heures à l'avance et les conserver à couvert au réfrigérateur.

9. Au moment de servir, réchauffer les pommes de terre au barbecue (réglé pour la cuisson indirecte) pendant 20 à 30 minutes ou jusqu'à ce qu'elles soient dorées et que le fromage bouillonne. Les servir bien chaudes.

PATATES DOUCES CUITES SUR LA BRAISE
DUKKAH ET YOGOURT AU CITRON

On trouve des patates douces grillées un peu partout sur la planète barbecue. En Corée, on les mange avec les doigts en les trempant dans une sauce au sésame et au soja. Le chef espagnol José Andrés les garnit de crème glacée afin d'en faire une sorte de sundae grillé pour le dessert. La recette qui suit tire également ses origines de divers coins du globe: les patates douces sont aromatisées d'un mélange de noix et d'épices égyptien, appelé *dukkah*, et de yogourt aux arômes de citron confit à la mode marocaine. Le contraste des textures et des saveurs est tout simplement renversant...

QUANTITÉ 4 portions

MÉTHODE cuisson sur la braise, cuisson directe ou cuisson indirecte

PRÉPARATION 15 minutes

CUISSON 20 à 60 minutes (selon la méthode employée)

BARBECUE/ÉQUIPEMENT pour la cuisson sur la braise, employez un barbecue au charbon de bois et une lèchefrite jetable en aluminium. Pour la cuisson indirecte, optez pour un barbecue au charbon de bois ou au gaz. Pour la cuisson directe, les barbecues au charbon de bois, au gaz ou au bois conviennent tous. Pour enrichir un feu de charbon de bois ou au gaz, il vous faudra des morceaux ou copeaux de bois dur (trempés), voir page 16.

INGRÉDIENTS

PATATES DOUCES

- 4 patates douces de 250 à 300 g chacune
- Huile végétale pour huiler la grille (facultatif)

DUKKAH

- 40 g de noisettes
- 40 g d'amandes
- 40 g de graines de citrouille
- 40 g de graines de sésame
- 1 c. à café de poivre noir fraîchement moulu
- 1 c. à café de coriandre moulue
- 1 c. à café de cumin moulu
- 1 c. à café de sel, ou selon votre goût + sel pour le yogourt
- ¼ c. à café de cannelle moulue

YOGOURT AU CITRON

- 250 ml de yogourt nature
- 2 c. à soupe de citron confit et 1 c. à soupe de son jus (ou 1 c. à café de zeste de citron jaune fraîchement et finement râpé + 2 c. à soupe de jus de citron frais et de sel, selon votre goût)

POUR EN SAVOIR PLUS

je propose trois méthodes de cuisson pour les patates douces : la cuisson sur la braise, qui confère le plus de saveur fumée, la cuisson directe, qui donne une légère saveur fumée, et la cuisson indirecte, qui a le mérite de ne nécessiter aucune attention particulière. Le *dukkah*, une marinade sèche aux noix d'origine égyptienne, peut se préparer avec une vaste gamme de fruits à coque et de graines. J'ai opté pour un mélange d'amandes, de noisettes, de graines de citrouille et de graines de sésame, mais on peut aussi choisir des arachides, des pistaches ou des noix. Les citrons confits, ou en saumure, sont une spécialité marocaine. On peut les remplacer par du zeste fraîchement râpé et du jus de citron.

1. Cuisson des patates douces sur la braise : à l'aide d'un râteau de barbecue, étendre les braises en une couche uniforme et les éventer afin de disperser les cendres, le cas échéant. Déposer les tubercules sur la braise. Les griller pendant 15 à 20 minutes ou jusqu'à ce que la peau soit carbonisée et la chair tendre (une brochette percera facilement la partie la plus épaisse). Retourner souvent à l'aide d'une pince. Les laisser refroidir légèrement dans une lèchefrite puis, si besoin, enlever les cendres qui les recouvrent à l'aide d'essuie-tout ou d'un pinceau à pâtisserie.

Cuisson directe : chauffer le barbecue à feu moyen-vif. Déposer les tubercules sur la grille (les nicher entre les barreaux). En les retournant souvent avec une pince, les griller pendant 6 à 8 minutes de chaque côté, soit 20 à 30 minutes en tout, ou jusqu'à ce que la peau soit noire et la chair tendre.

Cuisson indirecte : chauffer le barbecue à feu moyen-vif. Brosser ou gratter la grille. Déposer les patates douces sur la grille à l'écart de la chaleur et les griller de 40 à 60 minutes ou jusqu'à ce que la peau soit dorée et la chair tendre. Pour une saveur de fumée plus prononcée, ajouter des morceaux ou copeaux de bois durs sur la braise ; pour rehausser un feu sur un barbecue au gaz, déposer les morceaux ou copeaux de bois dans la boîte-fumoir ou sous la grille, directement sur un ou des brûleurs.

2. Entre-temps, préparer le *dukkah* : dans une poêle, à feu moyen-vif, rôtir à sec les noisettes et les amandes 1 ou 2 minutes. Ajouter les graines de citrouille, les graines de sésame, le poivre, la coriandre, le cumin, le sel et la cannelle, et poursuivre la cuisson 1 minute ou jusqu'à ce que les graines de sésame soient légèrement dorées. Laisser refroidir la préparation dans un bol peu profond.

3. Au robot de cuisine, en pulsant, réduire la préparation de *dukkah* en poudre grossière, sans plus (il faut éviter de transformer la préparation en pâte). Rectifier l'assaisonnement en ajoutant une ou des épices au besoin ainsi que du sel, selon votre goût.

REMARQUE : il y aura plus de *dukkah* que nécessaire pour cette recette ; le surplus se conservera quelques semaines dans un pot fermé à température ambiante. Il est délicieux sur à peu près n'importe quel aliment !

4. Préparer le yogourt au citron : dans un bol, mélanger le yogourt avec le citron confit et son jus. Le yogourt doit être bien relevé.

5. Pour servir, couper les patates douces sur la longueur sans aller jusqu'au bout. Appuyer sur les extrémités pour les ouvrir en portefeuille et y déposer une bonne cuillerée de yogourt. Saupoudrer de dukkah et servir.

COURGE POIVRÉE FUMÉE
ET FLAN AU PARMESAN

Voici une fabuleuse entrée sans viande ou un fantastique plat d'accompagnement. La courge poivrée, une des courges d'hiver les plus communes, pourrait bien être grillée en tranches ou en quartiers (voir page 155), mais j'aime bien fumer-rôtir les deux moitiés, qu'on peut facilement farcir. Ici, la douceur de la courge contraste agréablement avec la saveur légèrement acidulée du flan au parmesan, tandis que la fumée parfume à la fois le contenant et son contenu !

QUANTITÉ 2 portions en plat de résistance ou 4 en entrée ou comme accompagnement

MÉTHODE fumage-rôtissage (cuisson indirecte avec fumée de bois)

PRÉPARATION 15 minutes

TEMPS DE CUISSON
1 h 15 ou plus si nécessaire

BARBECUE/ÉQUIPEMENT
la courge sera meilleure cuite au charbon de bois, mais on peut également la préparer sur un barbecue au gaz. Des morceaux ou copeaux de bois dur (trempés), voir page 16, plaque de sel ou quatre bandes de papier d'aluminium de 8 x 30 cm, chacune chiffonnée et enroulée de manière à former un cercle de 5 cm.

POUR EN SAVOIR PLUS
Même si on fait pousser de plus en plus de variétés de courges différentes, la courge poivrée n'est pas toujours facile à trouver en France. Vous pouvez la remplacer par le potimaron. On peut cuire la courge de diverses manières avant de la farcir. Je grille les moitiés sur une plaque de sel (côté coupé dessous), ce qui équilibre agréablement la saveur sucrée du légume. Je la fais aussi rôtir, côté coupé dessous, sur des cercles de papier d'aluminium chiffonné : c'est pratique pour retenir les moitiés et les farcir.

INGRÉDIENTS

COURGES

2 courges poivrées d'environ 700 g chacune

Huile d'olive vierge extra pour badigeonner

Sel et poivre noir fraîchement moulu

FLAN

2 gros œufs, de préférence bio

125 ml de crème à 30 % ou à 15 %

125 g de parmesan fraîchement et finement râpé

1 c. à soupe de ciboulette fraîche ciselée

Sel et poivre fraîchement moulu selon votre goût

1. Régler le barbecue pour la cuisson indirecte et le chauffer à feu moyen-vif. Chauffer également la plaque de sel, s'il y a lieu. Pour rehausser un feu de charbon de bois, déposer les morceaux ou copeaux de bois sur la braise ; pour rehausser un feu sur un barbecue au gaz, les déposer dans la boîte-fumoir ou mettre des morceaux sous la grille, directement sur un ou des brûleurs.

2. Couper les courges en deux. Enlever au couteau une tranche de 3 mm (1/8 po) à l'extrémité ronde afin que les moitiés puissent se tenir à plat. Enlever et jeter les graines. Badigeonner les cavités et les bords des courges d'huile d'olive, puis les saler et les poivrer.

REMARQUE éviter de griller sur une plaque de sel par temps très froid. Au moment d'ouvrir le couvercle du barbecue, l'air froid risque de la faire éclater.

3. Déposer les moitiés, côté coupé dessous, sur la plaque de sel, le cas échéant. Ou encore, les déposer, côté coupé dessus, sur un cercle de papier d'aluminium déposé sur la grille à l'écart du feu et au-dessus d'une lèchefrite. Les cuire indirectement de 30 à 40 minutes ou jusqu'à ce qu'elles soient à demi tendres. Dans le cas de la cuisson sur plaque de sel, retourner les moitiés de courge.

4. Entre-temps, préparer le flan au parmesan : dans un bol, battre les œufs au fouet jusqu'à ce que la préparation soit homogène. En fouettant, ajouter la crème, puis le parmesan et la ciboulette. Saler et poivrer.

5. Verser la préparation au fromage dans les moitiés de courge. Poursuivre la cuisson indirecte de 15 à 20 minutes ou jusqu'à ce que le dessus des flans ait pris (un cure-dents en ressortira sec) et que la courge soit tendre (la peau sera tendre). Déposer dans une ou des assiettes et servir.

COURGE BUTTERNUT GRILLÉE DEUX FOIS
ET PRALIN DE GRAINES DE CITROUILLE

QUANTITÉ 2 à 4 portions

MÉTHODE fumage-rôtissage (cuisson indirecte avec fumée de bois)

PRÉPARATION 15 minutes

CUISSON 50 minutes

BARBECUE/ÉQUIPEMENT
la courge peut être grillée sur un barbecue au charbon de bois ou au gaz, mais le résultat sera meilleur au charbon de bois. Pour rehausser un feu au charbon de bois ou au gaz, il vous faudra des morceaux ou copeaux de bois dur (trempés), voir page 16. Pour le pralin, il vous faudra une plaque de cuisson avec rebord et un robot culinaire équipé d'une lame à hacher en métal.

On qualifie souvent la courge Butternut de « rôti » végétal, car sa taille permet de la griller entière et de la trancher à table, comme on le fait pour un rôti de porc ou de bœuf. On procède ici en deux étapes : d'abord, on fait rôtir la courge entière jusqu'à ce qu'elle soit tendre, puis on la coupe en deux, on l'épépine et on la grille directement jusqu'à la formation d'une croûte noire grésillante. On la couvre ensuite d'un pralin de graines de citrouille émiettées qui fera une croûte sublime. Sucre brûlé, graines croustillantes, courge douce, ce sont les saveurs de l'automne rassemblées dans une seule bouchée.

INGRÉDIENTS

1 grosse courge Butternut de 1,2 à 1,5 kg

45 g de beurre doux

3 c. à soupe de miel

½ c. à café de cannelle moulue

Huile végétale pour huiler la grille

Sel et poivre noir fraîchement moulu

80 g de pralin de graines de citrouille (voir recette ci-dessous) pour garnir

Courge poivrée fumée
et flan au parmesan.

POUR EN SAVOIR PLUS

le choix de courges est vaste, qu'il s'agisse de Butternut, courge musquée ou delicata, pour ne nommer que celles-là. On peut aussi préparer le pralin avec des pacanes ou des amandes plutôt qu'avec des graines de citrouille.

REMARQUE : on peut préparer le beurre au miel et le pralin d'avance – les conserver à température ambiante jusqu'au moment de griller.

1. Régler le barbecue pour la cuisson indirecte et le chauffer à feu moyen-vif. Déposer la courge sur la grille à l'écart du feu et au-dessus d'une lèchefrite. Pour rehausser un feu de charbon de bois, déposer les morceaux ou copeaux de bois sur la braise ; pour rehausser un feu sur un barbecue au gaz, déposer les morceaux ou copeaux de bois dans la boîte-fumoir ou sous la grille, directement sur un ou des brûleurs. Fermer le couvercle et griller la courge indirectement 45 minutes ou jusqu'à ce qu'elle soit tendre (une brochette la percera facilement).

2. Déposer la courge sur une planche à découper et la couper en deux sur la hauteur. En grattant, enlever les graines et la pulpe fibreuse. (Si désiré, garder les graines pour les faire rôtir plus tard ; voir REMARQUE page XXX.)

3. Entre-temps, préparer le beurre au miel : dans une petite casserole, à feu moyen, faire fondre le beurre. Ajouter le miel et la cannelle, et faire bouillir 30 secondes. La courge et le beurre peuvent être préparés à l'avance jusqu'à cette étape.

4. Au moment de servir, régler le barbecue pour la cuisson directe et le chauffer à feu vif. (Sur un barbecue au charbon de bois, ramener simplement les braises au centre à l'aide d'un râteau.) Brosser ou gratter la grille et bien l'huiler. Badigeonner les côtés coupés de la courge de beurre au miel, puis saler et poivrer.

5. Déposer la courge sur la grille directement au-dessus du feu, côté coupé dessous, légèrement en diagonale par rapport aux barreaux. Griller de 3 à 5 minutes ou jusqu'à ce qu'elle soit bien dorée, en la tournant d'un quart de tour à mi-cuisson afin de strier la chair.

6. Déposer la courge dans une assiette. L'arroser à la cuillère du reste de beurre au miel. Parsemer de pralin de graines de citrouille et servir.

VARIANTE

COURGE BUTTERNUT RÔTIE SUR PLAQUE DE SEL ET PRALIN DE GRAINES DE CITROUILLE

Chauffer une plaque de sel sur la grille durant le préchauffage du barbecue. Couper la courge en deux sur la longueur. Déposer les deux moitiés sur la plaque de sel, côté coupé dessous, et les rôtir 45 minutes ou jusqu'à ce qu'elles soient tendres. Arroser, assaisonner et griller la courge directement, comme décrit aux étapes 4 et 5.

REMARQUE : éviter la cuisson sur plaque de sel quand il fait très froid. Au moment d'ouvrir le couvercle, le gel pourrait faire éclater la plaque de sel.

PRALIN DE GRAINES DE CITROUILLE

QUANTITÉ environ 120 g

INGRÉDIENTS

2 c. à café d'huile végétale

80 g de sucre

80 g de graines de citrouille, rincées et séchées

½ c. à café de cannelle moulue

1. Huiler légèrement une plaque de cuisson munie d'un rebord avec de l'huile végétale et réserver. Dans une petite casserole à fond épais, à feu moyen-vif, cuire le sucre jusqu'à ce qu'il fonde et dore, en tournant la casserole de temps à autre afin que la cuisson soit uniforme.

2. Ajouter les graines de citrouille et poursuivre la cuisson jusqu'à ce que le sucre soit un caramel (plus il est foncé, plus il sera amer-fumé). Attention de ne pas le laisser brûler! Le verser aussitôt sur la plaque huilée et le laisser refroidir à température ambiante.

3. Retirer le pralin refroidi de la plaque et le casser en morceaux de 2,5 cm (1 po). Moudre ceux-ci au robot culinaire avec la cannelle en pulsant jusqu'à ce que la préparation ressemble à une chapelure grossière. Il faudra quelques minutes (et beaucoup de bruit) pour obtenir la consistance désirée. Attention de ne pas trop moudre : on veut une poudre, et non une pâte.

REMARQUE : il y aura probablement plus de pralin que la quantité nécessaire ici, mais bien d'autres plats peuvent bénéficier de son goût savoureux, par exemple les patates douces cuites sur la braise (voir page 193), la crème glacée et les desserts grillés ou fumés. Le conserver dans un récipient hermétique à l'abri de la chaleur et de la lumière.

COURGE BUTTERNUT
SAUCE TERIYAKI THAÏE

QUANTITÉ 4 portions

MÉTHODE cuisson indirecte/ cuisson directe

PRÉPARATION 15 minutes

CUISSON environ 50 minutes

BARBECUE/ÉQUIPEMENT
au charbon de bois, au gaz ou sur un feu rehaussé de bois. Pour rehausser un feu au charbon de bois ou au gaz, il vous faudra des morceaux ou copeaux de bois dur (trempés), voir page 16. Aussi : grande lèchefrite jetable en aluminium ou plat allant au four.

POUR EN SAVOIR PLUS
j'aime l'apparence et les longs quartiers minces de la courge Butternut, mais on peut en choisir une autre, par exemple la courge poivrée qu'on coupe en tranches, ou la kabocha à la chair dense et orangée coupée en quartiers.
REMARQUE on peut omettre le gingembre et l'ail. S'il est vrai qu'ils confèrent de la saveur au plat, la courge sera quand même délicieuse sans eux.

J'aime beaucoup l'association sucrée-salée de la sauce teriyaki japonaise. Et j'adore le piquant pas trop prononcé et aillé de la sauce chili thaïlandaise. Ces condiments conviennent bien à cette recette toute simple : la douceur fumée de la courge carbonisée contraste avec la saveur caractéristique de la sauce teriyaki. Je propose la cuisson indirecte en lèchefrite pendant pratiquement toute la séance, suivie de quelques minutes de cuisson directe afin de carboniser la sauce dans la chair de la courge. REMARQUE : en Asie, on ne se sert habituellement pas de fumée de bois pour griller les légumes, mais rien ne nous empêche de le faire en ajoutant des morceaux ou copeaux de bois dur sur la braise (voir page 16).

INGRÉDIENTS

COURGE

1 grosse courge Butternut ou 2 petites, soit 1,2 à 1,5 kg en tout

Huile végétale pour huiler la grille

SAUCE

3 c. à soupe de sauce soya

3 c. à soupe de saké ou de mirin

3 c. à soupe d'huile de sésame grillé

3 c. à soupe de sirop d'érable

3 c. à soupe de sauce chili thaïlandaise douce

1 oignon vert paré, partie blanche coupée en deux, partie verte tranchée finement et réservée pour le service

3 tranches de 5 mm d'épaisseur de gingembre frais pelé

1 gousse d'ail pelée

2 c. à soupe graines de sésame grillées (facultatif)

1. Régler le barbecue pour la cuisson indirecte et le chauffer à feu moyen. Pour rehausser un feu de charbon de bois, déposer les morceaux ou copeaux de bois sur la braise ; pour rehausser un feu sur un barbecue au gaz, les déposer dans la boîte-fumoir ou mettre des morceaux sous la grille, directement sur un ou des brûleurs.

2. Couper la grosse courge en 6 quartiers (les petites en 4). À la cuillère, retirer et jeter les graines et la pulpe fibreuse.

3. Préparer la sauce : dans une lèchefrite jetable, battre à la fourchette la sauce soya, le saké, l'huile de sésame, le sirop d'érable et la sauce chili. Écraser délicatement le blanc de l'oignon, le gingembre et l'ail à l'aide du côté plat d'une lame de couteau et les ajouter dans la sauce. Ajouter les quartiers de courge et les retourner à quelques reprises pour bien les enrober de sauce, puis les mettre côté coupé dessous.

4. Déposer la lèchefrite sur la grille à l'écart du feu. En les retournant deux ou trois fois à l'aide d'une pince, faire griller les courges indirectement de 30 à 45 minutes ou jusqu'à ce que la chair soit presque tendre.

5. Brosser ou gratter la grille (la partie directement au-dessus du feu) et bien l'huiler. À l'aide d'une pince, sortir les quartiers de courge de la lèchefrite et les déposer directement au-dessus du feu, côté coupé dessous. Déposer la lèchefrite contenant la sauce sur la grille ou au-dessus de l'autre brûleur.

6. Griller directement les courges 1 ou 2 minutes de chaque côté, soit de 3 à 6 minutes en tout, ou jusqu'à ce qu'elles grésillent et soient bien dorées de tous côtés (côté coupé et côté peau). Si désiré, tourner d'un quart de tour au bout de 1 minute afin d'obtenir des stries noires croisées. Entre-temps, faire bouillir la sauce teriyaki dans la lèchefrite jusqu'à ce qu'elle épaississe, tout en badigeonnant les quartiers de courge durant leur cuisson.

7. Déposer les quartiers de courge dans une ou des assiettes. (On peut laisser ou jeter les morceaux de gingembre et d'ail.) Parsemer du vert de cébette et des graines de sésame, si désiré, et servir.

ROULADES DE COURGETTE
AU PEPPERONI, AU PROVOLONE ET À LA SAUGE

Ce livre met en vedette la cuisson au barbecue des légumes, mais n'est pas fait que de recettes végétariennes et, dès sa conception, je me suis dit que, si l'ajout d'un peu de viande pouvait rendre plus savoureux un bon légume grillé, alors viande il y aurait ! Ce qui nous amène à ces roulades – préparées avec l'un des principaux légumes d'été, soit la courgette. Ce plat italien classique (la *braciole*, dont le nom signifie « braises », sur laquelle la viande était traditionnellement grillée) consiste en fines tranches de viande roulées autour d'une farce au fromage et aux légumes. Ici, on inverse : le légume est à l'extérieur et la viande, avec le provolone, constitue la farce.

QUANTITÉ 4 roulades, soit 2 à 4 portions

MÉTHODE fumage-rôtissage (cuisson indirecte avec fumée de bois)

PRÉPARATION 20 minutes

CUISSON 20 minutes

BARBECUE/ÉQUIPEMENT cuisson au charbon de bois ou au gaz possible, mais le charbon de bois procurera une meilleure saveur de fumée. Aussi : ficelle de boucher et, si vous rehaussez le feu, des morceaux ou copeaux de bois dur (trempés), voir page 16.

POUR EN SAVOIR PLUS la qualité de ces roulades toutes simples dépend entièrement de celle des ingrédients. Pour respecter la coutume italienne, on emploierait normalement de la pancetta (poitrine de porc salée) ou du *guanciale* (joue de porc salée) plutôt que du bacon, mais ce dernier confère plus de saveur fumée au plat. Le provolone – de préférence piquant et âgé d'au moins quatre mois est reconnu pour sa saveur acidulé) – vous pouvez le remplacer par du parmesan ou du gouda

INGRÉDIENTS

- 4 courgettes de taille moyenne d'environ 300 g (10 oz) chacune
- Sel et poivre noir fraîchement moulu
- 8 tranches de poitrine fumée, pancetta ou guanciale
- 180 g de provolone, en tranches fines
- 180 g de pepperoni ou salami piquant, en tranches fines
- Les feuilles de 1 botte de sauge fraîche
- Huile végétale pour huiler la grille

1. Couper les courgettes en deux sur la longueur (garder les paires ensemble). Saler et poivrer les côtés coupés.

2. Étendre quatre ficelles de boucher de 20 cm (8 po) de longueur sur le plan de travail, en veillant à ce qu'elles soient parallèles et que la distance entre les deux ficelles extérieures soit d'environ 2,5 cm (1 po) de moins que la longueur des courgettes.

3. Assembler les roulades : déposer une tranche de poitrine fumée au milieu des ficelles, perpendiculairement. Couvrir d'une demi-courgette, côté coupé dessus. Couvrir de provolone taillé aux dimensions de la courgette. Ajouter des tranches de pepperoni et des feuilles de sauge, puis fermer avec l'autre moitié de la courgette, côté coupé dessous. Couvrir d'une autre tranche de poitrine fumée. Nouer les ficelles de manière à former un cylindre compact. Répéter les étapes 2 et 3 pour les autres roulades.

4. Entre-temps, régler le barbecue pour une cuisson indirecte et le chauffer à feu vif. Brosser ou gratter la grille et bien l'huiler. Disposer la courgette sur la grille au-dessus de la lèchefrite et à l'écart du feu.

ou par un fromage fumé, comme le scamorza a umicata italien. Pour une variante sans viande, remplacer le pepperoni par des poivrons rouges rôtis ou des piments de Piquillo et omettre le bacon.

Pour rehausser un feu de charbon de bois, déposer les morceaux ou copeaux de bois sur la braise ; pour rehausser un feu sur un barbecue au gaz, les déposer dans la boîte-fumoir ou mettre des morceaux sous la grille, directement sur un ou des brûleurs. Fermer le couvercle.

5. Griller les roulades indirectement 20 minutes ou jusqu'à ce que la poitrine soit croustillante et dorée, la courgette tendre (vérifier à l'aide d'un cure-dents) et le fromage fondu. Déposer les roulades dans une ou des assiettes, enlever les ficelles et servir.

Couper la courgette en deux sur la longueur.

Déposer une tranche de poitrine sur les quatre ficelles, au milieu.

Couvrir la poitrine de la moitié inférieure de la courgette.

Couvrir de provolone, taillé aux dimensions de la courgette.

Ajouter quelques tranches de pepperoni.

Garnir de feuilles de sauge fraîche.

Refermer avec la deuxième moitié de courgette.

Couvrir d'une tranche de poitrine et nouer les ficelles afin de retenir la roulade en place.

POLENTA CUITE SUR LE FEU
ET MÉLANGE DE CHAMPIGNONS GRILLÉS

La polenta est à l'Italie ce que le gruau de maïs est au sud des États-Unis, mais, contrairement à ce dernier, elle est souvent assez ferme pour être découpée en morceaux qui seront ensuite grillés *ai ferri*, (littéralement « sur le fer ») au barbecue. En suivant la bonne technique, on obtient une polenta croustillante à l'extérieur et très tendre au centre. Le truc consiste à bien graisser la grille avec de l'huile ou du beurre, et la polenta encore plus. Les garnitures n'ont de limites que celles de notre imagination ! Ici, je propose un mélange de champignons. On peut aussi garnir de feuilles de sauge frites dans du beurre et de fontina un fromage de vache de la vallée d'Aoste. La sauce tomate fumée de la page 240 constitue aussi une excellente garniture pour la polenta.

QUANTITÉ 3 ou 4 portions comme plat principal

MÉTHODE cuisson directe

PRÉPARATION 15 minutes

CUISSON 20 minutes

BARBECUE/ÉQUIPEMENT
cuisson au charbon de bois ou au gaz possible, mais le résultat sera meilleur sur un feu de bois. Aussi : plancha, grille à griller les légumes ou wok à griller. Si vous rehaussez le feu, il vous faudra aussi des morceaux ou copeaux de bois dur (non trempés), voir page 16.

POUR EN SAVOIR PLUS
autrefois, pour griller de la polenta, il fallait d'abord la faire bouillir – long processus au cours duquel on remuait constamment la semoule, ce qui donnait l'impression que le bras avait couru le marathon, sans compter les éclaboussures brûlantes qui le menaçaient. Aujourd'hui, on en trouve toute prête et longue conservation en paquet ; sans être comparable à celle que l'on prépare à la maison, elle a la fermeté voulue pour bien se tenir sur le barbecue, qualité cruciale à mes yeux (Aurora et Tipiak sont deux bonnes marques ; on la trouve généralement au rayon des pâtes alimentaires). Quant aux champignons,

INGRÉDIENTS

- 450 g d'un mélange de champignons : porcini, chanterelles, shiitakes, pleurotes et champignons de Paris
- 1 gousse d'ail pelée et émincée
- 1 échalote française pelée et émincée, ou 1 oignon vert, paré, parties blanche et verte tranchées finement
- 3 c. à soupe de sauge ou de persil plat, ciselé
- 2 c. à soupe d'huile d'olive vierge extra ou de beurre fondu + pour la polenta
- Sel et poivre noir fraîchement moulu
- Huile végétale pour huiler la grille
- 1 paquet de 500 g de polenta préparée, coupée en huit tranches de 2 cm d'épaisseur
- 2 c. à soupe de grappa ou de d'eau de vie de marc (facultatif ; voir REMARQUE)

1. Régler le barbecue pour la cuisson directe et le chauffer à feu vif. Déposer une plancha, une grille à griller les légumes ou un wok à griller sur un côté de la grille et bien la ou le chauffer. L'ustensile sera suffisamment chaud quand une goutte d'eau jetée à sa surface s'évaporera en 1 ou 2 secondes.

2. Entre-temps, couper le bout des pieds des champignons. Essuyer les chapeaux à l'aide d'un essuie-tout humide. Couper les plus gros en deux ou en quatre, de manière à obtenir des morceaux de 2,5 cm (1 po). Au moment de les griller, les déposer dans un grand bol et les mélanger avec l'ail, l'échalote, la sauge, l'huile d'olive, du sel et du poivre, au goût.

je les cuis à la plancha, ce qui contribue à préserver leur humidité tout en les dorant. Les possibilités sont nombreuses (voir la liste d'ingrédients), en sachant que les porcini frais, quand on réussit à en trouver, sont 100 % italiens !

3. Bien huiler la plancha ou la plaque à légumes perforée. Pour rehausser un feu de charbon de bois, déposer les morceaux ou copeaux de bois sur la braise ; pour rehausser un feu sur un barbecue au gaz, déposer les morceaux ou copeaux de bois dans la boîte-fumoir ou sous la grille, directement sur un ou des brûleurs. Déposer les champignons sur la plancha ou la grille et, en les retournant à l'aide d'une spatule, les griller de 4 à 6 minutes ou jusqu'à ce qu'ils soient dorés et que leur contour soit croustillant. Les déplacer vers le bord du barbecue et les réserver au chaud.

4. Entre-temps, badigeonner généreusement d'huile d'olive les deux côtés des tranches de polenta, puis saler et poivrer. Les déposer sur la grille et les griller de 5 à 8 minutes ou jusqu'à ce que le dessous grésille et dore. À l'aide d'une fine spatule, les retourner et les griller de l'autre côté. Ou encore, les griller à la plancha ; il n'y aura pas de marques noires, mais on élimine ainsi le risque que la polenta adhère à la grille.

5. Disposer les tranches de polenta dans une ou des assiettes. Les couvrir à la cuillère du mélange de champignons et servir.

REMARQUE : Pour un effet théâtral assuré, réchauffer la grappa dans une petite casserole jusqu'à ce qu'elle soit à la température du corps. Ne pas la laisser bouillir, l'alcool s'évaporerait. Y mettre le feu à l'aide d'une longue allumette, puis la verser délicatement sur la polenta couverte de champignons, et servir aussitôt. Par mesure de sécurité, on roule ses manches pour s'assurer que rien, à part la grappa, ne s'enflamme !

PAELLA DE LÉGUMES GRILLÉS

QUANTITÉ 4 à 6 portions en plat principal

MÉTHODE cuisson directe

PRÉPARATION 30 minutes

CUISSON 50 minutes

Oubliez tout ce que vous croyez savoir au sujet de la paella. On la prépare avec des fruits de mer, pas vrai ? Erreur, là où elle a été créée, dans la province de Valence en Espagne, elle ne contient que deux aliments protéinés : du lapin et des escargots. Comme bien des plats à base de riz (par exemple le pilaf), on la cuit sur la cuisinière ou au four, n'est-ce pas ? Erreur encore. La manière authentique consiste à la cuire sur un feu de bois d'oranger ou de vigne. Le bois fume subtilement le riz, lui conférant des saveurs nuancées qu'on ne peut tout simplement pas obtenir avec une cuisson à l'intérieur. Heureusement, la cuisson peut facilement se faire au barbecue ou sur un feu de bois. La variante qui suit est composée de légumes et de légumineuses riches en saveurs espagnoles. Les pois chiches fourniront les protéines. Bien que la coutume exige qu'on cuise les légumes dans une poêle à paella, et non directement sur le feu, celui-ci a pour effet d'intensifier leur saveur et leur couleur.

INGRÉDIENTS

LÉGUMES GRILLÉS

1 gros artichaut ou 4 petits

½ citron jaune

1 gros oignon doux, pelé

350 g de broccolini ou de courgette

2 à 3 c. à soupe d'huile d'olive vierge extra

250 g de haricots verts ou de pois des neiges ou mange-tout, équeutés et fils enlevés

2 épis de maïs, épluchés, soies ôtées

180 g de piments de Padrón ou Shishito, pédoncules enlevés

12 tomates cerises

Sel et poivre noir fraîchement moulu

Huile végétale pour huiler la grille

ASSEMBLAGE DE LA PAELLA

3 à 4 c. à soupe d'huile d'olive vierge extra + au besoin

1 gros oignon, haché finement

1 gros poivron rouge, épépiné et coupé en lanières de 5 mm x 5 cm

2 gousses d'ail pelées et émincées

3 c. à soupe de persil plat, ciselé

1 grosse tomate mûre, épépinée et coupée en dés de 5 mm

Sel et poivre noir fraîchement moulu

500 g de riz de Valence, tel que bomba ou calasparra

1 c. à café de safran, trempé 5 minutes dans 1 c. à soupe d'eau chaude

250 ml de vin blanc sec, de préférence espagnol

2 à 2,5 litres de bouillon de légumes, de préférence maison, ou au besoin

160 g de pois chiches cuits, égouttés

Quartiers de citron jaune, pour garnir (facultatif)

1. Préparer les légumes en se servant des indications données ici comme un simple guide. Couper la pointe des feuilles d'artichaut et couper une tranche de 3 mm (1/8 po) à l'extrémité de la tige. Couper le gros artichaut en 6 quartiers (et les petits en 2). Enlever et jeter le foin. Frotter les côtés coupés avec un demi-citron pour éviter que les artichauts noircissent. Les blanchir dans de l'eau salée environ 3 minutes, puis les égoutter dans une passoire et les éponger.

2. Couper l'oignon en 6 quartiers. Piquer un cure-dents dans chacun des quartiers afin de les empêcher de se défaire.

3. Parer les tiges de broccolini et séparer les tiges, ou couper la courgette en deux sur la longueur.

4. Badigeonner légèrement d'huile d'olive les artichauts, l'oignon, le broccolini ou la courgette, les haricots verts, le maïs, les piments de Padrón et les tomates cerises, puis saler et poivrer.

BARBECUE/ÉQUIPEMENT

la paella peut être grillée sur un barbecue au charbon de bois ou au gaz, mais elle sera meilleure sur un feu de bois ou rehaussé de bois. Pour rehausser un feu de charbon de bois ou sur un barbecue au gaz, il vous faudra des morceaux ou copeaux de bois dur (non trempés), voir page 16. Aussi : cure-dents en bois, panier à griller ou plaque à légumes perforée, poêle à paella de 40 cm (16 po) ou grande poêle en fonte, ustensile à long manche pour remuer les ingrédients, un râteau de barbecue, par exemple.

POUR EN SAVOIR PLUS

la recette peut sembler compliquée, mais il s'agit en fait d'une série d'étapes simples. Pour obtenir les meilleurs résultats, il est conseillé d'employer du riz de Valence, comme le calasparra ou le bomba (on en trouve dans certains supermarchés, dans les épiceries fines ou en ligne). Ce sont des variétés à grain court qui ne se transforment pas en purée à la cuisson. Quant aux légumes, on choisira ceux qui sont frais et de saison. Voir la liste d'ingrédients comme un guide : il en faudra environ 1 kg en tout. À noter que le combustible traditionnel pour la cuisson de la paella est le bois d'oranger ou de vigne.

Cuisson de la paella sur un feu de bois.

5. Entre-temps, régler le barbecue pour la cuisson directe et le chauffer à feu vif. Idéalement, la cuisson se fera sur un feu de bois de vigne. Pour rehausser un feu de charbon de bois, déposer les morceaux ou copeaux de bois sur la braise ; pour rehausser un feu sur un barbecue au gaz, déposer les morceaux ou copeaux de bois dans la boîte-fumoir ou sous la grille, directement sur un ou des brûleurs. Brosser ou gratter la grille et bien l'huiler.

6. Déposer les légumes huilés et assaisonnés sur la grille (mettre les petits légumes tels que haricots verts, Shishito et tomates cerises dans un panier à griller ou sur une plaque à légumes perforée) et les griller de 2 à 4 minutes ou jusqu'à ce qu'ils soient bien dorés de tous côtés. Ne pas chercher à les cuire entièrement, ils finiront de cuire dans la paella.

7. Déposer les légumes sur une planche à découper. Retirer les cure-dents des oignons. Couper le broccolini ou la courgette en morceaux de 5 cm (2 po). Couper le maïs en tronçons de 2,5 cm (1 po) à l'aide d'un couteau de chef. Les légumes peuvent être grillés et préparés jusqu'à cette étape. Ils se conserveront au réfrigérateur 24 heures à couvert.

8. Pour assembler la paella, déposer la poêle à paella sur le feu. Ajouter 3 ou 4 c. à soupe d'huile d'olive et la chauffer jusqu'à ce qu'elle scintille. Y faire griller l'oignon et le poivron à feu vif, en remuant à l'aide d'un râteau de barbecue ou d'une cuillère en bois à long manche, 4 minutes ou jusqu'à ce que l'oignon commence à dorer. Ajouter l'ail, le persil (réserver 1 c. à soupe pour la garniture), les dés de tomate, 1 c. à café de sel et ½ c. à café de poivre, et cuire 2 minutes de plus. Ajouter de l'huile au besoin. Si la préparation – appelée *sofrito* – risque de brûler, déposer le plat sur une partie moins chaude du barbecue. REMARQUE : les Espagnols ne font pas dorer le *sofrito,* mais on obtient plus de saveur en le faisant.

9. Ajouter le riz et le faire sauter 1 minute ou jusqu'à ce que les grains soient translucides. Ajouter le safran trempé avec son liquide ainsi que le vin, et laisser bouillir 2 minutes.

10. Ajouter 1,5 litre (6 tasses) de bouillon, ou plus, de manière à couvrir le riz. Régler la température (en rapprochant plus ou moins la poêle à paella de la partie chaude du barbecue) de sorte que la préparation mijote doucement. Laisser mijoter 10 minutes.

11. Ajouter les artichauts et le maïs, et laisser mijoter 5 minutes. Ajouter le reste des légumes grillés et les pois chiches. En remuant à l'occasion, poursuivre la cuisson de la paella 20 minutes ou jusqu'à ce que le riz soit al dente. Saler et poivrer, au goût : la paella devrait être bien relevée.

12. Normalement, tout le liquide sera absorbé et une croûte se formera sous le riz ; elle porte le nom de *socarrat*, ou roussi ! Parsemer la paella du reste du persil, garnir de quartiers de citron, si désiré, et servir directement dans la poêle.

CHAPITRE 8

LÉGUMES D'ACCOMPAGNEMENT

On fait griller des végétaux sur tous les continents. Ce chapitre sur les légumes d'accompagnement vous permettra de faire la tournée de la planète barbecue : du chou grillé à la coréenne aux tomates grillées inspirées du petit déjeuner anglais, en passant par le maïs crémeux à la mexicaine. Si les oignons au barbecue et le bok choy grillé et assaisonné de *shichimi togarashi* relèvent plutôt de la tradition, les carottes fumées à la levure grillée et les morceaux de courgette carbonisée constituent une approche nouvelle en matière de cuisson au barbecue. Quant aux classiques haricots verts amandine, ils sont ici traités à la flamme et aux amandes Marcona. Bien sûr, il y aura un ragoût de patates douces, fumées-rôties naturellement (je n'ai pas pu résister). Même si ce chapitre porte sur les légumes d'accompagnement, rien ne vous interdit de faire de certains d'entre eux la vedette du spectacle.

RECETTES

Tomates italiennes, grillées
façon petit déjeuner anglais

Artichauts à la sicilienne

Brocolis nains grillés au feu de bois,
huile pimentée
aux raisins secs dorés

Bulgogi de chou de Savoie

Bok choy grillé, marinade sèche
aux épices japonaises

Carottes fumées et levure grillée

Patates douces façon *char siu*

Ragoût de patates douces fumées,
cassonade et sirop d'érable

Maïs à la crème grillé à la mexicaine

Haricots amandine nouvelle vague
aux amandes Marcona
et au beurre noisette

Courgette aux bords brûlés,
beurre aux herbes et au citron

Fèves au lard fumées

Oignons cuits sur la braise

Galettes de pommes de terre

TOMATES ITALIENNES GRILLÉES
FAÇON PETIT DÉJEUNER ANGLAIS

QUANTITÉ 4 portions

MÉTHODE cuisson indirecte

PRÉPARATION 10 minutes

CUISSON 10 à 15 minutes

BARBECUE/ÉQUIPEMENT
cuisson au charbon de bois ou au gaz possible, mais le résultat sera meilleur sur un feu de bois ou enrichi au bois. Pour enrichir un feu de charbon de bois ou sur barbecue au gaz, il vous faudra des morceaux ou copeaux de bois dur (non trempés), voir page 16. Des cure-dents en bois.

POUR EN SAVOIR PLUS
choisissez du bacon en tranches fines pour envelopper les tomates. Quant au fromage, il vous faudra un cheddar piquant.

La tomate grillée au four est un classique du petit déjeuner anglais, qui s'accompagne de bacon, de saucisses, d'œufs et de pain grillé. Dans ma version grillée au barbecue, elle occupe la place d'honneur : je la garnis de cheddar et d'œufs durs et je l'enveloppe de bacon (dans la mesure où ils demandent un peu plus de travail, les œufs sont facultatifs, mais ils ajoutent assurément de la saveur au plat). Ça commence au petit déjeuner, mais on ne sait pas où ça se termine…

INGRÉDIENTS

4 tomates italiennes (Roma olivette), de préférence bio

Sel et poivre noir fraîchement moulu

2 œufs durs, écalés et tranchés finement (facultatif)

90 g de cheddar, coupé en tranches de 5 mm d'épaisseur et à la dimension des tomates

8 tranches fines de bacon

40 g de chapelure, de préférence maison

Huile d'olive vierge extra ou beurre fondu, pour arroser

Huile végétale pour huiler la grille

Feuilles d'origan, pour garnir (facultatif)

1. Couper les tomates en deux sur la hauteur. Couper une fine tranche du côté arrondi afin qu'elles se tiennent sans basculer. Saler et poivrer généreusement le côté coupé des moitiés. Couvrir des tranches d'œuf, si l'on désire, en les faisant se chevaucher légèrement, puis du fromage. Les envelopper perpendiculairement dans une tranche de bacon en retenant celle-ci avec un cure-dent. Parsemer de chapelure et arroser d'un filet d'huile d'olive.

2. Entre-temps, régler le barbecue pour la cuisson indirecte et le chauffer à feu vif. Brosser ou gratter la grille et bien l'huiler. Pour enrichir un feu de charbon de bois, déposer les morceaux ou copeaux de bois sur la braise ; pour un feu sur barbecue au gaz, les déposer dans la boîte de fumage ou mettre des morceaux sous la grille, directement sur un ou des brûleurs.

3. Déposer les tomates, côté coupé dessus, sur la grille au-dessus d'une lèchefrite et à l'écart de la chaleur. Les griller indirectement pendant 10 à 15 minutes ou jusqu'à ce que le bacon et la chapelure grésillent et soient dorés, et que le fromage ait fondu. Garnir d'origan, si l'on désire, et servir immédiatement.

ARTICHAUTS À LA SICILIENNE

QUANTITÉ 4; peut être multipliée à volonté

MÉTHODE cuisson sur la braise ou cuisson directe

PRÉPARATION 15 minutes

CUISSON 15 à 30 minutes (selon la taille des artichauts)

BARBECUE/ÉQUIPEMENT cuisson au charbon de bois ou au bois. Brochette en métal, gants isothermes et plaque de cuisson avec rebord.

POUR EN SAVOIR PLUS optez de préférence pour de grosses fleurs d'artichaut (en effet, du point de vue botanique, l'artichaut est une fleur, plus précisément un capitule portant les fleurs). J'ai choisi de les cuire sur la braise, ce qui leur confère une saveur fumée prononcée. Cependant, la cuisson directe, qui se pratique aussi en Sicile, donne également de très bons résultats (voir recette ci-dessous). Notez la technique étonnante qui consiste à frapper les artichauts contre une surface dure afin de les attendrir et d'ouvrir leurs feuilles. J'y ai désormais recours chaque fois que je prépare ce légume.

Dire que les Italiens aiment les artichauts grillés, c'est comme dire que les plantes se tournent généralement vers le soleil. On en trouve d'un bout à l'autre de la péninsule, grillés à l'huile d'olive à Portofino, carbonisés à la flamme et marinés avec des herbes dans les épiceries fines de Rome, grillés sur des barbecues géants installés en plein milieu de la rue à Catane, en Sicile… Cependant, question innovation, rien ne vaut les artichauts grillés à la sicilienne du restaurant de Fabrizio Calamia. Près de Trapani en Sicile. Il farcit les artichauts avec de l'ail haché et de la menthe fraîche, puis les arrose de Nocellara del Belice, une huile d'olive piquante provenant d'une variété d'olives produites dans la vallée sicilienne du Belice, avant de les mettre à cuire sur la braise. Une fois les parties brûlées grattées, la fabuleuse saveur fumée et la douceur des artichauts sont une véritable révélation. Sans compter le côté frais de cette recette !

INGRÉDIENTS

4 gros artichauts
2 gousses d'ail pelées et émincées
60 g de menthe fraîche, bien tassée
Huile d'olive vierge extra, de préférence sicilienne, pour arroser en cours de cuisson et pour servir
Sel et poivre noir fraîchement moulu

1. Couper la tige des artichauts. À l'aide de ciseaux de cuisine, couper la pointe des feuilles (c'est facultatif, la plupart des Siciliens omettent cette étape, mais cela permet de se débarrasser des pointes acérées). Retourner les artichauts tige vers le haut, et les frapper contre le plan de travail une demi-douzaine de fois afin d'ouvrir leurs feuilles.

2. Insérer l'ail et la menthe entre les feuilles des artichauts pour farcir ces derniers. Les arroser (très) généreusement d'huile d'olive, puis les saler et les poivrer.

3. Entre-temps, régler le barbecue pour la cuisson sur la braise. À l'aide d'un râteau de barbecue, étendre les braises en une couche uniforme et les éventer afin de disperser les cendres, le cas échéant.

4. Déposer les artichauts sur la braise, côté tige dans la braise. Les griller jusqu'à ce que le dessous noircisse et que la chair devienne tendre. À l'aide d'une pince à long manche, les tourner de temps à autre afin que leur cuisson soit uniforme. Les retourner sur le côté afin de carboniser les feuilles extérieures. Le temps de cuisson total sera de 15 à 30 minutes. Vérifier le degré de cuisson à l'aide d'une brochette en métal : elle doit les percer facilement.

5. Déposer les artichauts sur une plaque de cuisson munie d'un rebord. À l'aide de gants isothermes et d'un couteau d'office, enlever, en grattant, les parties vraiment carbonisées du dessous, ainsi que les feuilles extérieures brûlées. Déposer les artichauts dans de grands bols, les arroser d'huile d'olive et servir.

VARIANTE

ARTICHAUTS GRILLÉS EN CUISSON DIRECTE

La cuisson directe des artichauts est tout aussi répandue en Sicile, voire plus, ce qui ouvre un large champ de possibilités aux cuisiniers qui cuisent au gaz. On pourrait penser que les artichauts se dessécheraient, mais il n'en est rien. Ils sont plutôt rôtis à sec et possèdent une saveur différente mais tout aussi délectable. Régler le barbecue pour la cuisson directe et le chauffer à feu vif. Préparer et farcir les artichauts comme indiqué aux étapes 1 et 2 de la recette principale. Les déposer à la verticale sur la grille. En les retournant avec une pince, les griller 20 minutes ou jusqu'à ce que le dessous soit bien doré, voire carbonisé, et que la chair soit tendre. Veiller aussi à griller les côtés. Si l'appareil est muni d'un couvercle, le baisser afin de retenir la chaleur et d'accélérer la cuisson. Servir avec du beurre fondu.

Artichauts grillés sur la braise à la sicilienne.

BROCOLIS NAINS GRILLÉS AU FEU DE BOIS
HUILE PIMENTÉE AUX RAISINS SECS DORÉS

QUANTITÉ 3 à 4 portions

MÉTHODE cuisson directe

PRÉPARATION 15 minutes

CUISSON 6 à 10 minutes

BARBECUE/ÉQUIPEMENT
au charbon de bois, au gaz ou au bois. Plaque de cuisson avec rebord ou plat allant au four.

POUR EN SAVOIR PLUS
le brocoli nain est l'un des légumes de la famille du chou que je préfère pour la cuisson au barbecue. Sa saveur est plus douce que celle du brocoli et ses tiges minces et dentelées deviennent croustillantes quand elles sont exposées au feu. La garniture composée du trio raisins secs dorés, amandes et huile pimentée convient à pratiquement tous les légumes grillés.

REMARQUE : l'huile pimentée est une huile végétale chauffée et infusée de piments très forts avec, parfois, du gingembre, de l'ail et du poivre du Sichuan. On en trouve sur les marchés et dans les épiceries asiatiques ou dans de nombreux supermarchés.

À l'origine Jon Shook et Vinny Dotolo avaient essentiellement axé leur restaurant sur la viande. Quelle ironie quand on sait que le succès de leur 2ème restaurant italien est dû à des recettes à base de végétaux ! Comme leurs pois mange-tout grillés arrosés d'une sauce ranch maison. Ou encore leurs asperges au citron garnies de copeaux de parmesan. Ceci m'amène à leur légume probablement le plus intéressant, le brocoli nain arrosé d'une vinaigrette aux raisins secs dorés et aux amandes grillées, et garni d'un filet d'huile pimentée, histoire de le relever encore plus !

INGRÉDIENTS

BROCOLIS NAINS

450 g de brocolis nains

Huile d'olive vierge extra pour badigeonner et arroser

Sel et poivre noir fraîchement moulu

Huile végétale pour huiler la grille

VINAIGRETTE À L'HUILE PIMENTÉE ET GARNITURE

40 g de raisins secs dorés

125 ml d'eau bouillante

2 c. à soupe de vinaigre de xérès, ou selon votre goût

3 c. à soupe d'huile d'olive vierge extra

3 c. à soupe d'huile chinoise pimentée

40 g d'amandes Marcona (espagnoles) ou de Californie, grillées et hachées (voir Pour en savoir plus page 224)

1. Couper les extrémités des brocolis nains. Piquer les tiges à intervalles avec une fourchette. Déposer les brocolis nains sur une plaque de cuisson munie d'un rebord ou dans un plat allant au four et les badigeonner généreusement d'huile d'olive, puis saler et poivrer.

2. Préparer la vinaigrette : dans un bol, couvrir les raisins secs d'eau bouillante et les laisser se réhydrater environ 5 minutes, puis les égoutter. Dans un petit bol, mélanger les raisins, le vinaigre de xérès, l'huile d'olive et l'huile pimentée. Saler et poivrer selon votre goût : la vinaigrette doit être bien relevée.

3. Entre-temps, régler le barbecue pour la cuisson directe et le chauffer à feu moyen-vif. Brosser ou gratter la grille et bien l'huiler.

4. Déposer les brocolis nains sur la grille et, en les tournant souvent avec une pince, les griller pendant 3 à 5 minutes de chaque côté, ou jusqu'à ce qu'ils soient dorés à l'extérieur et tendres au centre. S'ils commencent à se dessécher, arroser d'un peu de vinaigrette.

5. Déposer les brocolis nains dans une ou des assiettes. Mélanger de nouveau la vinaigrette, puis en arroser les brocolis à la cuillère. Parsemer d'amandes grillées et servir.

BULGOGI DE CHOU DE SAVOIE

Le bulgogi fait partie des plats nationaux de la Corée, et c'est l'un de ses trésors culinaires : entrecôte marinée dans un mélange salé-sucré de sucre, sauce soja et huile de sésame. Et de l'ail, beaucoup d'ail, quatrième ingrédient de l'un de ces quatuors qui rehaussent la saveur de n'importe quel aliment. Mieux encore, on fait bouillir la marinade afin d'obtenir une sauce barbecue. Tout cela m'a donné l'idée de préparer un bulgogi de légume avec des « biftecks » de chou vert.

QUANTITÉ 4 à 6 portions, en entrées

MÉTHODE cuisson directe

PRÉPARATION 15 minutes, plus 2 à 4 heures de marinage

CUISSON 6 à 10 minutes

BARBECUE/ÉQUIPEMENT en Corée, la coutume exige que la cuisson se fasse au charbon de bois, mais on peut tout aussi bien la faire sur un appareil au gaz ou au bois. Brochettes de bambou et grille fine posée sur une plaque de cuisson avec rebord.

INGRÉDIENTS

- 1 chou vert, (chou de Milan ou de Savoie) d'environ 900 g
- 3 gousses d'ail pelées et émincées
- 1 c. à soupe de gingembre frais, pelé et émincé
- 2 cébettes parées, partie blanche émincée, partie verte coupée en fines tranches diagonales
- 50 g de cassonade, ou sucre ou miel, ou selon votre goût
- 1 c. à café de poivre noir fraîchement moulu
- 150 ml de sauce soja
- 125 ml de vin de riz ou de saké
- 80 ml d'huile de sésame grillé + 2 c. à soupe pour arroser
- 3 c. à soupe de *gochujang* (facultatif ; voir Pour en savoir plus)
- 45 g de beurre doux coupé en dés
- Huile végétale pour huiler la grille
- 40 g de graines de sésame grillées, pour saupoudrer

1. Couper le chou en quartiers de 2,5 cm de largeur. Piquer les quartiers avec 1 ou 2 brochettes de bambou afin qu'ils se tiennent durant la cuisson. Déposer les quartiers de chou en une seule couche dans un plat allant au four.

2. Préparer la marinade : dans un bol, écraser au pilon ou avec le dos d'une cuillère en bois l'ail, le gingembre, le blanc des cébettes, la cassonade et le poivre noir jusqu'à ce qu'ils libèrent leur arôme (réserver le vert de la cébette pour garnir). En battant, ajouter la sauce soja, le vin de riz, l'huile de sésame et le *gochujang*, si l'on désire.

3. Verser la marinade sur les quartiers de chou, en retournant ceux-ci afin d'enrober les deux côtés. Laisser mariner pendant 2 à 4 heures au réfrigérateur, en les retournant à plusieurs reprises.

4. Retirer les quartiers de chou de la marinade (réserver celle-ci) et les égoutter sur une grille posée sur une plaque de cuisson munie d'un rebord. Verser la marinade réservée dans une petite casserole. Récupérer la marinade qui s'est répandue sur la plaque et l'ajouter dans la casserole (si l'on désire, passer la marinade ou la garder telle quelle avec les morceaux d'ail et de gingembre). Faire bouillir la marinade 3 minutes ou jusqu'à ce qu'elle ait la consistance d'une sauce sirupeuse et qu'elle soit parfumée. En battant, ajouter le beurre, puis retirer du feu. Réserver au chaud.

5. Entre-temps, régler le barbecue pour la cuisson directe et le chauffer à feu moyen-vif. Brosser ou gratter la grille et bien l'huiler.

6. Badigeonner les deux côtés des quartiers de chou avec 2 c. à soupe d'huile de sésame. Les déposer sur la grille et les griller pendant 2 à 4 minutes de chaque côté, ou jusqu'à ce que les deux côtés soient dorés et que le chou soit bien cuit. Les arroser d'un peu de sauce en cours de cuisson.

7. Déposer les quartiers de chou dans une ou des assiettes. Retirer et jeter les brochettes. Verser le reste de la sauce – s'il en reste – sur le chou et parsemer des graines de sésame et du vert d'oignon réservé.

VARIANTES

BULGOGI DE CHOU CHINOIS

Couper un chou chinois en tranches épaisses (« biftecks ») de 2,5 cm. Piquer les côtés de 1 ou de 2 petites brochettes en bambou afin qu'ils se tiennent à la cuisson. Mariner et faire griller comme indiqué aux étapes 2 à 7.

BULGOGI DE CHOUX DE BRUXELLES

1. Couper des choux de Bruxelles parés en deux, de haut en bas. Les déposer à plat sur une planche à découper et les enfiler sur des brochettes en bambou de manière à ce que les brochettes traversent les côtés ronds et soient parallèles à la planche à découper.

2. Déposer les brochettes dans un plat allant au four et les arroser de marinade. Les mariner comme indiqué aux étapes 3 et 4, en les retournant à plusieurs reprises afin qu'elles marinent uniformément.

3. Les griller comme indiqué aux étapes 5 à 7, en les arrosant d'huile de sésame. Parsemer de graines de sésame et d'oignon vert au moment de servir.

POUR EN SAVOIR PLUS

J'ai agrémenté la marinade d'un ingrédient pas du tout classique, mais tout à fait coréen : du *gochujang*, un condiment fermenté composé de piments, d'ail et de riz, capable d'exalter n'importe quelle sauce ou marinade. Ici, il est facultatif, mais je crois que la plupart des gens l'apprécieront. On le trouve dans les épiceries asiatiques, les supermarchés ou en ligne. En outre, si on manque de temps, on peut omettre la marinade.

BOK CHOY GRILLÉ
MARINADE SÈCHE AUX ÉPICES JAPONAISES

QUANTITÉ 4 portions

MÉTHODE cuisson directe

PRÉPARATION 10 minutes

CUISSON 4 à 8 minutes

BARBECUE/ÉQUIPEMENT
au charbon de bois, au gaz ou au bois.

POUR EN SAVOIR PLUS
la composition du mélange japonais *shichimi tōgarashi* varie d'un fabricant à l'autre, mais on y trouve généralement du piment rouge moulu, de l'écorce d'orange rôtie, du gingembre séché, des graines de pavot, de chanvre et de sésame (blanches et noires), de l'algue nori pulvérisée et du sanshō, la baie de l'arbuste *Zanthoxylum piperitum*, qui possède une saveur aromatique rappelant celle du pin et du poivre du Sichuan, une plante apparentée. On peut trouver du *shichimi tōgarashi* sur les marchés ou dans les épiceries asiatiques, dans certains supermarchés ou en ligne.

REMARQUE : le yuzu est un agrume japonais à l'arôme persistant qu'on peut, au besoin, remplacer par du citron jaune.

On pourrait croire que le bok choy a été créé dans le but d'être grillé, tellement ce mode de cuisson lui sied. En effet, la teneur élevée en eau (95 %) de sa tige et de ses feuilles vert foncé contribue à préserver son humidité durant la cuisson. Sa saveur herbacée (plus douce que celle de la plupart des autres membres de la famille du chou) se marie bien avec celles de la sauce soja, du mirin, de l'huile de sésame et du *shichimi tōgarashi*, un mélange d'épices japonais (pour une variante intéressante, remplacez-le par de l'assaisonnement à bagel). Le bok choy est riche en vitamines A, C et K, ainsi qu'en acide folique et en calcium – autant de raisons de l'inviter à votre barbecue.

INGRÉDIENTS

4 petits bok choy (450 à 600 g en tout)
60 ml d'huile de sésame grillé
60 ml (¼ tasse) de tamari ou de sauce soja
60 ml de mirin ou de saké (dans ce dernier cas, ajouter 2 c. à café de sucre)
½ c. à café de zeste de yuzu ou de citron fraîchement et finement râpé (facultatif)
Huile végétale pour huiler la grille
1 c. à soupe de *shichimi tōgarashi*, ou selon votre goût

1. Couper les bok choy en deux sur la hauteur.

2. Dans un petit bol, mélanger à la fourchette l'huile de sésame, le tamari, le mirin et le zeste de yuzu ou de citron, si l'on désire. Badigeonner de cette vinaigrette tous les côtés des bok choy.

3. Régler le barbecue pour la cuisson directe et le chauffer à feu vif. Brosser ou gratter la grille et bien l'huiler.

4. Déposer les bok choy, côté coupé dessous, sur la grille, en diagonale par rapport aux barreaux. Les griller pendant 2 à 4 minutes ou jusqu'à ce que le côté coupé soit grillé. Badigeonner de vinaigrette le côté arrondi.

5. Retourner les bok choy et, en badigeonnant le côté coupé de vinaigrette, poursuivre la cuisson pendant 2 à 4 minutes ou jusqu'à ce que le côté arrondi soit doré. Ne pas trop cuire : les bok choy doivent rester croustillants au centre.

6. Déposer les bok choy dans une assiette, côté coupé dessus. Les arroser à la cuillère du reste de la vinaigrette. Les saupoudrer de *shichimi tōgarashi* et servir. Aussi simple que cela !

VARIANTE

Pour une saveur umami encore plus prononcée, remplacer le *shichimi tōgarashi* par du *furikake*, un autre assaisonnement japonais, celui-là composé de graines de sésame, d'algue nori hachée, de bonite (thon séché), de sucre et de sel.

CAROTTES FUMÉES
ET LEVURE GRILLÉE

Jeremy Umansky, un maître-charcutier de Cleveland, dans l'Ohio, dirige un restaurant nouvelle vague du nom de Larder. Nouvelle vague ? Eh bien, oui, le chef sert des « bâtonnets de viande » composés en fait de carottes et de bardane grillées, à côté de ses pancetta, pastrami et bresaola végétaux. La plupart de ses « charcuteries » végétales nécessitent un processus complexe de salage, fumage et vieillissement qui peut durer des semaines, en plus de la fermentation au *koji*. Cependant, il ne faut en tout et pour tout qu'environ 1 heure pour fumer les carottes qui suivent. La marinade sèche à base de levure grillée leur confère une saveur remarquable, fumée, maltée et absolument unique.

QUANTITÉ 4 à 6 portions

MÉTHODE fumage à chaud

PRÉPARATION 10 minutes

FUMAGE 1 heure

BARBECUE/ÉQUIPEMENT idéalement, barbecue au charbon de bois ou fumoir (concernant le barbecue au gaz, voir page 21). Morceaux ou copeaux de bois dur (trempés), voir page 16.

POUR EN SAVOIR PLUS
impossible d'obtenir des carottes fumées exceptionnelles si on emploie des légumes produits en culture industrielle. Si vos carottes n'ont pas la saveur douce et caractéristique de ce légume, le plat manquera lui aussi de saveur.

INGRÉDIENTS

CAROTTES ET MARINADE SÈCHE À LA LEVURE

Huile végétale pour huiler la grille

900 g de carottes, de préférence bio, de votre jardin ou du marché local, parées et grattées (inutile de les peler)

3 c. à soupe de levure sèche active (de préférence vendue en pot, elle se mesure plus facilement)

2 c. à café de poivre noir fraîchement moulu

1 c. à café de poudre de cacao non sucré

1 c. à café de graines de cumin

1 c. à café de graines de carvi

5 baies de genièvre, légèrement écrasées avec le côté plat d'une lame de couteau

POUR SERVIR

3 c. à soupe de sirop d'érable, ou selon votre goût

3 c. à soupe d'huile d'olive vierge extra ou d'huile végétale

Gros sel

40 g de feuilles de céleri ou de persil plat ciselées, pour garnir (facultatif)

1. Régler le fumoir en suivant les indications du fabricant et le chauffer à feu moyen-doux. Ou encore, régler le barbecue au charbon de bois pour la cuisson indirecte et le chauffer à feu moyen-doux, en employant moitié moins de charbon de bois qu'à la normale (ainsi, le feu sera moins chaud). Pour enrichir un feu de charbon de bois, déposer les morceaux ou copeaux de bois sur la braise; pour un feu sur barbecue au gaz, déposer les morceaux ou copeaux de bois dans la boîte de fumage ou sous la grille, directement sur un ou des brûleurs. Brosser ou gratter la grille et bien l'huiler. Fermer le couvercle.

2. Fumer les carottes jusqu'à ce qu'elles soient attendries mais encore croquantes, ce qui demandera 45 à 60 minutes (pour vérifier le degré de cuisson, courber une carotte en forme de fer à cheval. S'il est possible de rapprocher les deux extrémités à moins de 5 cm l'une de l'autre sans casser la carotte, celle-ci est prête).

3. Entre-temps, préparer la marinade sèche à la levure: à feu moyen-doux, chauffer à sec une poêle en fonte. Ajouter la levure, le poivre, la poudre de cacao, les graines de cumin et de carvi, ainsi que les baies de genièvre. En secouant la poêle et en remuant la préparation avec une cuillère en bois afin d'empêcher la levure de brûler, cuire pendant 5 à 8 minutes ou jusqu'à ce que la levure prenne une teinte brunâtre et que les épices libèrent leur arôme. Laisser refroidir dans un bol peu profond.

4. Ajouter les carottes chaudes à la préparation à la levure et remuer pour bien les enrober. Ajouter le sirop d'érable et l'huile d'olive, et bien mélanger. Saler selon votre goût. Laisser les carottes absorber les saveurs de la préparation et refroidir pendant 10 à 15 minutes. Parsemer de feuilles de céleri, si l'on désire, et servir à température ambiante. Umansky conseille de consommer les carottes avec les doigts.

Patates douces façon *char siu*, page 220.

PATATES DOUCES FAÇON *CHAR SIU*

QUANTITÉ 4 portions

MÉTHODE fumage-rôtissage (cuisson indirecte avec fumée de bois), suivi de cuisson directe

PRÉPARATION 10 minutes

CUISSON 40 à 50 minutes

BARBECUE/ÉQUIPEMENT charbon de bois ou gaz. Lèchefrite jetable en papier et, si vous enrichissez le feu, des morceaux ou copeaux de bois dur (trempés), voir page 16.

POUR EN SAVOIR PLUS un *char siu* classique est composé de viande cuite au barbecue. Ici, il s'agit d'un légume indirectement grillé dans une lèchefrite et exposé à la fumée grâce au bois qu'on ajoute au feu. Durant les cinq dernières minutes, on passe à la cuisson directe (en déplaçant la lèchefrite au-dessus de la braise ou d'un brûleur) pour saisir le légume à l'extérieur et transformer la sauce en glaçage brillant.

REMARQUE : la sauce aux huîtres est habituellement faite avec de vraies huîtres, mais bien des produits contiennent plus d'arôme que d'huîtres véritables...
Il existe plusieurs marques de sauce aux huîtres vegan que l'on trouve en épicerie asiatique, dans les supermarchés ou en ligne.

Le *char siu* (expression cantonaise signifiant «rôti à la fourchette») est cuit au barbecue. Traditionnellement, il s'agit de porc laqué généreusement enrobé de miel et de sauce hoisin, puis salé avec une sauce aux huîtres et à la sauce soja. La légère saveur de réglisse vient de l'anis étoilé, un ingrédient essentiel du cinq-épices chinois. Le glaçage du *char siu* convient parfaitement bien aux légumes-racines, dont le panais, la carotte et, mon préféré, la patate douce. Pour imiter l'aspect d'une longe de porc à la *char siu*, on peut fumer-rôtir la patate douce entière, mais je préfère les bords croustillants qu'on obtient en la faisant rôtir en quartiers. Cette recette constitue un guide général pour transformer n'importe quel légume-racine en *char siu*. À vous de choisir !

INGRÉDIENTS

PATATES DOUCES

900 g de patates douces (si possible à la peau lisse et de forme cylindrique fuselée)

1 c. à soupe d'huile de sésame grillé

30 g de beurre doux fondu

GLAÇAGE ET GARNITURE

3 c. à soupe de miel

3 c. à soupe de sauce soja

2 c. à soupe de sauce aux huîtres

2 c. à soupe de vin de riz chinois ou de saké

1 c. à soupe de sauce hoisin

1 c. à soupe d'huile de sésame grillé

½ c. à café de cinq-épices chinois en poudre

2 c. à soupe d'oignon vert ou de ciboulette, tranché(e) finement, pour garnir

1. Régler le barbecue pour la cuisson indirecte et le chauffer à feu moyen-vif.

2. Brosser les patates douces. Les couper en quatre quartiers et les déposer en une seule couche dans une lèchefrite en aluminium. Arroser d'huile de sésame et de beurre fondu, et remuer.

3. Déposer la lèchefrite contenant les patates douces sur la grille du barbecue à l'écart du feu. Pour enrichir un feu de charbon de bois, déposer les morceaux ou copeaux de bois sur la braise ; pour un feu sur un barbecue au gaz, déposer les morceaux ou copeaux de bois dans la boîte de fumage ou sous la grille, directement sur un ou des brûleurs. Fermer le couvercle.

4. Fumer-rôtir les patates douces pendant 30 à 40 minutes ou jusqu'à ce qu'elles soient presque tendres. Une brochette doit les percer facilement. Les remuer à plusieurs reprises afin que leur cuisson soit uniforme.

5. Entre-temps, préparer le glaçage: dans un petit bol, battre au fouet le miel, la sauce soja, la sauce aux huîtres, le vin de riz, la sauce hoisin, l'huile de sésame et le mélange de cinq-épices.

6. Déplacer la lèchefrite pour la mettre directement au-dessus du feu et, en remuant souvent, griller 3 minutes ou jusqu'à ce que l'extérieur des patates douces soit doré et croustillant.

7. Verser le glaçage dans la lèchefrite et poursuivre la cuisson pendant 2 à 4 minutes ou jusqu'à ce qu'elle bouille et épaississe. Bien enrober les patates douces de glaçage pour leur donner une laque brillante.

8. Disposer les patates douces dans un bol de service peu profond ou dans des assiettes. Parsemer d'oignon vert et servir.

RAGOÛT DE PATATES DOUCES FUMÉES

CASSONADE ET SIROP D'ÉRABLE

Aux États-Unis, la fête de Thanksgiving ne serait pas complète sans son ragoût de patates douces! Et le ragoût de patates douces ne serait pas complet sans beurre, cassonade et sirop d'érable. Ce qui distingue celui-ci des autres, c'est une saveur à la fois familière et inattendue: la fumée de bois.

QUANTITÉ 8 portions

MÉTHODE fumage-rôtissage (cuisson indirecte avec fumée de bois)

PRÉPARATION 15 minutes

CUISSON 40 à 60 minutes pour fumer-rôtir les patates et 20 à 30 minutes pour les rôtir

INGRÉDIENTS

- 15 g de beurre doux à température ambiante, pour graisser le plat + 60 g de beurre froid pour garnir
- 6 patates douces (1,4 à 1,6 kg en tout)
- 1 c. à soupe de rhum brun (facultatif)
- 80 ml de sirop d'érable
- 80 ml de cassonade, ou selon votre goût
- 1 c. à soupe de ciboulette émincée finement (facultatif)

BARBECUE/ÉQUIPEMENT
cuisson au gaz possible, mais la saveur sera meilleure sur un feu de charbon de bois. Plat allant au four ou lèchefrite jetable en aluminium de 23 x 33 cm, brosse à légumes à poils durs et morceaux ou copeaux de bois dur (trempés), voir page 16.

POUR EN SAVOIR PLUS
il existe plus de 6 500 variétés de patates douces. Pour fêter le Thanksgiving américain, le quatrième jeudi de novembre, c'est la bonne vieille patate douce à chair orange qu'il vous faut. Si possible, optez pour des tubercules plutôt cylindriques qu'ovales, idéalement bio.

1. Régler le barbecue pour la cuisson indirecte et le chauffer à feu moyen-vif. Graisser le fond et les parois d'un plat allant au four avec 1 c. à soupe de beurre.

2. Gratter les patates douces avec une brosse à légumes à poils durs. Bien les éponger et piquer chacune à une douzaine de reprises avec une fourchette (pour permettre à la vapeur de s'échapper et éviter que les patates explosent, et aussi pour aider la fumée à imprégner la chair). Déposer les patates douces sur la grille du barbecue au-dessus de la lèchefrite et à l'écart de la chaleur. Pour enrichir un feu de charbon de bois, déposer les morceaux ou copeaux de bois sur la braise ; pour un feu sur barbecue au gaz, les déposer dans la boîte de fumage ou mettre des morceaux sous la grille, directement sur un ou des brûleurs. Fermer le couvercle.

3. Fumer-rôtir (cuisson indirecte) les patates douces pendant 40 à 60 minutes ou jusqu'à ce qu'elles soient tendres. Elles doivent se laisser facilement percer par une brochette en bambou. Les laisser refroidir sur une planche à découper. On peut les griller un jour à l'avance ; à cette étape, les couvrir et les réfrigérer.

4. Couper les patates douces en tranches de 1 cm d'épaisseur (les peler ou pas, au choix). Les disposer en éventail dans le plat graissé. Dans un petit bol, mélanger le rhum, si l'on désire, et le sirop d'érable et verser la préparation sur les patates douces. Parsemer de cassonade. Couvrir de fines tranches de beurre froid. On peut préparer les patates douces jusqu'à cette étape un jour à l'avance et les réfrigérer.

5. Régler le barbecue pour la cuisson indirecte et le chauffer à feu moyen-vif. Faire griller les patates douces indirectement pendant 20 à 30 minutes ou jusqu'à ce que le beurre fonde, que la cassonade bouillonne et que les patates soient bien dorées. Parsemer de ciboulette, si l'on désire. Servir directement dans le plat de cuisson.

VARIANTE

Et les marshmallows, alors ? me demanderez-vous. Si ce plat vous semble impensable sans les marshmallows qui l'accompagnent normalement à Thanksgiving, vous pouvez couvrir la cassonade de petits marshmallows ou de gros coupés en tranches (de préférence artisanaux). Fumer-rôtir comme décrit ci-dessus jusqu'à ce que les marshmallows soient fondus, dorés et fumés.

MAÏS À LA CRÈME GRILLÉ À LA MEXICAINE

Ce maïs à la crème est composé d'ingrédients semblables à ceux qu'on trouve dans l'*esquites* (voir page 78), mais qui sont mélangés et chauffés de manière totalement différente. S'inspirant d'un plat proposé dans un restaurant de cuisine fusion de Los Angeles, il doit sa riche texture au mélange de *crema* mexicaine et de mayonnaise.

QUANTITÉ 4 portions

MÉTHODE cuisson directe

PRÉPARATION 20 minutes

CUISSON 12 à 16 minutes

BARBECUE/ÉQUIPEMENT
au charbon de bois, au gaz ou au bois.

POUR EN SAVOIR PLUS
il vous faudra deux ingrédients mexicains qui ne sont peut-être pas connus de tous : la *crema* (semblable à la crème fraîche, mais moins épaisse et plus aigre) et le *cotija*, un fromage qui tire son nom d'une ville de l'État du Michoacán, dans le sud-ouest du Mexique, réputée pour son fromage salé piquant. La crème aigre peut remplacer la *crema* tandis que le *queso fresco*, la feta ou le *pecorino romano* peuvent remplacer le *cotija*.

INGRÉDIENTS

- Huile végétale pour huiler la grille
- 4 épis de maïs épluchés
- 2 c. à soupe d'huile d'olive vierge extra ou de beurre fondu
- Sel et poivre noir fraîchement moulu
- 1 gros piment poblano (facultatif)
- 60 g de *cotija*, *queso fresco*, feta, *pecorino romano* ou autre fromage piquant, émietté
- 3 c. à soupe de *crema* (crème aigre mexicaine) ou de crème aigre
- 3 c. à soupe de crème fraiche à 35 % (ou davantage de *crema*)
- ½ c. à café de zeste de citron vert fraîchement et finement râpé
- 1 c. à soupe de jus de citron vert frais, ou selon votre goût
- 50 g de coriandre fraîche ciselée
- 2 c. à soupe de mayonnaise

1. Régler le barbecue pour la cuisson directe et le chauffer à feu vif. Brosser ou gratter la grille et bien l'huiler.

2. Badigeonner légèrement les épis de maïs d'huile d'olive, puis saler et poivrer généreusement.

3. En le retournant avec une pince, faire griller le maïs et le poblano, si l'on désire, jusqu'à ce qu'ils soient bien dorés de tous côtés. Pour le maïs, il faudra 2 ou 3 minutes de chaque côté, soit 8 à 12 minutes en tout, et, pour le poblano, 3 à 4 minutes de chaque côté, soit 12 à 16 minutes en tout. Laisser refroidir le maïs et le poblano sur une planche à découper.

4. À l'aide d'un couteau de chef bien affûté, prélever les grains de maïs (la meilleure façon consiste à mettre les épis à plat sur une planche à découper). Gratter la peau brûlée du poblano et le couper en dés de 1 cm, en jetant les graines et les membranes. Déposer le maïs et le poblano dans une casserole moyenne.

5. Ajouter le fromage, la *crema*, la crème, le zeste et le jus de citron vert, et la moitié de la coriandre. Cuire la préparation à feu moyen 5 minutes ou jusqu'à ce qu'elle soit épaisse et crémeuse. Retirer la casserole du feu et, en battant, ajouter mayonnaise, sel et poivre, selon votre goût. Déposer la préparation dans un bol de service, parsemer du reste de la coriandre et servir.

HARICOTS AMANDINE NOUVELLE VAGUE
AUX AMANDES MARCONA ET AU BEURRE NOISETTE

QUANTITÉ 4 portions

MÉTHODE cuisson à la poêle

PRÉPARATION 15 minutes

CUISSON 8 à 12 minutes

BARBECUE/ÉQUIPEMENT
au charbon de bois, au gaz ou au bois. Pour enrichir un feu de charbon de bois ou un barbecue au gaz, il vous faudra des morceaux ou copeaux de bois dur (non trempés), voir page 16. Selon la méthode de cuisson : grande poêle ou grande lèchefrite jetable en aluminium, grille, brochettes de bambou ou panier à griller.

POUR EN SAVOIR PLUS
le choix de haricots est vaste, qu'il s'agisse de haricots verts fins, de haricots verts mange-tout ou jaunes, voire, si l'on veut, de fèves (qui, théoriquement, ne sont pas des haricots). Avec son léger goût de noix de macadamia, l'amande Marcona d'Espagne est plus ronde et plus douce que celle de Californie. On en trouve dans les supermarchés, les épiceries espagnoles ou en ligne. Sinon, optez pour les amandes de Californie.

Difficile de faire plus traditionnel que les haricots verts amandine, ce classique composé de haricots verts bouillis ou cuits vapeur garnis d'amandes effilées et de beurre. Eh bien, il existe une variante nouvelle école qui implique, vous l'aurez deviné, de les cuire au barbecue. En fait, il existe quatre méthodes pour les cuire : fumés-rôtis à la poêle (technique présentée dans la recette principale), en cuisson directe sur la grille du barbecue, enfilés à la manière d'un radeau ou sur la braise (ces trois dernières méthodes présentées en variantes). Chacune a pour résultat un légume à la texture subtilement différente, mais toutes valent mieux que de le faire bouillir. Quant aux amandes Marcona espagnoles, leur saveur sera rehaussée grâce au vinaigre de xérès et au beurre noisette. Ceci montre bien qu'on peut insuffler une nouvelle vie à un vieux classique.

INGRÉDIENTS

HARICOTS FRAIS

750 g de haricots verts ou autres haricots frais, équeutés et fils enlevés

1 c. à soupe d'huile d'olive vierge extra ou de beurre fondu

Sel et poivre noir fraîchement moulu

SAUCE

45 g de beurre doux

3 c. à soupe d'amandes Marcona, hachées grossièrement

3 c. à soupe de persil plat frais, haché grossièrement

1 c. à soupe de vinaigre de xérès, ou selon votre goût

Sel et poivre noir fraîchement moulu

1. Régler le barbecue pour la cuisson directe et le chauffer à feu vif. Facultatif : pour enrichir un feu de charbon de bois, ajouter des morceaux ou copeaux de bois sur la braise ; pour le feu d'un barbecue au gaz, les déposer dans la boîte de fumage ou mettre des morceaux sous la grille, directement sur un ou des brûleurs.

2. Déposer les haricots verts dans une grande poêle munie d'une poignée à l'épreuve du feu ou dans 1 ou 2 lèchefrites jetables en aluminium, en ne les empilant pas à plus de 1 cm d'épaisseur. Ajouter l'huile d'olive, saler, poivrer et remuer. En les retournant avec une pince, griller les haricots pendant 3 à 5 minutes ou jusqu'à ce qu'ils soient dorés et tendres. Ne pas trop les cuire : ils doivent rester un peu croquants. Les déposer dans une assiette.

3. Préparer la sauce : remettre la poêle sur le feu (ou sur le brûleur latéral du barbecue). Ajouter le beurre et le cuire 2 minutes ou jusqu'à ce qu'il fonde et commence à brunir (il cessera de grésiller juste avant de brunir). Ajouter les amandes et le persil, et cuire 1 minute ou jusqu'à ce qu'elles soient dorées. Ajouter le vinaigre de xérès ainsi que du sel et du poivre, selon votre goût. Verser la sauce sur les haricots et servir.

VARIANTES

CUISSON DIRECTE SUR UNE PLAQUE À LÉGUMES PERFORÉE

Suivre les indications données à l'étape 1 de la recette ci-dessus. Chauffer la plaque à légumes en même temps. En remuant, ajouter l'huile aux haricots, saler et poivrer. Faire griller les haricots pendant 2 à 4 minutes de chaque côté, ou jusqu'à ce qu'ils soient dorés et tendres. Suivre le reste des indications de la recette principale.

CUISSON DIRECTE, MÉTHODE DU RADEAU

Suivre les indications données à l'étape 1 de la recette ci-dessus. Sur la planche à découper, déposer 6 à 8 haricots côte à côte et piquer des brochettes de bambou au travers de manière à former un radeau. Badigeonner légèrement les radeaux d'huile d'olive, puis saler et poivrer. Les cuire sur la grille pendant 2 à 4 minutes de chaque côté, ou jusqu'à ce qu'ils soient dorés et tendres. Suivre le reste des indications de la recette principale.

CUISSON SUR LA BRAISE

Cuire les haricots verts dans un panier à griller posé directement sur la braise. Résultat : des haricots carbonisés et fumés qui gardent leur croquant. Il faut un barbecue au charbon de bois pour cette méthode.

1. À l'aide d'un râteau de barbecue, étendre les braises en une couche uniforme et les éventer afin de disperser les cendres, le cas échéant.

2. Déposer les haricots dans un panier à griller. Déposer celui-ci directement sur la braise. En les retournant avec une pince et en secouant le panier, griller les haricots pendant 2 à 4 minutes ou jusqu'à ce qu'ils soient dorés et uniformément carbonisés. Déposer les haricots dans une assiette et poursuivre à l'étape 3 de la recette principale.

COURGETTE AUX BORDS BRÛLÉS
BEURRE AUX HERBES ET AU CITRON

La première courgette de la saison est un délice, de même que la seconde, mais à la quatrième ou à la cinquième, on se demande pourquoi autant de gens sèment une telle quantité d'un légume à la saveur somme toute peu prononcée (presque insipide), et à la texture tendre et moite au point d'en être presque aqueuse. Russ Faulk, le designer en chef de la marque de barbecue Kalamazoo Outdoor Gourmet a créé certains des barbecues les plus élégants de la planète. Il a également mis au point l'une des méthodes de cuisson de la courgette les plus ingénieuses qui soient. Il la coupe à la mandoline en tranches très fines (ustensile essentiel pour ce plat à moins d'être extrêmement habile au couteau), puis il les enfile en accordéon sur des brochettes en bambou. Cette méthode permet de transformer ce légume notoirement mou en tranches aux bords croustillants. Le résultat est on ne peut plus charmant! Ajoutez à cela un beurre aux herbes et au citron, et vous pourriez bien décider de semer plus de courgettes l'été prochain.

QUANTITÉ 4 portions

MÉTHODE cuisson directe

PRÉPARATION 15 minutes

CUISSON 8 minutes

BARBECUE/ÉQUIPEMENT
au charbon de bois, au gaz ou au bois. Le feu de bois ou enrichi au bois donnera les meilleurs résultats. Pour enrichir un feu de charbon de bois ou un barbecue au gaz, il vous faudra des morceaux ou copeaux de bois dur (non trempés), voir page 16. Plaque de cuisson avec rebord, mandoline et 8 brochettes plates en bambou de 30 cm de long ou 16 brochettes rondes.

POUR EN SAVOIR PLUS
la mandoline est nécessaire. Optez pour de petites courgettes de 15 à 20 cm et de 180 à 250 g. Utilisez des brochettes plates ou des brochettes rondes enfilées en parallèle, ce qui évitera que les tranches de courgette tournent sur elles-mêmes quand vous les retournerez.

INGRÉDIENTS

- 120 g de beurre doux ou 120 ml d'huile d'olive vierge extra
- 2 gousses d'ail pelées et légèrement aplaties avec le côté plat de la lame d'un couteau
- 1 c. à café de zeste de citron jaune fraîchement et finement râpé
- 3 c. à soupe d'aneth frais, ou de menthe, ciselé(e) + 3 c. à soupe pour servir
- ½ c. à café de flocons de piment fort (facultatif)
- 8 petites courgettes de 180 à 250 g chacune
- Sel et poivre noir fraîchement moulu
- Huile végétale pour huiler la grille

1. Préparer le beurre aux herbes et au citron : dans une petite casserole, à feu moyen, faire fondre le beurre. Ajouter l'ail, le zeste de citron, l'aneth haché et les flocons de piment fort, si l'on désire. Cuire 3 minutes ou jusqu'à ce que le beurre soit parfumé. Retirer la casserole du feu et laisser refroidir. Jeter l'ail.

2. Couper les extrémités des courgettes et les jeter. À l'aide d'une mandoline (de préférence munie d'un protège-doigts), trancher finement une courgette sur la longueur (les tranches doivent être épaisses de 1 à 1,5 mm). Les déposer sur une plaque de cuisson munie d'un rebord et les badigeonner légèrement de beurre aux herbes et au citron des deux côtés, puis saler et poivrer.

3. Replier une tranche de courgette en accordéon et l'enfiler sur une brochette plate. Si elle casse, remettre simplement les extrémités bout à bout. Continuer à enfiler les tranches de sorte que toutes celles d'une même courgette se retrouvent sur la même brochette. La peau verte doit se retrouver dans le haut et dans le bas. Dans le cas de brochettes rondes, en insérer une seconde parallèlement à la première dans les tranches de courgette, ce qui les empêchera de tourner sur elles-mêmes. Procéder de la même manière pour les 7 autres courgettes. Il vaut mieux faire cette opération juste au moment de griller les courgettes.

4. Entre-temps, régler le barbecue pour la cuisson directe et le chauffer à feu vif. Pour enrichir un feu de charbon de bois, déposer les morceaux ou copeaux de bois sur la braise ; pour un feu sur barbecue au gaz, déposer les morceaux ou copeaux de bois dans la boîte de fumage ou mettre des morceaux sous la grille, directement sur un ou des brûleurs. Brosser ou gratter la grille et bien l'huiler.

5. Déposer les brochettes de courgette, côté peau dessous, sur la grille et les griller 3 ou 4 minutes ou jusqu'à ce que les bords soient dorés, voire carbonisés. Les retourner et griller l'autre côté, côté peau dessous, de la même manière, soit 6 à 8 minutes en tout ; les arroser de beurre aux herbes et au citron en cours de cuisson. Les déposer dans une ou des assiettes et les arroser à la cuillère du reste de beurre. Servir aussitôt.

Couper la courgette à la mandoline en tranches très fines.

Enfiler les tranches de courgette sur des brochettes en bambou.

FÈVES AU LARD FUMÉES
(LA RECETTE ULTIME !)

Tout barbecue qui se respecte doit impérativement inclure une recette de fèves au lard ! Dans cette variante, elles sont non seulement présentes, mais carrément en vedette. En effet, en fumant les haricots sur le barbecue ou dans le fumoir, on leur confère une saveur fumée qui transforme l'humble plat qu'il est normalement en une véritable attraction. Sans compter que cette variante comprend quatre variétés de haricots secs, contrairement à la recette classique, qui se contente du petit haricot blanc.

INGRÉDIENTS

- 4 tranches épaisses de poitrine fumée, de préférence artisanal, coupées en morceaux de 1 cm (facultatif), ou 50 g de beurre doux ou 3 c. à soupe d'huile d'olive vierge extra
- 1 gros oignon, pelé, coupé en dés de 1 cm
- 1 piment poblano, épépiné et coupé en dés de 1 cm
- 1 poivron rouge ou jaune, épépiné et coupé en dés de 1 cm
- 2 piments jalapeños, épépinés et coupés en dés de 1 cm (pour un plat plus piquant, laisser les graines)
- 2 gousses d'ail pelées et émincées
- 40 g de coriandre fraîche, ou de persil plat, ciselé(e)
- 240 g de haricots noirs en boîte, de préférence bio, avec leur liquide
- 240 g de haricots rouges en boîte, de préférence bio, avec leur liquide
- 240 g de petits haricots blancs en boîte, de préférence bio, avec leur liquide
- 240 g de pois chiches en boîte, de préférence bio, avec leur liquide
- 250 ml de sauce barbecue, ou selon votre goût
- 120 g de cassonade, ou selon votre goût
- 125 ml de mélasse
- 50 g de moutarde de Dijon
- 2 c. à soupe de sauce Worcestershire
- 2 c. à café de sauce piquante au choix
- ½ c. à café de fumée liquide (facultatif)
- Sel et poivre noir fraîchement moulu

1. Déposer la poitrine si l'on désire, dans un grand faitout ou une casserole à fond épais. En remuant à l'occasion, cuire sur la cuisinière ou sur le brûleur latéral du barbecue 5 minutes ou jusqu'à ce qu'elle grésille et soit dorée. À défaut de poitrine, chauffer le beurre ou l'huile.

2. Ajouter l'oignon, le poblano, le poivron, les jalapeños, l'ail et la coriandre, et cuire 4 minutes ou jusqu'à ce que les légumes soient légèrement dorés.

QUANTITÉ 8 portions

PRÉPARATION 15 minutes

MÉTHODE cuisson indirecte ou fumage

CUISSON/FUMAGE 2 heures (plus 30 minutes au fumoir, si l'on désire)

BARBECUE/ÉQUIPEMENT
cuisson sur barbecue au charbon de bois ou au gaz, ou en fumoir. Pour le barbecue : morceaux ou copeaux de bois dur (trempés), voir page 16. Facultatif : une grande lèchefrite jetable en aluminium.

POUR EN SAVOIR PLUS
les puristes souhaiteront certainement employer des haricots secs (il en faudra 110 g de chaque variété) qu'ils feront tremper toute la nuit avant de les faire bouillir jusqu'à tendreté. À la maison, nous employons des haricots bio en boîte sans y perdre en plaisir. La poitrine est facultative, de sorte que les personnes qui ne consomment pas de viande peuvent l'omettre. Évidemment, son ajout donnera du goût aux haricots. La fumée liquide est également facultative. Sachez toutefois que, contrairement à la mauvaise réputation qu'on lui fait dans certains cercles, il s'agit d'un produit naturel obtenu par distillation

de véritable fumée de bois dur. Elle contribuera certainement à rehausser la saveur fumée.

3. Ajouter les haricots et leur liquide dans la préparation, puis la sauce barbecue, la cassonade, la mélasse, la moutarde, la sauce Worcestershire, la sauce piquante et la fumée liquide, si l'on désire. Saler et poivrer selon votre goût ; les haricots doivent être bien relevés. Les haricots seront fumés dans le faitout ou dans une grande lèchefrite jetable en aluminium.

4. Pour fumer les haricots au barbecue, régler celui-ci pour la cuisson indirecte et le chauffer à feu moyen. Pour enrichir un feu de charbon de bois, déposer les morceaux ou copeaux de bois sur la braise ; pour un feu sur barbecue au gaz, les déposer dans la boîte de fumage ou mettre des morceaux sous la grille, directement sur un ou des brûleurs. Pour fumer les haricots au fumoir, régler celui-ci suivant les indications du fabricant et le chauffer à 135 °C.
Les fumer-rôtir à découvert environ 2 heures (plus éventuellement 30 minutes au fumoir) ou jusqu'à ce que la préparation soit épaisse, concentrée et bien parfumée.

REMARQUE : on fait cuire les haricots à découvert afin de concentrer leur saveur et leur jus. Cependant, il faut veiller à ne pas les laisser sécher. Si cela se produit, ajouter un peu d'eau et couvrir d'un couvercle ou de papier d'aluminium.

5. Rectifier l'assaisonnement en sel, en poivre, en sauce barbecue et en cassonade : les haricots doivent être à la fois sucrés et salés. Servir immédiatement.

OIGNONS CUITS SUR LA BRAISE

QUANTITÉ 4 portions

MÉTHODE cuisson sur la braise ou cuisson directe

PRÉPARATION 15 minutes

CUISSON 45 minutes, et 5 à 8 minutes pour réchauffer les oignons

BARBECUE/ÉQUIPEMENT de préférence au charbon de bois. Brochette en métal, plaque de cuisson avec rebord et gants en latex (facultatif).

L'oignon joue un grand rôle sur la scène des barbecues : il est tranché et servi cru dans un sandwich de poitrine de bœuf, détaillé en dés dans le *pico de gallo* pour tacos, grillé dans les chiches-kebabs, sauté pour la sauce barbecue, etc. Ici, il est la tête d'affiche. L'idée vient du chef d'un restaurant du Massachusetts, où un barbecue au bois massif règne en maître dans la cuisine et où les légumes occupent une bonne part du menu. Il fait cuire les oignons tout doucement dans du beurre, puis il les relève de sauce barbecue. Nous irons un peu plus loin dans cette exploration en les faisant rôtir sur la braise afin de leur conférer une saveur fumée qu'on n'aurait pas imaginée pour ce légume. Je sers la préparation d'oignons dans leurs pelures extérieures carbonisées, pour une touche originale ?

REMARQUE : la manipulation des oignons carbonisés est salissante. On peut omettre cette étape et servir les oignons crémeux tels quels.

INGRÉDIENTS

4 gros oignons d'à peu près 7 cm de diamètre, non pelés

2 c. à soupe de sauce barbecue, ou selon votre goût

45 g de beurre doux

Sel et poivre noir fraîchement moulu

1 c. à soupe de miel (facultatif)

Tiges de thym frais ou 2 c. à café de ciboulette fraîche ciselée, pour garnir

1. Régler le barbecue pour la cuisson sur la braise. À l'aide d'un râteau de barbecue, étendre les braises en une couche uniforme et les éventer afin de disperser les cendres, le cas échéant. Ou encore, régler le barbecue pour la cuisson directe et le chauffer au maximum de sa capacité.

2. Déposer les oignons sur la braise (ou sur la grille chaude) et, en les retournant avec une pince, les faire rôtir avec leur pelure jusqu'à ce qu'ils soient carbonisés à l'extérieur et très tendres à l'intérieur. Il faudra environ 45 minutes en tout, plus ou moins selon la taille des oignons. Ils sont cuits quand une brochette les perce facilement. Les déposer sur une plaque de cuisson munie d'un rebord, en enlevant la braise qui les recouvre, le cas échéant. Laisser refroidir à température ambiante.

3. Couper les oignons en deux du sommet à l'extrémité côté racine (porter des gants de latex pour éviter de se noircir les doigts). À l'aide d'une cuillère, récupérer le cœur tendre. Réserver les couches extérieures pour les farcir (facultatif). Hacher grossièrement la partie tendre et la déposer dans une casserole moyenne. Ajouter la sauce barbecue et le beurre.

4. Déposer la casserole sur la grille du barbecue, sur le brûleur latéral ou sur un feu de cuisinière réglé à feu moyen. Laisser mijoter les oignons dans la sauce pendant 5 à 8 minutes ou jusqu'à ce qu'ils soient bien parfumés. Saler et poivrer, selon votre goût, et ajouter le miel, si l'on désire.

5. Pour servir, déposer la préparation à la cuillère dans les pelures d'oignon réservées, ou la présenter dans un bol ou dans des assiettes. Garnir de thym et servir.

POUR EN SAVOIR PLUS

la variété d'oignons proposés dans le commerce ouvre de nombreuses possibilités : le doux, comme l'oignon blanc, le rouge, le jaune, etc. Tous acquièrent sur la braise une fabuleuse douceur et une saveur fumée. Pour les accompagner, l'idéal est une sauce barbecue douce et fumée, par exemple la sauce chipotle à la mélasse. Servir les oignons en accompagnement ou comme condiment.

GALETTES DE POMMES DE TERRE

QUANTITÉ 4 portions

MÉTHODE cuisson indirecte/ à la plancha

PRÉPARATION 5 minutes

CUISSON 45 minutes, plus 5 minutes pour la cuisson à la plancha

BARBECUE/ÉQUIPEMENT
cuisson au charbon de bois ou au gaz possible, mais le résultat sera meilleur sur un feu de bois ou enrichi au bois. Plancha ou grande poêle en fonte et, si vous enrichissez le feu, morceaux ou copeaux de bois dur (trempés), voir page 16.

POUR EN SAVOIR PLUS
toutes les variétés de pommes de terre peuvent être rôties et écrasées, des vitelottes aux rattes. Les petites pommes de terre allongées de même que les rattes conviennent bien, d'autant plus qu'elles permettent de maximiser la proportion peau croustillante/chair tendre.

REMARQUE : je propose d'huiler les pommes de terre à l'huile d'olive vierge extra, mais la graisse de poitrine ou de canard donne également d'excellents résultats.

L'écrasé de pommes de terre conjugue la texture crémeuse d'une pomme de terre cuite au four et le croustillant d'une frite. J'y ai goûté pour la première fois en Uruguay, où l'on faisait rôtir les tubercules dans le four d'une cuisinière au bois, puis sur une plaque. De là, il n'y a qu'un petit pas à faire pour passer au barbecue, un pas qui en vaut la peine, car il permet d'amplifier la saveur fumée en ajoutant simplement des morceaux ou copeaux de bois au feu. Une fois les pommes de terre écrasées, on peut les couvrir des garnitures de son choix : crème aigre, fromage râpé, oignons verts, bacon, noix grillées et hachées, anchois – il n'y a de limites que celles de l'imagination !

INGRÉDIENTS

4 grosses pommes de terre

Huile d'olive vierge extra (ou graisse de poitrine de porc ou de canard), pour badigeonner

Sel et poivre noir fraîchement moulu

Paprika espagnol fumé (facultatif)

50 g de beurre doux, d'huile d'olive vierge extra, ou de gras de porc

Garnitures au choix : crème aigre, ciboulette fraîche ciselée ou cébettes émincés, bacon émietté, fromage râpé, etc.

1. Régler le barbecue pour la cuisson indirecte et le chauffer à feu moyen-vif. Déposer une plancha, une plaque en fonte ou une poêle au milieu de la grille et bien la chauffer.

2. Frotter les pommes de terre pour les nettoyer, les éponger avec un essuie-tout et les piquer généreusement avec une fourchette. Les badigeonner de tous côtés d'huile d'olive, puis assaisonner généreusement de sel, de poivre et de paprika, si l'on désire.

3. Déposer les pommes de terre sur la plancha. Pour enrichir un feu de charbon de bois, déposer les morceaux ou copeaux de bois sur la braise ; pour un feu sur barbecue au gaz, déposer les morceaux ou copeaux de bois dans la boîte de fumage ou sous la grille, directement sur un ou des brûleurs. Fermer le couvercle.

4. Fumer-rôtir (cuisson indirecte) les pommes de terre 45 minutes ou jusqu'à ce qu'elles soient tendres ; les retourner une ou deux fois en cours de cuisson afin qu'elles cuisent uniformément. Elles sont cuites quand une brochette en métal les perce facilement.

5. Les déposer sur une planche à découper et les couper en deux sur la largeur. Régler le feu sous la plancha à vif (s'il s'agit d'un barbecue au charbon de bois, étaler les braises au râteau directement sous la plancha ; s'il s'agit d'un barbecue au gaz, régler le brûleur à feu vif).

6. Faire fondre la moitié du beurre sur la plancha, en l'étalant avec une spatule. Y déposer les moitiés de pommes de terre, côté coupé dessous. À l'aide d'une presse à griller, d'un presse-purée, d'un maillet à viande ou d'un autre objet lourd, écraser et aplatir les pommes de terre de sorte qu'elles aient 5 mm d'épaisseur. Les faire frire sur la plancha chaude 3 minutes ou jusqu'à ce que le dessous soit croustillant et doré.

7. Faire fondre le reste de beurre sur la plancha, entre les pommes de terre écrasées. Retourner celles-ci en les déposant sur le beurre et frire l'autre côté de la même manière ; il faudra environ 2 minutes.

8. Déposer les galettes de pommes de terre dans une ou des assiettes. Elles seront délicieuses telles quelles, ou garnies d'une bonne cuillerée de crème aigre et assaisonnées d'une pincée de paprika fumé, de ciboulette ou d'une autre garniture, au choix.

ANNEXES

SAUCES, CONDIMENTS ET ASSAISONNEMENTS

L'un des secrets d'un barbecue réussi consiste à ajouter des couches de saveur aux aliments mis à griller. On commence par une marinade sèche, amalgame de sel, de poivre, de paprika et de cassonade, par exemple, ou un *chimichurri* sec aux herbes. Ensuite vient l'arrosage à l'huile à la braise ou une pulvérisation de cidre. Vers la fin de la cuisson, on peut badigeonner les aliments d'une sauce barbecue sucrée et collante ou d'un glaçage épicé composé de sauce aux piments à la thaïe et de sriracha. Ce n'est pas tout ! On ajoutera des couches de sauce piquante, de condiment, de *crema* et d'aïoli, chacune bien chargée en épices, en fumée et en saveurs relevées. Sans oublier la sauce tomate fumée, mon arme secrète pour l'aubergine au parmesan fumée (et pour insuffler aux pâtes l'esprit du barbecue). Les recettes présentées dans ces pages vous permettront de transformer un barbecue ordinaire en évènement exceptionnel, voire surnaturel !

TRIO DE SAUCES PIQUANTES

Les Mexicains font griller de la sauce piquante depuis bien avant la naissance du Mexique en tant qu'État. En fait, ils font griller depuis toujours les ingrédients originaires de leur coin de planète qui la composent – tomate, poblano et jalapeño – sur une *comal*, une poêle chauffée sur le feu. De nos jours, on obtient encore plus de saveur en ayant recours à la fumée de bois et à la cuisson directement sur les flammes. Je vous présente d'abord la *salsa* classique transformée par la cuisson directe, puis des variantes pour la cuisson sur la braise et pour le fumage. Chaque méthode produit une texture et une saveur différentes, mais elles font toutes de la sauce piquante ordinaire un condiment extraordinaire. Servir avec des chips, comme les totopos grillés aux graines de chia (voir page 55), ou en arroser à la cuillère des quesadillas, des œufs grillés, du fromage grillé, des champignons ou d'autres légumes grillés.

QUANTITÉ 4 portions

MÉTHODE cuisson directe, cuisson sur la braise ou fumage

PRÉPARATION 15 minutes

CUISSON 15 minutes de cuisson directe, 10 minutes de cuisson sur la braise ou 30 minutes de fumage

BARBECUE/ÉQUIPEMENT
cuisson au charbon de bois ou au gaz possible, mais le résultat sera meilleur sur un feu de bois ou enrichi au bois. Pour enrichir un feu au charbon de bois ou au gaz, il vous faudra des morceaux ou copeaux de bois dur (non trempés), voir page 16. Plaque de cuisson avec rebord, cure-dent et robot de cuisine ou *molcajete* et *tejolote* (mortier et pilon mexicains en pierre de lave, facultatif).

POUR EN SAVOIR PLUS
voyez cette recette comme un guide plutôt que comme des directives à suivre à la lettre. Ainsi, vous pouvez remplacer les tomates anciennes par des tomates italiennes, et les jalapeños par des habaneros ou des piments séchés, tels que l'ancho ou le pasilla, ou ajouter une tranche d'ananas grillé, ou une goutte de mezcal ou de tequila. À vous de jouer !

INGRÉDIENTS

Huile végétale pour huiler la grille

1 petit oignon pelé et coupé en quatre, ou 1 botte d'oignons verts parés

1 gousse d'ail pelée et enfilée sur un cure-dent

1 piment poblano

5 tomates, de préférence de variété ancienne (900 g à 1,2 kg en tout)

2 gros piments jalapeños ou serrano

2 citrons verts, coupés en deux

1 *chipotle* mariné en boîte, émincé + 1 c. à café de jus (facultatif – contribue à rehausser la saveur fumée)

80 g de coriandre fraîche, ciselée

Gros sel et poivre noir fraîchement moulu

1. Régler le barbecue pour la cuisson directe et le chauffer à feu vif. Brosser ou gratter la grille et bien l'huiler. Pour enrichir un feu de charbon de bois, déposer les morceaux ou copeaux de bois sur la braise ; pour un feu sur barbecue au gaz, les déposer dans la boîte de fumage ou mettre des morceaux sous la grille, directement sur un ou des brûleurs.

2. Déposer l'oignon, l'ail, le poblano, les tomates, les jalapeños et les citrons verts sur la grille. En les retournant avec une pince, les griller pendant 2 à 10 minutes ou jusqu'à ce qu'ils soient bien dorés, voire carbonisés à l'extérieur (c'est l'oignon qui demandera le plus de temps). Ne pas trop cuire : le centre des tomates doit rester froid et cru. Mettre les légumes à refroidir sur une plaque de cuisson munie d'un rebord.

3. À l'aide d'un couteau d'office, gratter les parties carbonisées des légumes. Inutile de chercher à tout enlever : la présence de quelques points noirs contribuera à la couleur et à la saveur. Hacher grossièrement l'ail (jeter le cure-dent). Réserver les citrons verts pour l'étape 5. Épépiner le poblano et enlever les membranes. Pour une sauce moins piquante, épépiner les jalapeños.

4. Couper les légumes en morceaux de 2,5 cm, puis les transformer en une purée grossière au robot de cuisine, en pulsant. Ne pas les hacher trop finement. Ou encore, hacher grossièrement les légumes au mortier à l'aide d'un pilon. Ajouter le *chipotle* et son jus, si désiré.

5. Presser les citrons verts pour en extraire le jus et ajouter celui-ci à la sauce, de même que la coriandre fraîche et du sel et du poivre, selon votre goût : la sauce doit être bien relevée.

REMARQUE : on peut préparer la sauce jusqu'à 4 heures à l'avance (la réfrigérer jusqu'au moment de servir), mais, pour ma part, je préfère la consommer tout au plus 15 minutes après l'avoir préparée.

VARIANTES

SAUCE PIQUANTE SUR LA BRAISE

Régler le barbecue pour la cuisson sur la braise. Il faudra cuire sur un feu de charbon de bois ou de bois. Déposer les légumes et les citrons verts sur la braise (envelopper l'ail dans du papier d'aluminium pour éviter qu'il brûle) et, en les retournant avec une pince, les faire griller pendant 2 à 6 minutes ou jusqu'à ce qu'ils soient carbonisés de tous côtés, mais encore crus au centre. Reprendre la recette principale à l'étape 3.

SAUCE PIQUANTE FUMÉE

Régler le fumoir en suivant les recommandations du fabricant et le chauffer à feu moyen-doux. Couper les oignons en quatre. Couper le poblano en deux sur la longueur et l'épépiner. Déposer l'ail dans une moitié de poblano. Couper les tomates en deux sur la largeur. Couper les jalapeños en deux sur la longueur et les épépiner ou pas, selon qu'on souhaite une sauce plus ou moins piquante. Déposer les légumes et les citrons verts, côté coupé dessus, sur une grille posée dans une lèchefrite jetable en aluminium remplie de glaçons (ce qui les gardera frais et crus) et les fumer pendant 15 à 30 minutes ou jusqu'à ce qu'ils prennent une couleur bronze, mais soient encore crus au centre. Reprendre la recette principale à l'étape 3.

AJVAR
(PÂTE DE POIVRON ET D'AUBERGINE RÔTIS DES BALKANS)

Qu'il se trouve à Belgrade ou ailleurs dans les Balkans et en Asie Mineure, le visiteur se voit invariablement offrir un condiment plus épais qu'une sauce et moins dense qu'une salade hachée, et qui joue les deux rôles. Les Serbes l'appellent *ajvar* (du mot turc *havyar*), mot qui en rappelle un autre, «caviar». On peut donc considérer l'ajvar comme un caviar végétal car, quelle que soit la manière dont on le servira, en pâte à tartiner, en condiment, en salade ou en dip pour le pain pita (voir page 106), le repas en sera incommensurablement enrichi.

QUANTITÉ 820 ml à 1 litre, pour 4 à 8 portions

MÉTHODE cuisson sur la braise ou cuisson directe

PRÉPARATION 10 minutes

CUISSON 8 à 15 minutes

BARBECUE/ÉQUIPEMENT au charbon de bois, au gaz ou au bois. Petite brochette en bambou, plaque de cuisson avec rebord, papier d'aluminium robuste et robot de cuisine.

POUR EN SAVOIR PLUS on peut cuire les légumes par cuisson directe ou sur la braise. Comme la deuxième méthode permet d'obtenir une saveur plus fumée, c'est celle que je préfère. L'ajvar pouvant être plus ou moins piquant, les piments *corno di toro* (ou serrano, ou jalapeños) sont facultatifs. L'aneth l'est aussi, même si, pour ma part, j'aime la saveur qu'il apporte au condiment.

REMARQUE : certains ajoutent de l'oignon grillé à l'ajvar. À vous de voir.

INGRÉDIENTS

- 4 piments *corno di toro* ou 2 piments serrano ou jalapeños (facultatif)
- 3 poivrons rouges
- 2 aubergines moyennes d'environ 450 g chacune
- 5 gousses d'ail pelées
- 125 ml d'huile d'olive vierge extra
- 1 c. à café de zeste de citron jaune fraîchement et finement râpé
- 1 à 2 c. à soupe de jus de citron frais
- 3 c. à soupe d'aneth frais ciselé (facultatif)
- Sel et poivre noir fraîchement moulu

1. Régler le barbecue pour la cuisson sur la braise. À l'aide d'un râteau de barbecue, étaler les braises en une couche uniforme et les éventer afin de disperser les cendres, le cas échéant. Sinon, régler le barbecue pour la cuisson directe et le chauffer à feu vif. Brosser ou gratter la grille (inutile de l'huiler).

2. Disposer les piments *corno di toro*, si l'on désire, les poivrons et les aubergines sur la braise (ou les déposer sur la grille pour la cuisson directe). En les retournant avec une pince, les griller jusqu'à ce qu'ils soient carbonisés de tous côtés et bien tendres (on doit les percer facilement avec une brochette en métal). Il faudra 2 à 4 minutes pour les piments et 6 à 10 minutes pour les poivrons et les aubergines (un peu plus longtemps en cuisson directe). Laisser refroidir les légumes sur une plaque de cuisson munie d'un rebord.

3. Entre-temps, enfiler l'ail sur une petite brochette de bambou et l'envelopper dans du papier d'aluminium, sans serrer. Déposer sur la braise (ou pour la cuisson directe sur la grille). En le retournant avec une pince, le griller 2 minutes ou jusqu'à ce qu'il soit doré. Laisser refroidir sur la plaque.

4. Gratter la peau carbonisée des aubergines, enlever le pédoncule et les couper en morceaux de 2,5 cm. Gratter la peau carbonisée des poivrons et piments, les couper en deux, retirer et jeter les pédoncules, les membranes et les graines. Les couper en morceaux de 2,5 cm. Déballer l'ail et retirer la brochette.

5. Au robot de cuisine, transformer tous les légumes en purée grossière. Ajouter l'huile d'olive, le zeste et le jus de citron, l'aneth, si l'on désire, ainsi que du sel et du poivre, selon votre goût. L'ajvar doit être bien relevé. Il fera une excellente pâte à tartiner ou une sauce tout aussi savoureuse. Servir aussitôt. Sinon, le réfrigérer dans un pot fermé ; il se conservera au moins 3 jours. Le servir froid ou à température ambiante.

VARIANTE

Pour en faire une salade, couper les aubergines, les poivrons et les piments en dés de 1 cm. Émincer l'ail. Déposer les légumes dans un bol et ajouter l'huile d'olive, le zeste et le jus de citron, l'aneth, si l'on désire, ainsi que du sel et du poivre, selon votre goût.

SAUCE TOMATE FUMÉE

QUANTITÉ 820 ml à 1 litre

MÉTHODE fumage-rôtissage (cuisson indirecte avec fumée de bois) ou fumage

PRÉPARATION 10 minutes, plus 5 à 10 minutes pour faire mijoter la sauce

CUISSON 12 à 20 minutes pour le fumage-rôtissage (cuisson indirecte avec fumée de bois), 1 heure pour le fumage

La sauce tomate est si élémentaire, si essentielle à notre bonheur d'êtres humains qu'il est souhaitable d'en avoir quelques variantes fumées et grillées dans son répertoire. Étalez-la sur une pâte à pizza grillée (voir pages 109 et 111), servez-vous-en pour préparer l'aubergine au parmesan sur planche de cèdre (voir page 184) ou garnissez-en des pâtes. J'en garde toujours une réserve au congélateur.

INGRÉDIENTS

4 ou 5 grosses tomates mûres, coupées en deux sur la largeur (environ 1,2 kg)

½ poivron vert ou piment poblano (facultatif)

1 petit oignon, pelé et coupé en 6 quartiers

1 gousse d'ail ou 1 petite échalote pelée

1 branche de céleri (facultatif)

2 c. à soupe d'huile d'olive vierge extra et plus pour arroser

Sel et poivre noir fraîchement moulu

1 c. à soupe de concentré de tomates

60 ml de vermouth blanc sec ou de vin blanc

6 feuilles de basilic frais, ciselées

2 feuilles de sauge fraîche, ciselées (ou davantage de basilic)

1 c. à café de sucre, ou selon votre goût (facultatif)

30 g de beurre doux (ou davantage d'huile d'olive)

1. Régler le barbecue pour une cuisson indirecte et le chauffer à feu moyen.

2. Déposer les tomates, le poivron, si l'on désire, l'oignon, l'ail et le céleri, si l'on désire, dans une grande lèchefrite en aluminium. Arroser d'huile d'olive, puis saler et poivrer.

3. Déposer la lèchefrite sur la grille à l'écart du feu. Pour enrichir un feu de charbon de bois, déposer les morceaux ou copeaux de bois sur la braise ; pour un feu sur barbecue au gaz, les déposer dans la boîte de fumage ou mettre des morceaux sous la grille, directement sur un ou des brûleurs. Fermer le couvercle. Fumer les légumes pendant 12 à 20 minutes ou jusqu'à ce que les tomates soient molles et fumées.

REMARQUE : on peut aussi fumer les légumes à basse température au fumoir en suivant les indications du fabricant. Il faudra environ 1 heure pour le faire.

4. Retirer la lèchefrite du feu et laisser les légumes refroidir, puis les déposer sur une planche à découper. Peler les tomates, si l'on veut (pour ma part, je ne le fais pas). Hacher finement les tomates et les réserver. Hacher finement le poivron, l'oignon, l'ail et le céleri.

5. Dans une grande casserole, à feu moyen, chauffer 2 c. à soupe d'huile d'olive. Ajouter le poivron, l'oignon, l'ail et le céleri grillés et, en remuant souvent, les cuire à feu moyen-vif 3 minutes ou jusqu'à ce qu'ils soient dorés. Ajouter le concentré de tomates et frire 1 minute ou jusqu'à ce qu'il libère son arôme. Ajouter le vermouth et laisser bouillir 1 minute ou jusqu'à ce qu'il soit presque entièrement évaporé.

6. Ajouter les tomates hachées et leur jus ainsi que le basilic et la sauge. Laisser la sauce mijoter doucement pendant 5 à 10 minutes ou jusqu'à ce qu'elle soit bien parfumée. Ajouter le sucre, si l'on désire, puis le beurre. Rectifier l'assaisonnement en sel et en poivre : la sauce doit être bien relevée. La servir aussitôt ou la laisser refroidir à température ambiante, puis la garder au réfrigérateur dans un récipient fermé où elle se conservera jusqu'à 3 jours. Ou encore, la congeler.

VARIANTE

SAUCE TOMATE GRILLÉE

Dans cette variante, on ajoute des saveurs fumées caramélisées en faisant griller les tomates et les autres légumes sur les flammes vives (idéalement sur un feu de bois ou enrichi au bois, voir page 16).

1. Régler le barbecue pour la cuisson directe et le chauffer à feu vif. Pour enrichir un feu de charbon de bois, déposer les morceaux ou copeaux de bois sur la braise ; pour un feu sur barbecue au gaz, les déposer dans la boîte de fumage ou mettre des morceaux sous la grille, directement sur un ou des brûleurs.

2. Enduire légèrement d'huile d'olive les tomates, le poivron, si l'on désire, l'oignon, l'ail et le céleri, si l'on désire, puis saler et poivrer.

3. Déposer les légumes sur la grille et les griller 1 ou 2 minutes de chaque côté, ou jusqu'à ce qu'ils soient boursouflés et dorés. Laisser refroidir sur une planche à découper. Reprendre la préparation de la sauce à l'étape 4 de la recette principale.

BARBECUE/ÉQUIPEMENT

on peut fumer la sauce tomate sur un barbecue au charbon de bois ou au fumoir, ou la griller directement au charbon de bois, au gaz ou au bois. Grande lèchefrite jetable en aluminium et morceaux ou copeaux de bois dur (non trempés), voir page 16.

POUR EN SAVOIR PLUS

on peut cuire cette sauce de diverses manières, toutes aussi agréablement fumées les unes que les autres. On peut fumer les tomates en cuisson indirecte ou lentement, dans un fumoir. Ou encore, on peut les griller sur les flammes vives, idéalement sur un feu de bois ou enrichi au bois, comme indiqué dans la variante.

REMARQUE : cette recette donne une sauce relativement grossière, ce que pour ma part je préfère. Pour une sauce plus lisse, la transformer en purée à l'aide d'un mixeur ou au robot de cuisine.

SALSA BRAVA

QUANTITÉ 600 à 750 ml

MÉTHODE cuisson directe

PRÉPARATION
15 à 20 minutes

CUISSON environ 2 minutes

BARBECUE/ÉQUIPEMENT
cuisson au charbon de bois ou au gaz possible, mais le résultat sera meilleur sur un feu de bois ou enrichi au bois. Pour enrichir un feu au charbon de bois ou au gaz, il vous faudra des morceaux ou copeaux de bois dur (non trempés), voir page 16.

POUR EN SAVOIR PLUS
je propose de griller les tomates ; si vous le faites sur un feu de bois ou enrichi au bois, vous obtiendrez une saveur fumée qui transformera cette sauce classique en un condiment que vous souhaiterez avaler à la cuillère ! Cependant, vous pouvez également fumer les tomates en suivant les indications données à l'étape 3 de la sauce tomate fumée (page 240). Dans les deux cas, optez pour de belles tomates mûries sur le plant.

Cette sauce tomate épicée accompagne les *patatas bravas* espagnoles, ces pommes de terre frites servies dans les bars à tapas du monde entier. Elle est généralement composée de tomates en boîte, mais vous, en bon fanatique du barbecue que vous êtes, vous la préparerez avec des tomates fraîches carbonisées sur un feu de bois fumant. Pendant que vous y êtes, vous pourrez également fumer-rôtir quelques pommes de terre nouvelles (les couper d'abord en deux – voir page 232); elles seront nettement meilleures que cuites en friture. La *salsa brava* constitue une excellente sauce ou dip pour tous les légumes possibles et imaginables. Les topinambours bravos, page 157, sont les derniers arrivés sur ma liste.

INGRÉDIENTS

- Huile végétale pour huiler la grille
- 4 ou 5 grosses tomates mûres (environ 1,2 kg)
- 1 oignon moyen, pelé et coupé en quatre sur la hauteur (laisser les racines intactes pour éviter que les quartiers se séparent)
- 3 c. à soupe d'huile d'olive vierge extra
- 1 c. à café de sucre, ou selon votre goût
- ½ c. à café de paprika fumé ou de paprika doux
- ¼ c. à café de piment de Cayenne, ou selon votre goût
- 1 à 2 c. à soupe de vinaigre de xérès, ou de vinaigre de vin rouge
- Sel et poivre noir fraîchement moulu

1. Régler le barbecue pour la cuisson directe et le chauffer à feu vif. Brosser ou gratter la grille et bien l'huiler.

2. Déposer les tomates sur la grille et les griller 2 minutes, ou jusqu'à ce que la peau se boursoufle, mais que le centre soit encore froid et cru. En le retournant, faire griller l'oignon de la même manière, pendant 1 à 2 minutes de chaque côté. Laisser refroidir les légumes dans une assiette.

3. Dans une casserole moyenne, à feu moyen, chauffer 2 c. à soupe d'huile d'olive. Hacher finement l'oignon (jeter les racines) et le faire revenir dans l'huile 3 minutes ou jusqu'à ce qu'il commence tout juste à dorer. Retirer la casserole du feu.

4. Peler les tomates et les hacher finement à la main ou au robot de cuisine. Les ajouter à l'oignon avec le sucre, le paprika fumé et le piment de Cayenne. Laisser mijoter la sauce pendant 5 à 8 minutes ou jusqu'à ce qu'elle soit concentrée et savoureuse. Deux minutes avant la fin de la cuisson, ajouter le vinaigre, la dernière cuillerée d'huile d'olive, du sel et du poivre, selon votre goût. Rectifier l'assaisonnement en sel ou en vinaigre : la sauce doit être bien relevée. Servir aussitôt ou garder au réfrigérateur dans un pot fermé où elle se conservera quelques jours.

CRÈME DE POBLANO GRILLÉ

Les mordus de barbecue de Miami ont lancé des cris de joie quand un célèbre maître fumeur de Brooklyn, a déménagé son Hometown Bar-B-Que vers le quartier industriel d'Allapath. Cependant, ce ne sont pas sa poitrine de bœuf en tous points parfaite, ses côtes de la taille d'un bras ou son porc effiloché cuit à la perfection qui occupent une place dans ces pages, mais plutôt son brocoli saisi à la plancha sur un feu de bois et servi avec une sauce blanche crémeuse qui apporte une double dose de fumée et de feu. Il lui a donné le nom de *Poblano crema*, puisqu'elle est composée de poblano cuit au barbecue. Pour ma part, je la considère comme le second avènement du poblano ; son parfum divin peut accompagner les légumes, les tacos, les quesadillas et à peu près tout ce qui se fait griller sur cette planète.

QUANTITÉ 125 ml

MÉTHODE cuisson sur la braise ou cuisson directe

PRÉPARATION 10 minutes

CUISSON 9 à 12 minutes

BARBECUE/ÉQUIPEMENT au charbon de bois, au gaz ou au bois. Plaque de cuisson avec rebord et robot de cuisine.

POUR EN SAVOIR PLUS il existe deux méthodes pour cuire les piments. D'abord la cuisson sur la braise, qui confère une extraordinaire saveur fumée, puis la cuisson directe, qui se fait sur le barbecue chauffé au maximum de sa capacité. On peut même carboniser les piments directement sur le brûleur latéral ou sur l'un des brûleurs du barbecue au gaz.

REMARQUE : je suggère ici la crème aigre, mais on peut employer de la *crema* mexicaine (plus aigre encore) ou de la crème fraîche.

INGRÉDIENTS

2 ou 3 piments poblanos (assez pour obtenir 80 g de dés de piments rôtis, pelés et épépinés)

250 ml de crème aigre

3 c. à soupe de coriandre fraîche hachée

¼ c. à café de cumin moulu, ou selon votre goût

1 c. à soupe de jus de citron vert frais, ou selon votre goût

Sel et poivre noir fraîchement moulu

1. Régler le barbecue pour la cuisson sur la braise. À l'aide d'un râteau de barbecue, étaler les braises en une couche uniforme et les éventer afin de disperser les cendres, le cas échéant. Déposer les poblanos sur la braise et, en les retournant avec une pince, les griller 2 minutes de chaque côté ou jusqu'à ce que la peau soit carbonisée de tous côtés. Ou opter pour la cuisson directe et chauffer le barbecue au maximum de sa capacité. Brosser ou gratter la grille (inutile de l'huiler). Disposer les poblanos sur la grille et les griller 2 ou 3 minutes de chaque côté, soit 9 à 12 minutes en tout, ou jusqu'à ce qu'ils soient carbonisés de tous côtés.

2. Déposer les poblanos sur une plaque de cuisson munie d'un rebord. Les couper en deux sur la longueur. Retirer le pédoncule et, en grattant, éliminer les membranes et les graines. Hacher les poblanos. Il doit y en avoir environ 80 g. Les réduire en purée au robot de cuisine.

3. Ajouter la crème aigre, la coriandre, le cumin, le jus de citron vert ainsi que du sel et du poivre, selon votre goût. Réduire en purée lisse. Servir aussitôt ou garder au réfrigérateur dans un pot fermé où la crème se conservera au moins 3 jours.

CONDIMENT DE PIQUILLO ET DE POIVRON GRILLÉ SUR LA BRAISE

QUANTITÉ 500 ml ou 4 à 8 portions

MÉTHODE cuisson sur la braise ou cuisson directe

PRÉPARATION 15 minutes

CUISSON 20 minutes

BARBECUE/ÉQUIPEMENT charbon de bois ou bois pour la cuisson sur la braise, gaz pour la cuisson directe (voir Variante). Plaque de cuisson avec rebord et poêle en fonte.

De tous les légumes qu'on peut faire griller sur la braise, ce sont les poivrons qui donnent les meilleurs résultats. Leur chair carbonisée confère une saveur fumée littéralement addictive et leur saveur est plus sucrée que tout ce qu'on pourrait imaginer pour un légume. Ajoutez à cela des piments piquillos espagnols en pot et des oignons grillés sur la braise (autre source de douceur) ainsi que du vinaigre de vin afin de compenser les sucres des légumes, et vous comprendrez pourquoi je sers ce simple condiment sur du pain grillé, des chips de pita grillée ou des tortillas ainsi qu'en accompagnement de fromage, de viande ou de légumes grillés. Et puis, pendant que vous y êtes, servez-vous directement dans le pot !

INGRÉDIENTS

2 poivrons rouges

2 poivrons jaunes

1 oignon doux

40 g de pignons, pistaches, amandes effilées ou autres fruits à coque

1 pot (220 g) de piments piquillos, égouttés et coupés en lanières de 1 cm

2 c. à soupe de vinaigre de vin rouge, ou selon votre goût

2 c. à soupe d'huile d'olive vierge extra

Sel et poivre noir fraîchement moulu

40 g de persil plat ciselé, ou autre herbe fraîche

1. Régler le barbecue pour la cuisson sur la braise. À l'aide d'un râteau de barbecue, étaler les braises en une couche uniforme et les éventer afin de disperser les cendres, le cas échéant.

2. Déposer les poivrons et l'oignon sur la braise. En les retournant avec une pince, griller les poivrons 2 ou 3 minutes de chaque côté, soit 8 à 12 minutes en tout ou jusqu'à ce qu'ils soient carbonisés de tous côtés. Les laisser refroidir sur une plaque de cuisson munie d'un rebord.

3. En le retournant avec une pince, griller l'oignon 15 à 20 minutes ou jusqu'à ce qu'il soit carbonisé de tous côtés et tendre au centre. Le laisser refroidir sur la plaque.

4. Entre-temps, griller à sec les pignons dans une poêle en fonte déposée sur la braise ou sur le brûleur latéral du barbecue, 1 à 2 minutes ou jusqu'à ce qu'ils libèrent leur arôme. Réserver dans un bol.

5. À l'aide d'un couteau d'office, gratter la peau carbonisée des poivrons et de l'oignon. Déposer les poivrons sur une planche à découper et les couper en deux. Retirer le pédoncule, puis gratter et jeter les membranes et les graines. Couper la chair en lanières de 1 cm.

6. Couper l'oignon en deux, puis couper chaque moitié en morceaux de la taille des poivrons. Les déposer dans un bol.

7. Ajouter les piments piquillos, le vinaigre, l'huile d'olive, du sel et du poivre, selon votre goût : le condiment doit être bien relevé.

8. Au moment de servir, ajouter le persil et garnir des pignons.

REMARQUE : un condiment aussi élémentaire se prête à une foule d'ajouts. Pour une note sicilienne, ajouter des raisins de Corinthe et des câpres. Ou encore, y râper de la *ricotta salata*.

VARIANTE

CUISSON DIRECTE

Régler le barbecue pour la cuisson directe et le chauffer au maximum de sa capacité. Brosser ou gratter la grille (inutile de l'huiler). Griller les poivrons et l'oignon jusqu'à ce qu'ils soient carbonisés ou au moins très dorés de tous côtés. Il faut compter plus de temps que pour la cuisson sur la braise ; il peut aussi s'avérer impossible de carboniser les poivrons sur le barbecue au gaz. Reprendre la recette principale à l'étape 4.

POUR EN SAVOIR PLUS

Les piments piquillos sont de petits piments rouges cultivés au Pays basque, dans le nord de l'Espagne. Ils sont doux de nature, et encore plus quand on les fait rôtir. *Piquillo* signifie « petit bec ». On les trouve dans les épiceries spécialisées et en ligne, mais également dans de nombreux supermarchés. Dans un monde idéal, on cuit poivrons et oignons au charbon de bois. Mais on peut obtenir un effet similaire en chauffant le barbecue au maximum de sa capacité (voir Variante). J'aime bien le piquant du vinaigre de vin rouge, mais on peut tout aussi bien opter pour du vinaigre de riz (influence asiatique), du vinaigre de xérès (influence espagnole) ou du vinaigre balsamique (influence italienne). De même, on peut varier les fruits à coque grillés : amandes, pignons, pistaches ou noix de macadamia.

ALLIOLI FUMÉ
(MAYONNAISE À L'AIL À L'ESPAGNOLE)

QUANTITÉ 500 ml

MÉTHODE cuisson indirecte ou fumage

PRÉPARATION 15 minutes

CUISSON 6 minutes

BARBECUE/ÉQUIPEMENT
au charbon de bois, au gaz ou au bois. Robot de cuisine.

POUR EN SAVOIR PLUS
ici, l'aïoli se prépare avec de l'ail fumé, mais on peut le remplacer par de l'ail frais. Quant au citron, il ne fait normalement pas partie du plat, mais j'aime la façon dont il vivifie la sauce. Servir l'aïoli en dip pour les artichauts, les asperges ou d'autres légumes, ou l'étaler sur du pain grillé, qu'on peut ensuite couvrir de poivrons ou d'autres légumes grillés et servir en *crostinis* à l'espagnole.

L'*allioli* est la version espagnole de l'aïoli français, de la *skordalia* grecque et de diverses autres sauces crémeuses à l'ail qu'on sert avec des légumes et des fruits de mer tout autour de la Méditerranée. Pour ma variante, j'utilise de l'ail fumé, ce qui lui confère une saveur incomparable.

REMARQUE : je propose deux méthodes, l'une avec une mayonnaise maison, l'autre avec une mayo du commerce.

INGRÉDIENTS

- 1 gros œuf + 1 jaune d'œuf, de préférence bio
- 3 à 5 gousses d'ail fumées (voir page 249), pelées et hachées grossièrement
- 1 c. à café de sel, ou selon votre goût
- ½ c. à café de piment d'Espelette (facultatif – pour ceux qui aiment le piquant)
- 180 ml d'huile d'olive vierge extra
- 180 ml (¾ tasse) d'huile de colza ou autre huile végétale (ou davantage d'huile d'olive)
- 1 c. à café de zeste de citron jaune fraîchement et finement râpé
- 2 c. à soupe de jus de citron frais, ou selon votre goût

Au robot de cuisine équipé d'une lame à hacher, réduire en purée l'œuf et le jaune d'œuf, l'ail, le sel et le piment d'Espelette, si l'on désire. En laissant l'appareil fonctionner, ajouter l'huile en mince filet par le tube d'alimentation.

La préparation épaissira. Ajouter le zeste et le jus de citron. Rectifier l'assaisonnement en jus de citron et en sel : l'aïoli doit être bien relevé. Il se conservera au moins 3 jours au réfrigérateur dans un pot fermé.

VARIANTE

AÏOLI FUMÉ AVEC MAYONNAISE DU COMMERCE

Il est facile de préparer l'aïoli au robot de cuisine, et encore plus quand on a de la mayonnaise du commerce. Il m'arrive de prendre ce raccourci…

INGRÉDIENTS

3 à 5 gousses d'ail fumées (voir page 249), pelées et émincées

½ c. à café de sel de mer

½ c. à café de piment d'Espelette ou de Cayenne (facultatif – pour ceux qui aiment le piquant)

80 g de mayonnaise, normale ou végane

1 c. à café de zeste de citron fraîchement et finement râpé

2 c. à soupe de jus de citron frais, ou selon votre goût

2 c. à soupe d'huile d'olive vierge extra

Dans un bol, écraser l'ail, le sel et le piment d'Espelette, si l'on désire, avec le dos d'une cuillère. En battant, ajouter la mayonnaise, le zeste et le jus de citron ainsi que l'huile d'olive. Rectifier l'assaisonnement en jus de citron et en sel : l'aïoli doit être bien relevé. Il se conservera au moins 3 jours au réfrigérateur dans un pot fermé.

YOGOURT FUMÉ OU GRILLÉ

QUANTITÉ 500 ml

MÉTHODE cuisson indirecte/fumage

PRÉPARATION aucune

CUISSON 5 à 8 minutes au barbecue ; 40 à 60 minutes au fumoir

BARBECUE/ÉQUIPEMENT
il faut impérativement un barbecue au charbon de bois, ou un fumoir, de n'importe quel type. Morceaux ou copeaux de bois dur (non trempés), voir page 16, 2 grandes lèchefrites jetables en aluminium (une des deux remplie de glaçons).

POUR EN SAVOIR PLUS
le yogourt est un ingrédient indispensable d'un barbecue : on l'emploie dans les marinades en Inde, comme condiment pour les viandes grillées en Grèce et au Moyen-Orient, en mélange avec de l'eau de rose et de l'eau de Seltz pour préparer le *dugh*, boisson qui accompagne le barbecue en Afghanistan et en Iraq. Ce qu'on ignore généralement, c'est que, dans certaines régions de la planète barbecue, il est lui-même un ingrédient à part entière, fumé comme au Liban ou en le rehaussant avec de la courge grillée (voir page 260).

Durant des millénaires, des bergers du Moyen-Orient ont égoutté le yogourt frais en le déposant dans des sacs suspendus. C'est l'origine du yogourt égoutté utilisé dans diverses cultures et que les Occidentaux connaissent sous le nom de yogourt grec ou turc (suspendu encore plus longtemps, il se transformera en un fromage frais acidulé appelé *labneh*). Dans certaines régions du Liban, le sac de tissu est suspendu près d'un feu de bois afin d'en accélérer l'égouttement, ce qui a une autre heureuse conséquence : la fumée du bois aromatise le yogourt. Ce yogourt fumé est à la fois familier et exotique, délicieux quand il est consommé seul, et une révélation quand il est servi avec d'autres plats grillés.

INGRÉDIENT

500 ml de yogourt grec (entier, pour la saveur la plus riche, mais le yogourt pauvre en matières grasses et l'écrémé conviennent également, voir REMARQUE).

1. Régler le barbecue pour une cuisson indirecte et le chauffer à feu moyen. Pour enrichir un feu de charbon de bois, déposer les morceaux ou copeaux de bois sur la braise ; pour un feu sur barbecue au gaz, déposer les morceaux ou copeaux de bois dans la boîte de fumage ou sous la grille, directement sur un ou des brûleurs.

2. Entre-temps, étaler le yogourt dans une grande lèchefrite en aluminium et déposer celle-ci dans une autre lèchefrite remplie de glaçons. Déposer l'ensemble sur la grille du barbecue à l'écart du feu. Fermer le couvercle et fumer le yogourt 5 à 8 minutes ou jusqu'à ce qu'il se forme à sa surface une patine fumée de couleur bronze.

3. Déposer le yogourt dans un bol et le battre au fouet. Servir tel quel ou ajouter 1 gousse d'ail émincée, 160 g de concombre râpé et 40 g de menthe fraîche ou de persil haché pour en faire un tzatziki fumé.

REMARQUE : pour un yogourt fumé épais et crémeux, employer du yogourt grec ; pour une variante moins épaisse et plus liquide, l'ordinaire fera l'affaire. On peut aussi fumer le yogourt à basse température dans un fumoir réglé à 120 °C ; compter 40 à 60 minutes. Le garder au-dessus des glaçons.

AIL ET AUTRES LILIACÉES FUMÉES

Si je devais nommer l'assaisonnement le plus important en matière de barbecue, je dirais l'ail. De Buenos Aires à Bakou en passant par Bali, on imagine difficilement un plat qui ne soit pas assaisonné d'une manière ou d'une autre avec ce bulbe aromatique. Le fumage le transforme de deux manières : la chaleur adoucit son piquant tout en faisant ressortir sa douceur, tandis que la fumée lui confère une saveur qu'on ne lui aurait pas imaginée. On peut employer l'ail fumé de multiples façons : l'étaler sur du pain pour en faire une bruschetta ou un pain à l'ail ; le réduire en purée avec des pois chiches pour préparer un houmous d'une incroyable saveur (voir page 61) ; l'écraser avec de la mayonnaise pour en faire un aïoli fumé (voir page 246) ; en infuser de l'huile d'olive pour préparer une huile fabuleuse pour les salades ou pour arroser les plats (à noter que les règles sanitaires exigent de réfrigérer cette huile et de la consommer dans les 72 heures). On peut aussi enfiler quelques gousses sur un cure-dent qu'on ajoutera à un verre de martini. Bref, les possibilités sont infinies.

INGRÉDIENT

1 tête d'ail

1. Détacher les gousses de la tête d'ail. Couper l'extrémité côté tige et les peler. Les enfiler sur des cure-dents à raison de 4 par cure-dent.

2. Régler le barbecue pour la cuisson indirecte et le chauffer à feu moyen. Ajouter les morceaux ou copeaux de bois sur la braise.

3. Déposer les brochettes d'ail sur la grille à l'écart du feu. Baisser le couvercle et faire fumer l'ail pendant 15 à 20 minutes ou jusqu'à ce qu'il soit tendre et de couleur bronze – l'écraser entre le pouce et l'index pour en vérifier la cuisson.

4. Mettre les gousses à refroidir sur une grille. Les garder au réfrigérateur dans un récipient fermé où elles se conserveront au moins 3 jours.

QUANTITÉ 8 à 12 gousses d'ail

MÉTHODE fumage-rôtissage (cuisson indirecte avec fumée de bois)

PRÉPARATION 5 minutes

FUMAGE 15 à 20 minutes (ou le temps requis)

BARBECUE/ÉQUIPEMENT
pour le fumage-rôtissage, procéder sur un barbecue au charbon de bois. Pour le fumage, procéder dans un fumoir extérieur ou intérieur ; tous les types d'appareils conviennent. Des cure-dents en bois, morceaux ou copeaux de bois dur (non trempés), voir page 16, et grille fine.

POUR EN SAVOIR PLUS
choisir des têtes exemptes de germe vert. La présence de ce germe indique que l'ail n'est pas de la première fraîcheur. Pour le peler, écraser délicatement la gousse avec le côté plat de la lame d'un couteau de chef, puis retirer la peau. On peut aussi se servir d'un épluche-ail (il en existe plusieurs modèles, dont un tube en silicone souple). Cependant, la méthode la plus amusante consiste à mettre les gousses dans un gros pot, à fermer le couvercle et à secouer le pot de toutes ses forces. Les peaux se détacheront toutes seules.

VARIANTES

ÉCHALOTE FUMÉE

À mes yeux, l'échalote est le membre le plus élégant de la famille de liliacées, sa saveur rappelant à la fois celle de l'oignon, de l'ail et du poireau, tout en les transcendant toutes les trois.

Pour la fumer, la peler, la couper en deux sur la longueur et procéder comme pour l'ail (voir page 249). Il faudra 20 à 30 minutes.

OIGNON FUMÉ

Le dernier et le plus gros de notre triumvirat de liliacées. Pour gagner du temps au fumage, je le coupe en quartiers (laisser intacte l'extrémité côté racines). Opter pour un oignon doux, tel que l'oignon blanc ou le walla walla espagnol.

Peler et couper 1 gros oignon doux en quartiers. Piquer un cure-dent dans chacun des quartiers afin qu'il reste intact. Enduire légèrement d'huile d'olive les côtés coupés de l'oignon (pour éviter qu'ils sèchent). Les fumer comme décrit à l'étape 3, page 249. Il faudra 40 à 60 minutes.

HUILE À LA BRAISE

QUANTITÉ 500 ml

MÉTHODE cuisson à la braise

PRÉPARATION juste le temps d'allumer le charbon de bois

CUISSON 3 minutes

BARBECUE/ÉQUIPEMENT charbon de bois. Pince et tamis fin.

POUR EN SAVOIR PLUS inutile d'employer une huile d'olive vierge extra pour cette préparation (bien que rien ne l'interdise). Conserver dans un pot fermé à l'abri de la chaleur et de la lumière et, si possible, l'utiliser dans les 3 jours.

Cette préparation est tellement simple que j'ai hésité à en inclure la recette ici. Mais sa saveur de charbon de bois est si étrange et ses emplois sont si variés que je m'en serais voulu de ne pas le faire. En bref, il s'agit de plonger une braise brûlante dans une casserole contenant de l'huile. Le sifflement vésuvien et l'ébullition qui en résultent ont pour effet de transférer la saveur de la braise à l'huile. On peut s'en servir comme on le ferait de toute huile aromatisée, pour les plats sautés, dans les vinaigres, pour arroser les plats, etc.

INGRÉDIENTS

500 ml d'huile d'olive, de raisin, de colza, ou autre saveur douce

1 à 2 braises de morceaux de charbon de bois naturel allumés

1. Verser l'huile dans une petite casserole profonde. À l'aide d'une pince, saisir une braise brûlante dans le barbecue ou la boîte de fumage. Souffler délicatement dessus pour en déloger les cendres. Plonger la braise dans l'huile, qui bouillonnera, sifflera et donnera l'impression d'être sur le point de déborder (ce ne sera pas le cas si la casserole est assez profonde).

2. Laisser la braise s'éteindre dans l'huile et l'huile refroidir à température ambiante. La passer dans un tamis fin et la verser dans un pot. Elle se conservera au moins 3 jours à température ambiante. Quand la saveur de charbon de bois commence à se dissiper, c'est signe qu'il est temps d'en préparer à nouveau !

VARIANTE

BEURRE À LA BRAISE

Cette variante de l'huile à la braise est plus riche ; elle convient aux artichauts grillés (voir page 134), aux asperges (voir page 36) ou aux galettes de pommes de terre (voir page 232).

Faire fondre 240 g de beurre doux dans une casserole profonde. Suivre les indications données pour l'huile à la braise. Conserver au réfrigérateur.

MARINADE SÈCHE UNIVERSELLE

Ceux qui ont lu mes livres sont familiarisés avec cette marinade sèche qui constitue ma formule passe-partout. Sucrée, poivrée, acidulée et aromatique, elle est personnalisable à souhait. Elle confère instantanément une saveur de barbecue à tout aliment avec lequel elle entre en contact.

QUANTITÉ 160 g

PRÉPARATION 5 minutes

POUR EN SAVOIR PLUS
assurez-vous que vos épices sont relativement récentes. Si le pot est resté 3 ans dans votre cuisine et si le contenu ne sent plus rien, il n'aura pas non plus de goût. Comptez 2 à 3 c. à café de marinade pour 500 g de légumes ou d'aliments protéinés. N'hésitez surtout pas à la personnaliser en remplaçant les ingrédients par ceux qui figurent entre parenthèses.

INGRÉDIENTS

40 g de gros sel

40 g de poivre noir fraîchement moulu (ou de poivre blanc ou de poivre au citron)

40 g de paprika doux (ou de paprika fort, de paprika fumé espagnol ou d'assaisonnement au chili)

40 g de cassonade (sucre, sucre turbinado, sucre de canne ou autre édulcorant sec)

1 ½ c. à café d'oignon séché

1 ½ c. à café d'ail séché

1 à 3 c. à café de flocons de piment fort (selon la tolérance au piquant)

1 c. à café de graines de céleri

Dans un bol, mélanger à la fourchette ou avec les doigts le sel, le poivre, le paprika, la cassonade, l'oignon, l'ail, les flocons de piment fort et les graines de céleri, en veillant à défaire les grumeaux de cassonade le cas échéant. La marinade se conservera quelques semaines dans un pot fermé à l'abri de la lumière et de la chaleur.

CHIMICHURRI SEC

QUANTITÉ 160 g

PRÉPARATION 5 minutes

POUR EN SAVOIR PLUS
j'emploie des herbes séchées. Humez-les afin de vous assurer qu'elles sont encore bien odorantes. Si elles ne sentent pas grand-chose, elles n'auront pas beaucoup de goût. Comptez 2 à 3 c. à café par 500 g d'aliments protéinés ou de légumes.

Voici le *chimichurri* argentin original. Ni huile d'olive, ni vinaigre, ni ail, ni persil frais. Que des assaisonnements non périssables et assez légers pour loger dans la sacoche de selle du gaucho. Excellent sur la plupart des légumes, particulièrement la tomate et les champignons, de même que pour la cuisson au barbecue de fromages tel que la Provoleta argentine : l'enduire d'huile d'olive et la parsemer de marinade sèche. C'est tout.

INGRÉDIENTS

40 g d'origan séché
40 g de basilic séché
40 g de persil séché
1 c. à soupe de thym séché
3 c. à soupe de gros sel
2 c. à soupe de grains de poivre noir concassés
2 c. à soupe d'ail en poudre (semoule)
1 c. à soupe de flocons de piment fort

Dans un bol, mélanger tous les ingrédients à la fourchette, transvaser dans un pot et couvrir. La marinade sèche se conservera quelques semaines à l'abri de la chaleur et de la lumière.

ABÉCÉDAIRE DES LÉGUMES

Pratiquement tous les légumes peuvent être grillés et profiter grandement de la cuisson sur les flammes. Cependant, on ne les grille pas tous de la même manière. Voici donc une liste alphabétique des principaux légumes et des méthodes de cuisson qui leur conviennent le mieux.

REMARQUE : avant toute séance de cuisson, brosser ou gratter la grille (comme on le ferait pour n'importe quel aliment). Bien l'huiler quand on grille des légumes tranchés ou qui attachent facilement ; en revanche, inutile de le faire pour les légumes à peau lisse tels que l'artichaut, l'aubergine et le poivron.

AIL : la cuisson et le fumage atténuent l'odeur et la saveur puissantes de l'ail, tout en lui conférant un goût exceptionnel. L'ail fumé est un ingrédient qui figure dans un certain nombre des recettes de ce livre.

Préparation : pour griller une tête entière : l'envelopper, sans serrer, dans du papier d'aluminium et la griller directement ou indirectement à feu moyen. Ou couper la tête en deux, badigeonner les côtés coupés d'huile d'olive, puis saler et poivrer. Griller à feu moyen-vif. Pour griller les gousses individuelles, les peler et les enfiler sur un cure-dent en bois.

Cuisson directe : chauffer le barbecue à feu moyen. Si les gousses commencent à brûler alors qu'elles ne sont pas encore tendres, les envelopper, sans serrer, dans du papier d'aluminium. Cuisson indirecte : pour la cuisson des têtes entières. La fumée de bois est facultative mais souhaitable !

Cuisson sur la braise : sans serrer, envelopper les gousses pelées et montées sur un cure-dent dans du papier d'aluminium et les déposer sur la braise. Idéales pour la sauce piquante grillée sur la braise (voir page 238).

ARTICHAUT : en dépit de ses pointes acérées, l'artichaut est délicieux grillé : il est tellement populaire qu'on a mis au point quatre méthodes pour le faire !

Préparation : à l'aide de ciseaux de cuisine, couper les pointes dures des feuilles d'artichaut et couper au couteau le bas de la tige (le reste de la tige est comestible). À l'aide d'un couteau de chef, couper les artichauts en deux sur la longueur. Enlever au couteau 1 cm dans la partie supérieure de l'artichaut. À l'aide d'une cuillère ordinaire ou à melon, gratter et jeter le foin. Frotter les côtés coupés des artichauts avec un citron coupé en deux afin d'éviter qu'ils noircissent. Les Siciliens ont une méthode singulière pour préparer ce légume : ils le frappent, tête en bas, contre une surface dure une demi-douzaine de fois afin d'en ouvrir les feuilles avant de le griller.

Cuisson directe : couper les petits artichauts en deux et les plus gros en quartiers, les badigeonner d'huile d'olive et les cuire à feu vif jusqu'à ce qu'ils soient dorés et tendres. Bien les arroser d'huile d'olive vierge extra ou de beurre fondu durant la cuisson. Remarque : les Italiens et les Espagnols grillent souvent les artichauts entiers. Dans ce cas, il faut employer une bonne quantité d'huile ou de beurre fondu (en tamponner entre les feuilles) et régler le feu à moyen. Les griller jusqu'à ce que les feuilles extérieures soient croustillantes et que le cœur soit tendre (vérifier à l'aide d'une brochette fine).

Blanchiment et cuisson directe : couper les artichauts en deux de haut en bas. À l'aide d'une cuillère ordinaire ou à melon, gratter et jeter le foin. Blanchir les artichauts dans de l'eau bouillante salée et arrosée d'une giclée de jus de citron, pendant 3 à 6 minutes pour les petits et 10 à 15 minutes pour les plus gros, ou jusqu'à ce qu'ils soient presque tendres. Bien les égoutter, les rincer sous l'eau froide et les égoutter de nouveau, de préférence sur une grille, côté coupé contre la grille. Les éponger, les badigeonner d'huile d'olive ou de beurre fondu et les griller jusqu'à ce qu'ils grésillent et soient dorés et tendres.

Cuisson indirecte : verser de l'huile d'olive ou du beurre fondu sur les artichauts et entre leurs feuilles. Glisser les assaisonnements tels que l'ail et la menthe hachés entre les feuilles. Déposer les artichauts, côté tige dessous, sur la grille et les cuire indirectement pendant 30 à 50 minutes ou jusqu'à ce qu'ils soient assez tendres pour se laisser percer facilement par une brochette fine.

Cuisson sur la braise : l'artichaut peut aussi se rôtir sur la braise. Voir ma recette d'artichaut à la sicilienne, page 210.

ASPERGE : Sur toute la planète, l'asperge est un des légumes les plus populaires pour la cuisson au barbecue.

Préparation : couper ou casser l'extrémité inférieure des tiges d'asperges et les jeter (certains pèlent plutôt la partie inférieure des tiges à l'aide d'un économe afin d'éliminer la couche fibreuse). Déposer 4 ou 5 tiges côte à côte sur la planche à découper et les piquer latéralement avec une brochette en bambou pour former un radeau. Badigeonner tous les côtés d'huile (d'olive, de sésame ou de noix) ou de beurre fondu. Remarque : il est beaucoup plus facile de faire griller et retourner 4 radeaux d'asperges que 20 tiges individuelles !

Cuisson directe : les griller à feu vif jusqu'à ce que leur peau se boursoufle et qu'elles soient dorées des deux côtés.

Cuisson en lèchefrite : griller les tiges individuelles dans une lèchefrite directement sur le feu, en les arrosant d'un peu d'huile d'olive.

AUBERGINE : ce fruit (d'un point de vue botanique, c'en est un) est l'aliment d'origine végétale le plus populaire auprès des amateurs de barbecue. Au Japon, les petites aubergines asiatiques minces sont grillées sur un *hibachi* et servies avec une sauce miso. En Turquie, on les grille à la manière des chiches-kebabs, souvent avec de l'agneau haché entre les tranches. Dans tout le Moyen-Orient, l'aubergine est cuite avec sa peau sur les flammes ou sur la braise pour la préparation du *baba ganoush* fumé (voir page 63). L'aubergine possède deux attributs qui en font un aliment idéal pour la cuisson au barbecue : sa peau qui, une fois carbonisée, dégage une délectable odeur de fumée, et sa chair poreuse, qui absorbe comme une éponge cette saveur ainsi que divers autres assaisonnements, tels que l'huile d'olive et le jus de citron. À l'achat, opter pour de petits fruits minces de 2,5 à 7 cm de diamètre : ils sont plus savoureux et plus doux que les grosses aubergines et présentent une meilleure proportion peau fumée/chair.

Préparation : la meilleure manière de griller l'aubergine, c'est entière avec la peau. On peut aussi la couper sur la largeur ou sur la longueur en tranches de 5 mm à 1 cm d'épaisseur. Badigeonner d'huile d'olive ou de sésame, bien assaisonner et cuire directement au-dessus du feu réglé à vif. Remarque : lors de mes études dans une école de cuisine de Paris, on nous enseignait qu'il fallait saler les aubergines et les faire dégorger afin d'en éliminer le principe amer. Au bout d'une heure, on les rinçait, puis on les épongeait avant de les cuire. Aujourd'hui, cette opération n'est plus nécessaire, car les variétés offertes dans le commerce ne sont pas amères.

Cuisson directe : pour faire griller les aubergines entières, chauffer le feu au maximum de sa capacité. Les griller jusqu'à ce que la peau soit carbonisée et la chair, tendre (vérifier à l'aide d'une brochette en métal). Pour griller des tranches, le feu doit être vif, mais pas brûlant à l'excès.

Cuisson sur la braise : c'est la meilleure méthode de cuisson pour le *baba ganoush* (voir page 63) et d'autres dips. Déposer une aubergine entière sur la braise chaude et la griller de tous côtés jusqu'à ce qu'elle soit carbonisée et bien tendre. À noter qu'au Moyen-Orient, les personnes qui vivent en appartement et n'ont pas de barbecue grillent leurs aubergines directement sur les brûleurs de leur cuisinière et tirent de ce mode de cuisson la même saveur fumée que celle obtenue au barbecue.

AVOCAT : on peut effectivement faire griller ce fruit (du point de vue botanique, c'est un fruit, et non un légume). Un feu de bois ou enrichi au bois lui conférera une saveur qu'on ne lui aurait jamais imaginée (on peut aussi le fumer, voir page 52.)

Préparation : laisser l'avocat mûrir à température ambiante jusqu'à ce qu'il cède légèrement sous la pression du pouce. À l'aide d'un couteau affûté, le couper en deux sur la longueur jusqu'au noyau. Tordre les deux moitiés en sens contraire afin de les séparer. Enfoncer délicatement la pointe d'un couteau dans le noyau et tourner la lame pour dégager ce dernier.

Cuisson directe : déposer les moitiés d'avocat, côté coupé dessous, sur la grille, au-dessus d'un feu de bois ou enrichi au bois. Les griller jusqu'à ce qu'elles soient dorées et que la chair soit imprégnée de fumée de bois.

BETTERAVE : comme la plupart des légumes durs et denses, la betterave préfère la cuisson indirecte, le fumage-rôtissage ou la cuisson sur la braise. Certains chefs la cuisent d'abord à la vapeur ou la font bouillir afin de l'attendrir.

Préparation : au besoin, couper les racines fibreuses et les fanes (on peut les cuire comme le chou cavalier). Frotter les betteraves avec une brosse à légumes à poils durs.

Cuisson indirecte/directe : griller les betteraves indirectement pendant 30 à 60 minutes (selon leur taille) ou jusqu'à ce qu'elles soient assez tendres pour être percées par une brochette fine. Ou encore, en les retournant souvent avec une pince, les griller directement au-dessus d'un feu modéré.

Cuisson sur la braise : cette ancienne méthode de cuisson leur confère une saveur fumée enivrante. Les rôtir pendant 30 à 45 minutes ou jusqu'à ce que l'extérieur soit entièrement carbonisé et la chair tendre (vérifier à l'aide d'une brochette de métal fine). Couper et jeter l'extérieur carbonisé.

BOK CHOY : la haute teneur en eau de ce légume en fait un excellent candidat pour la cuisson au barbecue.

Préparation : laisser les petits entiers ou les couper en deux sur la longueur. Couper les plus gros en quatre quartiers. Les badigeonner d'huile de sésame ou d'olive.

Cuisson directe : griller d'abord le côté coupé à feu vif jusqu'à ce qu'il soit doré. Le retourner, et griller le côté arrondi jusqu'à ce qu'il soit doré mais encore légèrement croustillant. Ne pas trop cuire. On peut aussi cuire ce légume sur une plancha chaude.

BROCOLI NAIN/BROCOLI-RAVE : avec leurs tiges minces et leurs inflorescences délicates, ces cousins du brocoli conviennent parfaitement à la cuisson directe. Ils carbonisent et deviennent agréablement croustillants.

Préparation : couper l'extrémité des tiges et les séparer.

Cuisson directe : les badigeonner d'huile (d'olive ou de sésame) ou de beurre fondu et les griller directement à feu moyen-vif jusqu'à ce qu'ils soient dorés et tendres. Excellents sur un feu de bois.

BROCOLI : il y a deux manières d'aborder la cuisson de ce membre de la famille des brassicacées, soit directement (certains le font d'abord blanchir), soit à la plancha.

Préparation : parer l'extrémité de la tige. Si la tige semble fibreuse, en peler la base sur 2,5 cm à l'aide d'un économe. Couper le brocoli sur la longueur en quatre ou en tranches de 1 cm d'épaisseur.

Cuisson directe : badigeonner d'huile d'olive ou de beurre fondu et griller à feu moyen-vif jusqu'à ce que les quartiers soient dorés à l'extérieur et légèrement croustillants.

Cuisson à la plancha : chauffer la plancha sur un barbecue chaud. Badigeonner le brocoli d'huile d'olive ou de sésame et le griller jusqu'à ce qu'il soit tendre et doré de tous côtés.

CAROTTE : autre légume apprécié par les amateurs de cuisson au barbecue de la nouvelle vague. Les carottes grillées sont servies dans les restaurants d'avant-garde partout dans le monde. Les griller entières ou en morceaux.

Préparation : enlever les fanes (qu'on peut employer pour faire du pesto, voir page 142) et frotter l'extérieur à l'aide d'une brosse à poils durs. Personnellement, je ne les pèle plus. Je les grille entières ou coupées en tronçons de 8 cm. Pour une cuisson uniforme, je coupe les parties les plus volumineuses en deux ou en quatre sur la longueur pour que tous les morceaux soient de la même taille.

Cuisson directe : badigeonner légèrement d'huile d'olive ou de beurre les carottes entières et les griller au-dessus des flammes à feu moyen-vif. C'est particulièrement efficace sur un feu de bois ou enrichi au bois.

Cuisson en lèchefrite : c'est la méthode que je préfère pour les carottes. Les déposer dans une lèchefrite avec de l'huile d'olive ou du beurre et les griller à l'écart du feu jusqu'à ce qu'elles grésillent et soient dorées et tendres. Puis déposer la lèchefrite au-dessus des flammes et les griller quelques minutes afin que l'extérieur devienne croustillant (on peut les griller par cuisson directe du début à la fin, à la condition de les remuer souvent). Facultatif mais fortement recommandé : ajouter des morceaux ou copeaux de bois sur le feu afin de générer de la fumée.

CÉLERI-RAVE : le chef de Londres Yotam Ottolenghi fait rôtir le céleri-rave dans un foyer chauffé au bois afin de préparer un *chawarma* sans viande. Remarque : les tiges peuvent être grillées directement comme la courgette (voir page 258).

Préparation : pour la cuisson sur la braise, frotter l'extérieur avec une brosse à légumes à poils durs. Pour la cuisson indirecte, enlever la peau au couteau. Pour la cuisson en lèchefrite, le peler et le couper en quartiers ou morceaux de 2,5 cm.

Cuisson sur la braise : nicher le céleri-rave dans la braise. En le retournant avec une pince, le faire rôtir jusqu'à ce qu'il soit tendre (vérifier le degré de cuisson à l'aide d'une brochette en métal). Couper les parties carbonisées avant de servir.

Cuisson indirecte : le peler et le rôtir à feu moyen-vif sur le barbecue comme pour le chou-fleur (voir page 184). La fumée de bois convient bien.

Cuisson en lèchefrite : préparer et cuire en lèchefrite comme les carottes (voir ci-contre).

CHAMPIGNON : s'il existe un légume conçu expressément pour la cuisson au barbecue, c'est bien le champignon. Grâce à sa texture spongieuse, il absorbe les marinades, les sauces et la saveur fumée. Selon l'espèce, il prend l'aspect d'un bifteck (champignon de Paris), d'une huître (pleurote) ou d'un faux bacon croustillant et fumé (voir le faux bacon de shiitakés, page 34). Appréciés des végétariens, véganes et omnivores, les champignons grillés accompagnent à merveille le bacon, la pancetta et les viandes salées, séchées ou fumées.

Préparation : les essuyer avec un essuie-tout humide si besoin. Enlever au couteau 5 mm au bout du pied ou, s'il s'agit de shiitakés, enlever tout le pied. Griller les petits champignons sur des brochettes à la manière des chiches-kebabs ou sur une plaque à légumes perforée ou dans un panier à griller. Griller les plus gros, par exemple les champignons de Paris, comme on le ferait pour un burger ou un bifteck. Les badigeonner d'huile d'olive ou de sésame, de beurre fondu ou d'une autre préparation riche en gras.

Cuisson directe : à feu moyen-vif ou vif. Marinades et liquides à arroser sont à privilégier.

En papillote : excellente méthode pour les champignons en grappe, tels que le pleurote tesselé.

CHOU : ce légume est populaire dans les restaurants nouvelle vague où, souvent, on le grille directement sur la braise. Avec ses feuilles crénelées, le chou de Milan convient tout particulièrement à la cuisson au barbecue.

Préparation : retirer et jeter les feuilles flétries ou abîmées, au besoin. Pour la cuisson sur la braise, laisser le chou entier ou le couper en deux sur la hauteur. Pour la cuisson directe, le couper en quatre ou en quartiers.

Cuisson directe : badigeonner les quartiers d'huile d'olive ou de beurre fondu et les griller directement au-dessus des flammes à feu moyen-vif jusqu'à ce qu'ils soient dorés et tendres.

Cuisson sur la braise : ce mode de cuisson confère une irrésistible saveur fumée au chou. Griller les petits entiers et couper les plus gros en deux. Les loger entre les morceaux de charbon de bois ou dans la braise et les griller jusqu'à ce qu'ils soient tendres (vérifier à l'aide d'une brochette en métal). Enlever l'extérieur carbonisé.

CHOU CAVALIER : on peut, bien sûr, griller le chou cavalier et les autres légumes feuillus comme la bette à carde et le kale.

Préparation : enlever les tiges dures. Pratiquer une incision en forme de V pour libérer les feuilles.

Cuisson directe : badigeonner les feuilles d'huile d'olive ou de beurre fondu et assaisonner généreusement. Griller directement au-dessus du feu quelques minutes de chaque côté ou jusqu'à ce que les feuilles soient dorées et croustillantes.

CHOU-FLEUR : sa taille en fait l'épaule de porc du monde végétal ! Le griller et le servir entier. Remarque : on fait griller le chou romanesco (voir page 170) de la même manière.

Préparation : enlever ou jeter les feuilles vertes, s'il y a lieu. Je le grille habituellement cru, parfois entier, parfois coupé en fleurons. Certains le font blanchir avant de le griller. Dans ce cas, le cuire à couvert dans de l'eau bouillante salée jusqu'à ce qu'il soit à moitié tendre (vérifier à l'aide d'un cure-dent). Le rincer sous l'eau froide, l'égoutter, l'éponger et l'huiler. On peut dès lors le griller.

Cuisson à la vapeur : l'envelopper dans du papier d'aluminium avec 3 à 4 c. à soupe d'eau, en fermant hermétiquement la papillote. Le griller indirectement jusqu'à ce qu'il soit presque tendre (environ 45 minutes). L'eau se transforme en vapeur, laquelle cuit le chou-fleur. En portant des gants isothermes (la vapeur est chaude), défaire la papillote. Badigeonner alors le chou-fleur d'huile d'olive ou de beurre fondu et le cuire directement sur le feu jusqu'à ce qu'il soit doré et tendre.

Cuisson indirecte : huiler et assaisonner le chou-fleur et le griller indirectement jusqu'à ce qu'il soit doré et tendre. La fumée de bois serait tout à fait adéquate.

Cuisson à la broche : le mode de cuisson que je préfère pour le chou-fleur. L'enfiler sur la broche et le cuire jusqu'à ce qu'il soit doré et tendre. Il faudra 1 heure à 1 h 30.

CHOUX DE BRUXELLES : on voit désormais partout ces choux minuscules. On se demande d'ailleurs pourquoi ils ont longtemps été les grands absents du barbecue.

Préparation : couper 3 mm à l'extrémité de la tige. On peut pratiquer une incision en croix dans le bas afin de faciliter la cuisson. Si les choux sont très gros, les couper en deux du sommet à la tige. Retirer et jeter les feuilles flétries ou abîmées, le cas échéant.

Cuisson directe : les enfiler sur des brochettes (j'ajoute des carrés de bacon entre les choux). Les badigeonner de beurre fondu ou d'huile d'olive et les cuire directement sur les flammes à feu moyen-vif jusqu'à ce qu'ils soient dorés et tendres.

Cuisson en lèchefrite : déposer les choux entiers ou coupés en deux dans une lèchefrite jetable en aluminium robuste et les cuire indirectement à feu vif jusqu'à ce qu'ils grésillent et soient dorés et tendres. Puis poser la lèchefrite au-dessus du feu afin que l'extérieur des choux devienne croustillant (on peut aussi les cuire directement sur le feu du début à la fin à condition de les remuer souvent). Facultatif : ajouter des morceaux ou copeaux de bois pour générer de la fumée.

Cuisson à la broche : en automne, on peut trouver des tiges entières comprenant un grand nombre de choux de Bruxelles. Je les fixe sur la broche du barbecue et les grille ainsi (voir page 174).

COURGE D'HIVER : courge poivrée, butternut, delicata, potiron, potimarron, kabocha, citrouille, courge spaghetti, patidou, giraumon : ces légumes à consistance dense au goût agréablement sucré gagnent en saveur quand ils sont grillés.

Préparation : couper la butternut en deux sur la longueur. Couper les plus petites, comme la poivrée, la delicata, la courge spaghetti, le patidou, etc., en deux sur la largeur. Gratter les graines (qui pourront être nettoyées et rôties avec de l'huile d'olive, du sel et du poivre jusqu'à ce qu'elles soient dorées et croustillantes). Ou encore, couper les courges en quartiers ou en morceaux de 2,5 à 5 cm pour la cuisson directe ou à la plancha. De même, couper les grosses courges, telles que le potiron, la kabocha, etc., en quartiers ou morceaux de 2,5 à 5 cm pour la cuisson directe ou à la plancha. Couper les rondes, comme la courge poivrée, en tranches de 1 cm d'épaisseur. Les badigeonner de beurre fondu ou d'huile avant de les griller.

Cuisson directe : griller directement les tranches, morceaux ou quartiers de courge à feu moyen-vif. Excellents aussi à la plancha ou dans une poêle ou une lèchefrite jetable en aluminium.

Cuisson indirecte : griller indirectement les moitiés de courge rondes et de butternut, côté coupé dessus (les arroser généreusement de beurre ou d'huile d'olive). Ou encore, les griller, côté coupé dessous, sur une plaque de sel ou à la plancha. Vérifier le degré de cuisson à l'aide d'une brochette en bambou.

Cuisson sur la braise : déposer la courge entière (par exemple butternut ou citrouille) directement sur la braise et la cuire jusqu'à ce que l'extérieur soit carbonisé et la chair tendre (vérifier à l'aide d'une brochette). La citrouille cuite sur la braise permet de préparer une fabuleuse tarte pour Thanksgiving.

COURGETTE : la cuisson au barbecue ou sur la braise est l'une des meilleures façons de cuire ce légume abondant (que dis-je, surabondant). Étant donné sa haute teneur en eau, il faudra travailler rapidement au-dessus d'un feu bien chaud. L'idée est de saisir la courgette avant qu'elle ait le temps de ramollir.

Préparation : opter pour de petites courgettes de 15 à 20 cm. Les trancher finement sur la longueur, sans dépasser 5 mm d'épaisseur ; la mandoline est idéale dans ce cas.

Cuisson directe : griller les tranches sur un feu d'enfer (un panier à griller en fil métallique facilite la chose quand il y en a beaucoup). Ou encore, opter pour la cuisson en ruban sur brochette (voir page 227).

Cuisson indirecte : convient bien à la cuisson des courgettes farcies, comme les roulades, page 199. Le feu doit être très chaud.

Cuisson sur la braise : carboniser la courgette pour lui conférer une saveur fumée et l'attendrir. Excellente dans le tzatziki fumé (voir page 260).

EDAMAME : les gousses fraîches des fèves de soja sont généralement cuites à la vapeur, mais on peut aussi les griller sur le feu.

Préparation : laisser les fèves dans les gousses. Pour la cuisson directe, les mélanger avec un peu d'huile (de sésame, en ce qui me concerne), puis saler et poivrer. Pour la cuisson sur la braise, les laisser nature.

Cuisson directe : chauffer une grille ou une plaque à légumes perforée au-dessus des flammes. Y déposer les *edamame* et, en les retournant avec une spatule à m-cuisson, les griller quelques minutes de chaque côté, ou jusqu'à ce qu'ils grésillent et soient dorés. Ou encore, les déposer dans un panier à griller et, en les remuant, les griller directement sur les flammes jusqu'à ce qu'ils soient uniformément dorés.

Cuisson sur la braise : voilà une manière fantastique de griller les edamame et les autres légumes en gousses, comme les pois mange-tout. Les déposer dans un panier à griller et poser le panier directement sur la braise. En remuant avec une pince, les griller jusqu'à ce qu'ils soient dorés et carbonisés.

ENDIVE : ferme, croustillante et agréablement amère, l'endive est un excellent légume pour la cuisson au barbecue. La trévise et le *radicchio* rond (proches parents) se grillent de la même manière.

Préparation : couper les endives en deux sur la longueur, les plus grosses en quatre. Badigeonner d'huile d'olive et bien assaisonner.

Cuisson directe : griller à feu vif jusqu'à ce qu'elles soient dorées de tous côtés et tendres. Ne pas trop cuire, l'endive devant rester crue au centre.

FENOUIL : ce bulbe à saveur d'anis a deux usages appréciables. On peut en jeter les feuilles sur le feu pour générer une agréable fumée à saveur de fenouil (c'est ainsi qu'on grille le bar dans le Sud de la France). On peut aussi hacher les feuilles et s'en servir comme herbe aromatique. La saveur des bulbes grillés (voir page 156) évoque un croisement entre l'anis et le céleri.

Préparation : couper les tiges et les feuilles et les réserver pour le feu. Enlever au couteau 3 mm à l'extrémité du bulbe. Couper le bulbe en deux ou en quatre, ou le couper sur la longueur en tranches de 5 mm d'épaisseur.

Cuisson directe : badigeonner les morceaux de fenouil d'huile d'olive, puis les saler et les poivrer. Les griller pendant 5 à 8 minutes ou jusqu'à ce qu'ils soient dorés et encore croustillants.

Cuisson sur la braise : déposer les bulbes directement sur la braise. Les griller jusqu'à ce qu'ils soient carbonisés à l'extérieur et tendres à l'intérieur (vérifier à l'aide d'une brochette fine). Gratter les parties brûlées avant de servir.

FÈVES : au printemps, on peut trouver dans les supermarchés, au marché ou chez les primeurs, les grosses cosses de fèves.

Préparation : aucune préparation spéciale.

Cuisson directe : chauffer le barbecue au maximum de sa capacité. Déposer les gousses sur la grille et les griller 4 à 6 minutes de chaque côté, soit 8 à 12 minutes en tout, ou jusqu'à ce qu'elles soient carbonisées de tous côtés.

Ouvrir les cosses et savourer les fèves agréablement fumées.

Cuisson sur la braise : déposer les cosses directement sur la braise ou les mettre dans un panier à griller et déposer celui-ci sur la braise. Les fèves sont prêtes quand elles sont carbonisées des deux côtés.

HARICOTS VERTS OU JAUNES : à première vue, on pourrait croire que ces légumes fins sont trop petits pour être grillés, mais avec un peu d'imagination (et à l'aide d'une plaque à légumes perforée ou d'un panier à griller), c'est possible, et la saveur qu'ils acquièrent est exceptionnelle.

Préparation : équeuter et, s'il y a lieu, ôter les fils des haricots. Pour la cuisson directe, les remuer avec de l'huile d'olive ou de sésame, puis les assaisonner au gros sel et au poivre.

Cuisson directe : déposer les haricots dans un panier à griller ou un wok à griller ou sur une plaque à légumes perforée chaude. Les griller à feu vif jusqu'à ce qu'ils soient boursouflés et dorés.

Cuisson en lèchefrite : déposer les haricots dans une lèchefrite jetable en aluminium avec un peu d'huile d'olive ou de sésame. En les retournant avec une pince, les griller directement au-dessus des flammes jusqu'à ce qu'ils grésillent et soient dorés.

Cuisson sur la braise : déposer les haricots (bien asséchés) dans un panier à griller et poser celui-ci directement sur la braise chaude. Les retourner avec une pince afin que leur cuisson soit uniforme.

KALE (CHOU FRISÉ) : beaucoup de gens croient qu'on ne fait pas griller les feuilles, mais ce mode de cuisson rend le kale aussi croustillant qu'une chips de pomme de terre (voir page 46), particulièrement le kale lacinato, ou kale noir.

Préparation : à l'aide d'un couteau d'office, faire une coupe en forme de V au milieu de la feuille afin de retirer la tige dure. Badigeonner légèrement d'huile d'olive ou de sésame les deux côtés du kale et bien l'assaisonner.

Cuisson directe : le cuire sur les flammes à feu moyen-vif jusqu'à ce qu'il soit doré. Le laisser refroidir sur une grille : les feuilles sécheront en refroidissant.

LAITUE FRISÉE/SCAROLE/ BROCOLI DI CICCIO : on peut très certainement griller les laitues croquantes comme la romaine, de même que les membres de la famille de la chicorée que sont la trévise, la scarole, la frisée et l'endive.

Préparation : couper les têtes en deux ou en quatre de haut en bas et les rincer dans un bol d'eau froide afin d'éliminer le sable, si besoin. Les secouer ou les égoutter dans une essoreuse à salade. Les badigeonner, ou non, d'huile. Nancy Silverton, vedette culinaire de Los Angeles, grille le brocoli Di Ciccio (un membre italien de la famille du chou) à sec afin d'en carboniser les feuilles minces, avant de les assaisonner d'huile d'olive et de jus de citron.

Cuisson directe : griller directement à feu vif la romaine, la frisée et la scarole, de préférence sur un feu de bois afin de conférer un peu de saveur fumée aux feuilles. Servir froide ou à température ambiante.

Fumage à froid ou au foin : c'est ainsi que je préfère fumer les laitues délicates telles que la Boston et la pommée (voir page 80).

MAÏS : un des légumes préférés pour la cuisson au barbecue et qu'on apprécie du Mexique au Japon en passant par les États-Unis et le Canada, et ailleurs dans le monde. On doit le griller épluché afin d'obtenir la saveur de caramel fumé recherchée ; dans ses feuilles, il cuit tout simplement à la vapeur.

Préparation : éplucher le maïs. Pour le servir sur l'épi, l'éplucher comme on le ferait pour une banane, mais sans enlever les feuilles de l'épi. Nouer les feuilles avec de la ficelle de boucher afin de former une poignée. Remarque: tirer complètement les feuilles vers l'arrière, y compris les 2,5 derniers cm, qu'on oublie généralement.

Cuisson directe: badigeonner le maïs d'huile d'olive ou de beurre fondu, puis le saler et le poivrer. Le griller directement au-dessus des flammes à feu vif. Pour l'empêcher de brûler, glisser dessous une double épaisseur de papier d'aluminium.

Cuisson sur la braise: c'est l'exception à la règle: dans ce cas, on dépose les épis avec leurs feuilles directement sur la braise chaude. En retournant les épis avec une pince à long manche et en se protégeant les mains avec des gants isothermes, griller les épis jusqu'à ce que les feuilles carbonisent et que les grains soient dorés. Avantage supplémentaire, les feuilles brûlées confèrent une saveur fumée au maïs. Enlever les feuilles, puis, à l'aide d'une brosse à légumes, les cendres et les soies brûlées. Beurrer et assaisonner le maïs. Il n'y a pas meilleur épi de maïs que celui-là.

NAVET/RUTABAGA: la cuisson au barbecue ou sur la braise a pour effet d'intensifier leur saveur naturellement sucrée.

Préparation: laver les navets avec une brosse à légumes à poils durs. Cuire les petits entiers; couper les plus gros en deux ou en quatre. Peler les rutabagas afin de les débarrasser de leur peau cireuse. Les cuire indirectement entiers, en quartiers ou en morceaux de 2,5 à 5 cm.

Cuisson indirecte: sur un anneau formé de papier d'aluminium chiffonné. La fumée de bois est toujours agréable.

Cuisson en lèchefrite: cuisson indirecte dans une lèchefrite jetable en aluminium avec huile d'olive ou beurre, puis, durant les dernières minutes, cuisson directe afin de les rendre croustillants. Remuer souvent durant la cuisson.

OIGNON ET ÉCHALOTE: l'oignon renferme beaucoup de sucre (14 g pour un gros). Or, rien ne fait ressortir autant sa douceur que la cuisson au barbecue. Ce légume très polyvalent peut être grillé en cuisson directe ou indirecte, fumé, cuit à la broche ou sur la braise.

Préparation: pour griller des tranches d'oignon, peler et couper l'oignon en tranches de 1 cm et piquer les tranches sur le côté pour retenir les couches ensemble. Pour faire griller des quartiers, les piquer de cure-dents pour les maintenir. Pour farcir un oignon, creuser l'extrémité côté racines en un cône inversé et retirer le cœur, puis le farcir avec la garniture de son choix.

Cuisson directe: badigeonner les tranches ou les quartiers d'oignon d'huile d'olive, saler et poivrer. Les griller à feu moyen-vif jusqu'à ce qu'ils soient bien dorés. On peut cuire l'oignon directement sur les flammes: laisser la pelure et griller à feu moyen jusqu'à ce qu'il soit très foncé à l'extérieur et très tendre à l'intérieur (vérifier à l'aide d'une brochette fine).

Cuisson indirecte: retirer la pelure et le griller entier ou farci à feu moyen sur un anneau formé de papier d'aluminium froissé. La fumée de bois est facultative, mais certainement une bonne option. Vérifier la cuisson à l'aide d'une brochette fine.

Cuisson à la broche: les Brésiliens enfilent de gros oignons pelés sur des brochettes plates pour la cuisson à la broche à feu moyen-vif sur un feu de charbon de bois.

Cuisson sur la braise: une merveilleuse manière de griller les oignons. Les nicher avec la pelure dans la braise et les y laisser jusqu'à ce qu'ils soient carbonisés à l'extérieur et tendres à l'intérieur (vérifier à l'aide d'une brochette). Inciser le dessus avec un couteau et ajouter du beurre, du mascarpone, une réduction de balsamique, etc.

OIGNON BLANC ET OIGNON OU AIL SAUVAGE: légume, accompagnement ou aromate.

Préparation: les badigeonner d'un peu d'huile d'olive, saler et poivrer. Laisser l'extrémité côté racines intacte pour que les légumes se tiennent.

Cuisson directe : les griller à feu vif jusqu'à ce qu'ils soient dorés et que la partie blanche soit tendre. Ils sont également excellents cuits à la plancha.

GOMBOS : souvent associé au sud des États-Unis, où il est généralement préparé en ragoût, l'okra cuit au barbecue est particulièrement savoureux. Autre avantage : ce mode de cuisson du légume entier minimise considérablement la production de dépôts visqueux.

Préparation : le laisser entier. En le coupant, on expose l'intérieur à l'air, ce qui accroît la production de dépôts visqueux. J'en enfile plusieurs côte à côte sur une brochette pour former une sorte de radeau, comme pour l'asperge.

Cuisson directe : à feu vif, badigeonné de beurre fondu ou d'huile de sésame.

PANAIS : la cuisson au barbecue confère à ce légume couleur crème qui ressemble à une carotte une saveur encore plus sucrée.

Préparation : gratter ou peler. Comme le panais est beaucoup plus large en haut qu'en bas, il vaut mieux le couper en deux sur la largeur, puis couper la moitié supérieure en deux ou en quatre sur la longueur de façon à ce que les morceaux soient tous de la même taille.

Cuisson en lèchefrite : cuisson indirecte en lèchefrite avec huile d'olive ou beurre, comme pour la carotte (voir page 145), puis directement au-dessus du feu afin de les saisir.

PATATE DOUCE : ce tubercule moelleux est l'un des légumes préférés pour la cuisson directe, indirecte, fumée, sur la braise. Toutes ces méthodes élèvent l'humble tubercule au rang de merveille gustative. Les Coréens le grillent avec la peau et le servent avec une sauce au soja et au sésame. Certains l'accompagnent de yogourt épicé. Chez moi, nous le grillons sur la braise afin de le servir en casserole le jour de Thanksgiving (voir page 221).

Préparation : laver les patates douces et bien les gratter avec une brosse à légumes à poils durs.

Cuisson directe : les griller avec la peau au-dessus d'un feu modéré. Ou les trancher en diagonale ou sur la longueur pour en faire des frites, les badigeonner de beurre ou d'huile et les griller.

Cuisson indirecte : badigeonner légèrement la peau de beurre fondu, d'huile d'olive ou de graisse de bacon. Les cuire indirectement à feu moyen-vif jusqu'à ce qu'elles soient croustillantes à l'extérieur et tendres à l'intérieur (vérifier à l'aide d'une brochette). La fumée de bois donne toujours de bons résultats.

Cuisson en lèchefrite : trancher ou couper en quartiers ou en dés les patates et les faire rôtir dans une lèchefrite avec de l'huile d'olive ou du beurre fondu. Procéder sur un barbecue réglé à feu moyen-vif. Durant les dernières minutes, les cuire directement sur le feu afin de les dorer, particulièrement sur les bords.

Cuisson sur la braise : déposer les patates douces avec leur peau sur la braise et les rôtir jusqu'à ce qu'elles soient carbonisées à l'extérieur et tendres à l'intérieur (vérifier à l'aide d'une brochette). Délicieuses avec du beurre fondu et de la cannelle, du sirop d'érable ou du yogourt assaisonné de paprika, sel et poivre.

POIREAU : le poireau (ou plus précisément son petit cousin, le calçot) constitue l'un des trésors grillés de l'Espagne : grillé sur la braise, il est enroulé dans du papier journal ou déposé sur une tuile en argile, puis servi avec de la sauce romesco (voir page 170).

Préparation : couper et jeter les feuilles vert foncé. S'il y a du sable dans la partie blanche, faire deux longues incisions sur la longueur jusqu'à 5 cm des racines (à 90 degrés l'une de l'autre), puis plonger les poireaux tête la première dans un bol profond rempli d'eau froide afin de les nettoyer. On peut blanchir les gros poireaux quelques minutes dans l'eau bouillante avant de les griller.

Cuisson directe : il y a diverses manières de griller les poireaux : les gros seront grillés entiers à feu vif jusqu'à ce qu'ils soient carbonisés à l'extérieur et tendres à l'intérieur (vérifier à l'aide d'une brochette fine). Jeter l'extérieur carbonisé et savourer l'intérieur tendre et crémeux. On peut aussi les couper en deux sur la longueur, les badigeonner d'huile d'olive et les griller jusqu'à ce qu'ils soient dorés et tendres. Ou encore, griller les petits poireaux entiers.

Cuisson sur la braise : c'est la méthode de cuisson qu'utilisent les Espagnols pour griller leurs calçots, qui ressemblent à de petits poireaux.

POIS GOURMAND (OU MANGE-TOUT) : ce n'est pas le premier légume auquel on pense quand on veut cuisiner au barbecue, mais il se trouve que le feu confère aux pois une étonnante saveur de fumée sucrée.

Préparation : les équeuter et enlever les fils, si besoin.

Cuisson directe : sur une plaque à légumes perforée ou dans un panier à griller, en les retournant avec une pince.

Cuisson sur la braise : dans un panier à griller posé directement sur la braise. Incroyablement savoureux !

POIVRON ET PIMENT (*CORNO DI TORO*, POBLANO, SHISHITO, DE PADRÓN, ETC.) : voilà un autre légume qui semble avoir été créé dans le seul but d'être cuit au barbecue ! On peut le griller jusqu'à ce que la peau soit bien dorée, auquel cas il n'est pas nécessaire de le peler. On peut aussi carboniser la peau, ce qui conférera une enivrante saveur fumée à la chair ; il faudra alors le peler avant de le servir. À noter qu'au Moyen-Orient, les gens qui n'ont pas de barbecue font griller leurs poivrons et piments directement sur les brûleurs de leur cuisinière.

Préparation : les laisser entiers, ou les couper en triangles ou carrés de 2,5 cm qu'on enfilera sur des brochettes pour la cuisson.

Cuisson directe : les griller à feu vif jusqu'à ce qu'ils soient bien dorés.

Cuisson indirecte : couper le dessus des poivrons et retirer les membranes et les graines. Les farcir avec fromage râpé, dés de pain grillé, champignons ou autres légumes rôtis, riz ou autre farce au choix, et les griller indirectement jusqu'à ce que les côtés soient tendres.

Cuisson sur la braise : de loin la méthode que je préfère pour griller les poivrons et les piments. Les déposer sur la braise et, en les retournant souvent avec une pince, les griller jusqu'à ce qu'ils soient carbonisés de tous côtés. Les laisser refroidir sur une assiette en métal ou dans un bol, puis gratter la peau brûlée. Il n'y a rien de plus doux, de plus fumé ni de meilleur qu'un poivron grillé sur la braise !

POMME DE TERRE : la cuisson au barbecue des pommes de terre me fait toujours penser aux *Mangeurs de pommes de terre* de Vincent Van Gogh, qui montre des gens consommant ce légume cuit dans l'âtre. Ce genre de cuisson apporte une saveur fumée qu'on ne peut tout simplement pas obtenir avec la cuisson au four.

Préparation : si on les cuit entières, simplement bien les laver. On peut aussi les couper en tranches, en quartiers ou en morceaux.

Cuisson directe : griller des charlottes ou de petites pommes de terre à cuire au four directement au-dessus d'un feu chauffé à moyen. Les Arméniens enfilent des tranches de pomme de terre sur des brochettes qu'ils font ensuite directement griller sur un feu de charbon de bois (voir page 163).

Cuisson en lèchefrite : c'est la méthode que je préfère pour les petites pommes de terre ou les morceaux de 2,5 cm. Les cuire indirectement sur le barbecue dans une lèchefrite jetable en aluminium avec du beurre ou de l'huile d'olive. Puis, quelques minutes avant la fin de la cuisson, placer la lèchefrite directement au-dessus du feu afin de rendre l'extérieur des pommes de terre croustillant. Pour plus de saveur, ajouter des morceaux ou copeaux de bois sur la braise.

Cuisson indirecte : comme des pommes de terre au four, mais en ajoutant de la fumée de bois.

SCAROLE : (VOIR LAITUE FRISÉE/SCAROLE/BROCOLI DI CICCIO)

TOMATE : Comme tous les légumes à haute teneur en eau, la tomate convient particulièrement bien à la cuisson au barbecue, surtout sur un feu de bois ou enrichi au bois. Cuisson directe ou indirecte, fumage, cuisson sur la braise : toutes les méthodes qui impliquent du feu lui sont bénéfiques !

Préparation : griller les tomates cerises entières, les tomates italiennes entières ou coupées en deux sur la hauteur, et les grosses tomates coupées en tranches épaisses (ou les laisser entières pour la cuisson sur la braise).

Cuisson directe : badigeonner les tranches de tomate d'huile d'olive ou de sésame et les assaisonner généreusement, puis les griller sur un feu d'enfer. Laisser boursoufler les tomates italiennes et les tomates cerises entières directement au-dessus du feu (enfiler les tomates cerises sur des brochettes, ou se servir d'une plaque à légumes perforée ou d'un panier à griller).

Cuisson indirecte : enlever la tige et creuser ce côté en forme de cône. Farcir de ricotta ou autre fromage, ou de chapelure et d'anchois. Griller indirectement à feu moyen-vif ou vif. Fumée de bois toujours agréable.

Fumoir : couper les tomates en deux et les fumer à chaud à 120 °C ou à froid, à moins de 37 °C. Permet de préparer un gaspacho ou une vinaigrette à la tomate extraordinaire.

Cuisson sur la braise : carboniser les tomates italiennes et les grosses tomates directement sur la braise. En profiter pour cuire en même temps un oignon, un poblano, un jalapeño et deux ou trois gousses d'ail afin de préparer une sauce piquante inoubliable ; voir page 237.

TOPINAMBOUR : il s'agit là d'un des tubercules que je préfère pour la cuisson au barbecue ; il possède une texture crémeuse et une saveur qui rappelle un peu l'artichaut.

Préparation : laver les topinambours et les gratter à l'aide d'une brosse à légumes à poils durs.

Cuisson en lèchefrite : les déposer dans une lèchefrite avec un peu d'huile d'olive ou de beurre, puis saler et poivrer. Cuire indirectement à feu vif jusqu'à ce qu'ils soient tendres (vérifier à l'aide d'une brochette). Durant les dernières minutes, les cuire directement au-dessus du feu afin de les dorer et de les rendre croustillants.

Cuisson sur la braise : les griller dans un panier à griller déposé sur la braise, ou directement sur la braise, en les retournant avec une pince. Ils prendront alors une enivrante saveur fumée. Le chef du Charcoal Venice, prépare une délicieuse purée de topinambours cuits sur la braise qu'il sert comme sauce.

INDEX

Les numéros de page en *italique* renvoient aux photographies.

A

B

C

D

E

F

G

H

J

K

L

M

N

O

P

Q

R

INDEX

Les numéros de page en *italique* renvoient aux photographies.

A

B

C

D

E

F

G

H

J

K

L

M

N

O

P

Q

R

S

T

U

V

W

Y